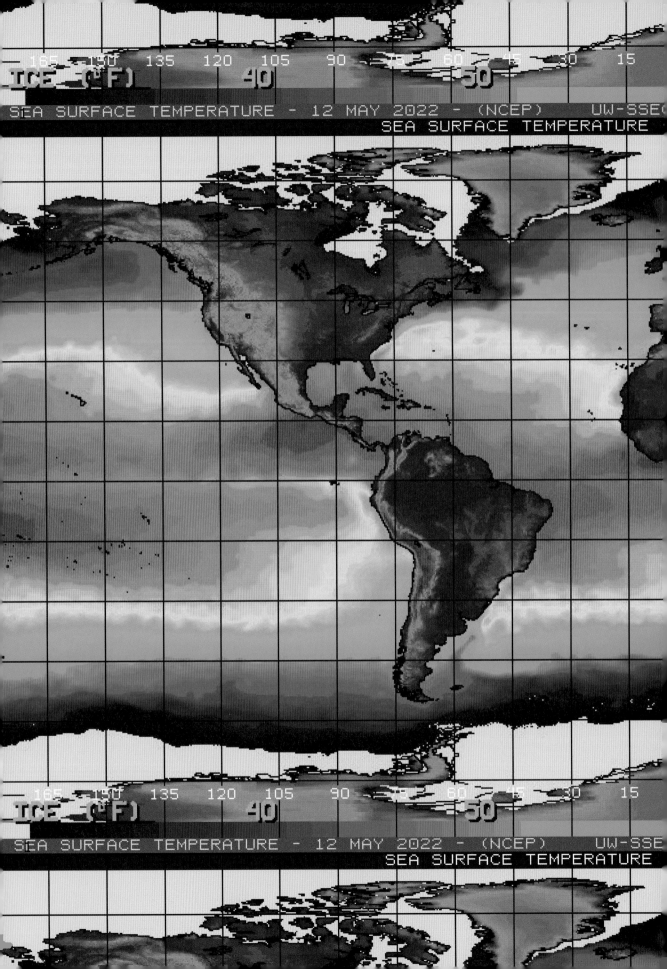

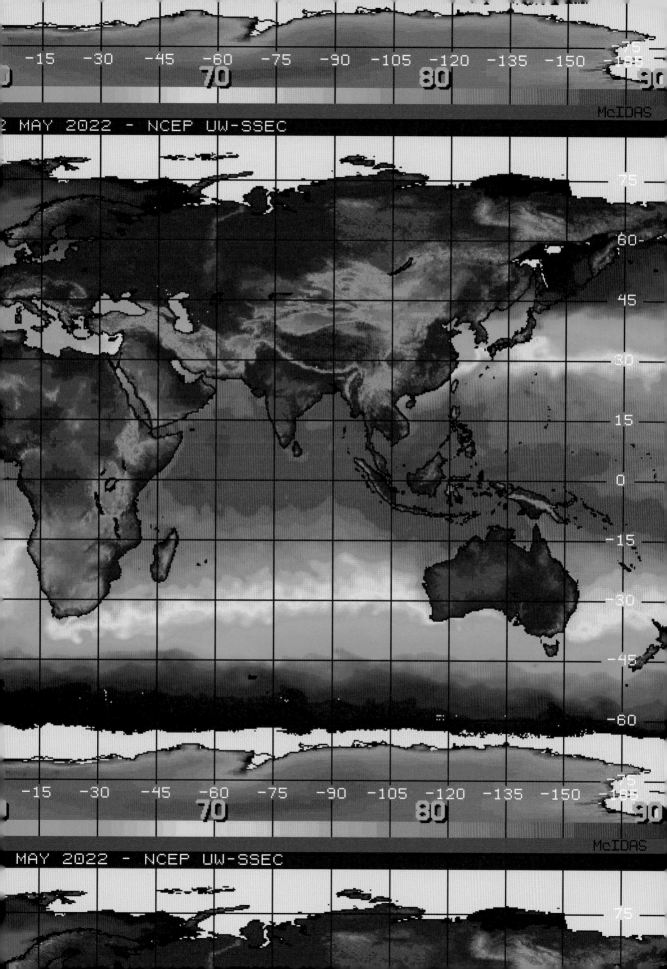

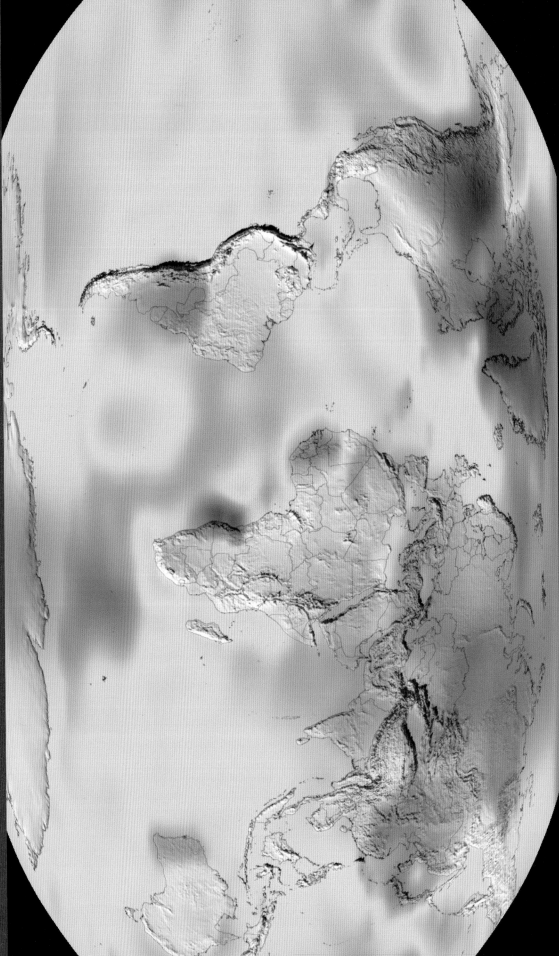

TEMPERATURE ANNUAL REPORT

1880 - 1884

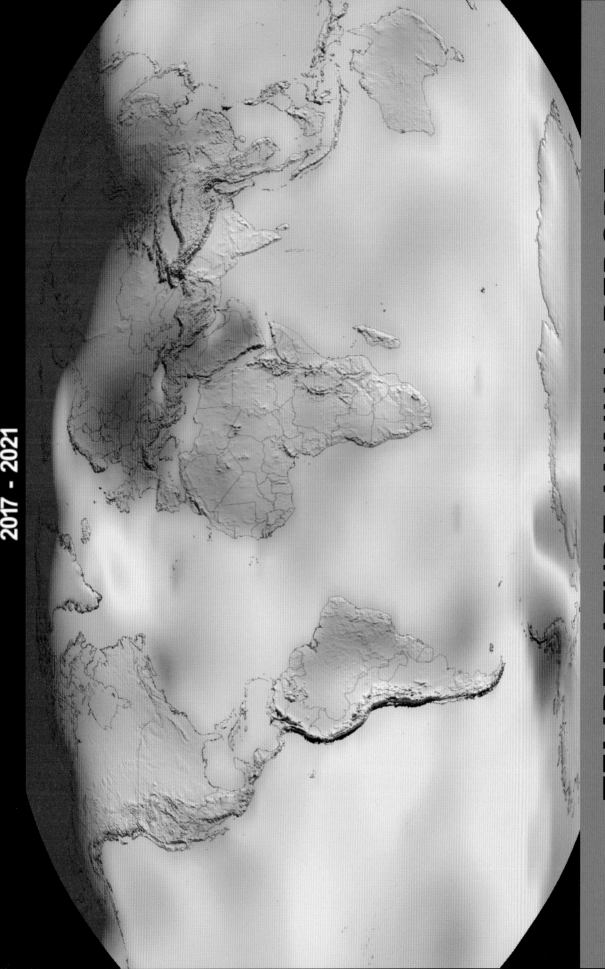

2017 - 2021

TEMPERATURE ANNUAL REPORT

바다가 보내는 마지막 경고

코펜하겐의 기후학자들은 1923년 이후 조수와 허리케인의 역학 관계를 조사했다. 그리고 바닷물이
따뜻해질수록 조수 간만의 차가 커지며 허리케인이 더 격렬해진다는 결과를 도출했다. 조수와 허리케인의
역학 관계를 따지기 위한 조사가 끝내 바다의 수온 상승이 허리케인을 키운다는 사실에 맞닿은 것이다.
지난 100여 년 동안 바다가 따뜻해지며 더 많은 허리케인이 거센 바람으로 해안을 덮쳤다. 한편, 지구
반대편에는 건조한 기후를 일으켜 숲과 도시를 메마르게 하고 방대한 땅을 숯 더미로 만들었다. 지구 온도를
조절하는 역할을 하는 바다는 점점 뜨거워지면서 이렇게 지구 곳곳으로 그 열기를 분출하는 중이다. 그리고
가뭄과 홍수, 산불과 전염병, 식량난까지 불러오는 불씨가 된다. 그린피스 소속 사진작가들은 그러한 재난의
현장을 적나라하게 기록한다. 숲을 마르게 한 가뭄, 도시를 산산조각 낸 태풍, 탄식으로 가득한 이미지는
바다의 경고다. 우주에서도 내려다보일 만큼 거대하고 긴급한 경고다.

사진 제공: Greenpeace, NASA

1.5°C

ISSUE°
**DON'T BOIL
THE OCEAN!**

DEAR,
READER

우리는 2019년 9월부터 이듬해 2월까지 이어진 호주 산불 소식에 애를 태웠습니다. 무려 반년 동안 지속된 호주 산불로 일본까지 연무가 퍼졌지만 우리에게 닿은 직접적 영향은 없었습니다. 그럼에도 불구하고 우리가 타국의 안타까운 소식에 감정이입한 이유는 그것이 언젠가 우리에게도 닥칠 수 있다는 불안감 때문이었습니다. 아니나 다를까 지난봄 발생한 울진·삼척 산불은 산림청이 관련 통계를 낸 이래 최장 기간 지속된 산불로 기록됐습니다. 장장 213시간 동안 계속됐습니다. 사실 산불은 어제오늘의 일이 아닙니다. 우리나라 최초의 산불 기록은 고려 시대로 거슬러 오릅니다. 기록을 찾을 수 없을 뿐이지 분명 그 전에도 산불은 봄이면 으레 한반도를 찾는 불청객이었을 것입니다. 그만큼 산불은 자연적 현상이라는 이야기입니다. 또 산불이 꼭 부정적 영향만 미치는 것은 아닙니다. 때로는 식물이 생장하는 데 긍정적 영향을 주기도 합니다. 문제는 산업혁명 이후 진행된 온난화로 온도가 가파르게 오르며 전 지구적으로 토양의 수분 함량이 크게 줄었다는 사실입니다.

설상가상으로 지구온난화는 바다의 수온을 끌어올려 극지방의 빙하가 유례없이 녹기 시작했습니다. 빙하가 녹아 극지 바다의 염도와 수온이 변하며 해수의 흐름이 더뎌졌고, 그것은 곧 대기의 흐름이 정체되는 결과로 이어졌습니다. 대기가 원활히 순환하지 못하니 지구의 날씨는 점점 더 극단성을 띠기 시작했습니다. 봄철 토양을 메마르게 하는 고기압이 한반도에 형성되는 것은 자연현상입니다. 그런데 이때 대류가 정체해 한번 형성된 고기압은 좀처럼 움직일 생각 없이 한자리에서 세를 키웁니다. 그렇게 아주 오랜 시간 한반도에 머물며 뜨거운 태양열과 후끈한 공기를 뿜어내니 토양에는 물 한 방울 남지 않습니다. 이런 상황에서 인간이 작은 불씨라도 떨구면 삼림은 걷잡을 수 없이 타들어갑니다. 예전 같았으면 불이 어느 정도 지속되다가 축축한 땅이나 수분 함량 높은 수종을 만나 기세가 약해졌을 것입니다. 그런데 오늘날은 모든 땅과 나무가 말라 있으니 좀처럼 꺼지지 않습니다. 산불은 인간이 냈지만 그 산불을 부추긴 것은 고장 난 바다라고 우리가 주장하는 이유입니다.

1.5°C

지구 표면의 70%를 차지하는 바다는 지구의 열평형을 이루는 기능을 합니다. 해수면에서 대기의 열을 흡수해 바닷물이 뜨거워지면 차가운 심해로 따뜻한 물을 내려보내 열을 식히는 식으로 평형을 이룹니다. 이는 바다가 종으로 순환하는 현상이며, 더 넓게는 북극에서 남극까지 횡으로 순환하며 지구의 열과 에너지가 균형을 맞춥니다. 적도에서 뜨거워진 해수가 북상해 열을 식힌 후 다시 남하하는 이 긴 여정에 대기 또한 바람의 형태로 동행합니다. 그런데 문제는 지구온난화로 기온이 부쩍 오르며 바다가 흡수해야 하는 열이 많아졌다는 데 있습니다. 기존의 원리로는 도저히 열평형을 이루기 어렵다고 판단한 바다는 극지의 빙하를 녹이기로 결심합니다. 유례없이 빙하가 녹으며 바다가 오작동하기 시작합니다. 해수면이 오르고 해수의 흐름이 더뎌집니다. 하지만 바다는 멈출 생각이 없습니다. 그저 열평형이라는 목표를 달성하기 위해 더 많은 빙하를 녹일 뿐입니다. 빙하가 녹을수록 해류가 늦어져 날씨는 더 극단성을 띱니다. 이번에는 산불을 9일 만에 껐지만 다음에는 곱절의 시간이 걸릴지 모릅니다. 호주에서 불이 꺼지지 않던 반년 동안 바다 반대편에 위치한 동아프리카 국가들은 연일 폭우가 쏟아지는 최악의 홍수를 경험했습니다. 홍수로 인해 수백 명이 희생됐으며 아프리카 대륙의 기아와 질병 문제는 더욱 심각해졌습니다.

결국 수온 상승을 해소할 방법은 한 가지뿐입니다. 재생에너지로 전환하는 것입니다. 많은 사람이 오늘날 '해양 문제' 하면 플라스틱 쓰레기를 떠올립니다. <1.5°C> 3호 주제로 해양을 선정한 후 우리는 대중에게 익숙한 해양 쓰레기를 다룰지 혹은 훨씬 더 중차대하고 핵심적인 문제인 수온 상승을 다룰지 잠시 고민했습니다. 물론 전자를 택할 경우 더 많은 공감대를 형성할 수 있겠지요. 하지만 해양 쓰레기는 수온 상승과 견줬을 때 그 심각성이 미미한 수준입니다. 우리는 사람들이 쓰레기에 가려 보지 못하는 더 크고 본질적인 문제에 접근할 수 있기를 바랍니다. 그렇다고 너무 겁먹을 필요는 없습니다. 진취적이고 혁신적인 전 세계 재생에너지 기업들이 문제를 해결하기 위해 미지의 바다로 향하고 있습니다. 현재까지 인류가 바다에서 발굴해낸 에너지의 부존 잠재량은 전 인류가 1년간 소비하는 전력량의 4배에 달합니다. 화석연료를 대체하고도 남는 전력을 바다로부터 얻는 방법을 이미 찾았다는 이야기입니다. 이제부터는 어떻게 하면 더 많은 정부와 기업, 개인이 화력 에너지 대신 친환경 재생에너지를 택하도록 설득하고 유도하느냐의 싸움입니다. 이 싸움에서 전 인류가 승리할 수 있도록 소울에너지는 끊임없이 바다를 관찰합니다. 동시에 재생에너지의 효율성과 경제성, 미래 가치를 널리 알리는 데 총력을 다하고 있습니다. 그러니 일단은 안심하되 정부와 기업이 인류에게 이로운 결정을 내리도록 견제하는 태도를 취해주십시오. 'DON'T BOIL THE OCEAN.' 그 피해가 우리에게 고스란히 돌아올, 바닷물을 끓이는 행동을 이제는 멈춰야 합니다.

<1.5°C> 발행인 겸 소울에너지 CEO 안지영

THE CLIMA
NOT A DIST

1.5°C

TE CRISIS IS
ANT FUTURE

바닷물이
끓고 있다

COVER STORY

'DON'T BOIL THE OCEAN'은 불가능한 일에 무모한 도전을 하지 말라는 의미를 담은 경제 용어다. 인간이 상상할 수 있는 가장 힘든 일은 바닷물을 끓이는 행위다. 그런데 이토록 어려운 일을 근·현대의 인류가 기어이 해내고 있다. 바닷물을 끓이는 행위가 얼마나 무모한 짓인지 절체절명의 궁지에 몰리기 전에 우리는 깨달아야 한다.

66 해양은 우리가 알아야 할
지구의 기후 조절자
99

2021년 노벨재단은 마나베 슈쿠로 미국 프린스턴대 교수와 클라우스 하셀만 독일 막스플랑크연구소 연구원을 이탈리아 물리학자 조르조 파리시 사피엔자대 교수와 함께 노벨 물리학상 공동 수상자로 선정했다. 미래 기후를 전망하는 전 지구적 기후 모델의 기틀을 마련했다는 공로를 인정해서다. 노벨 물리학상을 전통적인 물리학자가 아닌 대기과학자·해양과학자 같은 지구과학자에게 수여한 것은 이례적인 일이다. 이는 기후 위기에 적절하게 대응하기 위해 시나리오별로 미래 기후변화를 전망하는 일이 오늘날 인류에게 매우 중요하고 절실한 과제가 됐다는 사실을 방증한다.

대기과학자 마나베 슈쿠로의 노력으로 오늘날 인간 활동에 의해 늘어난 온실가스 농도에 따라 시나리오별 미래 기후를 전망할 수 있게 됐다. 또 기후 모델에 해양을 접목한 해양과학자 클라우스 하셀만의 연구로 오늘날의 지구온난화가 자연적인 기후 변동성이 아니라 산업화 이후 인간 활동에 의해 발생했다는 사실이 밝혀졌다. 특히 클라우스 하셀만은 기후변화의 여러 원인을 그 변동 양상으로부터 구분하는 '지문 fingerprints' 방법을 제안했다. 변화무쌍한 기상으로부터 서서히 변하는 기후와 관련한 해양 환경의 변동 양상을 찾아낸 것이다. 이로써 기후 모델 모의 결과를 통계적으로 검증해 실제 관측과 비교할 수 있게 됐으며, 인류가 배출한 온실가스와 에어로졸이 기후에 어떻게 또 얼마나 영향을 미치는지 알게 됐다.

최근 기후 모델은 초기보다 훨씬 더 정교해졌으며, 대기와 해양은 물론 지권·수권·빙권·생물권 등 지구 시스템의 많은 환경 변수를 포함해 확장된 모의 결과를 제공한다. 이로써 보다 뚜렷한 인간의 '지문'을 찾아내고 인간 활동에 따른 인위적인 기후변화의 수많은 과학적 증거를 모을 수 있게 됐다. 그뿐만 아니라 온실가스 배출량의 감축 정도에 따라 미래에 어떤 기후가 도래할지도 예측 가능해졌다. 하지만 물리법칙에 근거해 계산한 예측 결과는 필연적으로 불확실성을 내포한다. 복잡한 지구 시스템에서는 서로 다른 권역의 환경 변화가 유기적으로 상호작용하는데, 오늘날의 과학으로 모든 지구환경과 자연 과정의 메커니즘을 완벽하게 이해할 수도, 이를 기후 모델에 모두 포함할 수도 없기 때문이다. 그럼에도 불구하고 수많은 과학자들이 내놓은 연구 결과가 축적되어 지구 기후의 결정 요인에 해양과 대기의 상호작용, 해양과 빙권의 상호작용 등 '기후 조절자'로 불리는 해양의 역할이 매우 크다는 사실만큼은 분명하게 제시할 수 있게 됐다.

기후에 민감하게 반응하고 심대하게 영향을 미치는 해양의 중요성은 더 정교해지는 기후 모델과 정밀한 관측으로 수집하고 분석한 양질의 데이터를 통해 점점 더 선명해지고 있다. 이로써 온실가스 농도가 증가하면서 온실효과가 강화되는 한편, 지구에 계속해서 축적되는 열에너지의 대부분, 즉 약 90%를 해양이 흡수한다는 사실을 증명하기도 했다. 태양으로부터 지구로 유입되는 단파장의 복사에너지는 지구에서 우주로 유출될 때 장파장의 복사에너지로 바뀐다. 지구온난화는 산업화 이후 지속적으로 증가한 온실가스에 의해 지구로 되돌아오는 장파의 복사에너지가 점점 증가해 지구 전체적으로는 복사 열에너지의 흡수가 일어난 현상이다. 하지만 많은 사람이 이러한 온실효과를 잘 이해하면서도 정작 지구온난화로 증가한 열이 어디에 흡수되는지는 간과한다. 1970년부터 2010년까지 40년 동안 지구온난화로 해양에 흡수된 총 열에너지는 250ZJ(1제타줄은 1021줄에 해당)인데, 이는 지구에 흡수된 전체 열에너지의 93.4%에 해당한다. 참고로 대기와 대륙, 육상의 빙하, 해양의 해빙, 그린란드 빙상, 남극대륙 빙상에 흡수된 열에너지는 모두 합쳐도 10%가 채 되지 않는다. 2020년에는 한 해 동안에만 약 20ZJ의 에너지가 해양에 흡수됐다. 이것은 전 세계 모든 사람이 하루 종일 전자레인지를 100개씩 가동하는 것과 같으며, 히로시마에 투하했던 원자폭탄이 매 초마다 4개씩 폭발하는 것과 같은 수준이다.

가히 폭발적인 양의 열에너지를 흡수하는 해양에서 아무런 환경 변화가 나타나지 않기를 기대하는 것은 어불성설이다. 해수는 대륙의 구성 물질보다 비열 比熱이 커 온도가 잘 오르지 않는다. 그럼에도 아주 많은 열에너지를 흡수했기 때문에 해수의 수온 상승은 불가피하다. 실제로 해수면에서 수천 미터 수심의 깊은 심해에 이르기까지 해수의 수온 변화는 심상치 않은 상승 추이를 보이고 있으며, 이 추세는 당분간 바뀌기 어려워 보인다. 이렇듯 선명하게 관측되는 해양 온난화는 대기나 대륙에서의 온도 상승과는 차원이 다른 이야기이기 때문에 과학자들의 우려가 크다. 해양 온난화는 인류 전체에 직접적인 영향은 물론, 간접적으로도 생태계를 파괴하며 생물 다양성을 감소시킨다. 즉, 해양 온난화가 심화할 경우 인류의 파멸까지 불러올 것이다.

남성현 해양과학자·서울대학교 지구환경과학부 교수
인간과 지구가 공존할 수 있는 지속 가능한 발전을 위해 해양 관측 중심의 자연과학 연구와 교육을 진행 중이다. 북태평양해양과학기구 PICES의 정부 대표 등 우리나라에서 손꼽히는 해양과학자로 각종 국제 연구와 회의에 참가하고 있다. 저서로는 《2도가 오르기 전에》 《위기의 지구, 물러설 곳 없는 인간》 등이 있다.

북극해는 대부분 해빙으로 덮여 있다. 태양 복사에너지를 반사하는 역할을 하던 해빙이 사라지면서 이제는 북극해로 더 많은 태양 복사에너지가 흡수되며, 이로써 그 일대의 수온이 올라 해빙을 더욱 빠르게 녹인다. 이런 상황이 거듭 발생하면서 흡수되는 태양 복사에너지는 점점 커지고, 수온 상승을 부채질하는 악순환이 일어난다. 그 결과 북극 생태계가 파괴되는 동시에 제트기류가 남북으로 출렁이며 사행하면서 북반구 중위도에서는 쉽게 경험하지 못한 극심한 한파, 이른바 '북극한파'가 도래한다. 한편, 지구상에서 가장 따뜻한 적도의 인도양과 태평양 웜풀 Warm Pool 해역은 수온이 점점 오르며 그 영역 자체가 확장됐다. 나아가 웜풀에서 발생한 태풍이 중위도로 북상하며 전에 없던 위력과 파괴력을 가질 것으로 전망된다. 그뿐만 아니라 육상에 쌓여 있는 그린란드 빙하와 남극 빙하 역시 빠른 속도로 사라지고 있다. 특히 남극의 서부, 즉 서남극에 위치한 스웨이츠 빙하(Thwaites Glacier)는 상대적으로 따뜻한 해수가 얼음 아래로 침투해 가장 빠른 속도로 녹고 있다. 육상에 쌓인 빙하가 녹아 점점 해양으로 흘러드는 현상은 해수면 상승의 심각성을 더욱 가중시킨다.

전반적인 지구환경 악화로 인류는 더 이상 물러설 곳 없는 기후 위기, 기후 비상이라는 절망적인 상황에 처해 있다. 인류 생존을 위해 국제사회는 기후변화 협약을 맺고 탄소 중립 선언을 하며 전환의 움직임을 보이고 있다. 기후 위기의 원인인 온실가스 배출을 획기적으로 줄여 대기 중 온실가스 농도를 빠르게 낮춰야 한다. 동시에 자연 생태계의 온실가스 흡수력을 높이는 일 또한 중요하다. 따라서 기후를 조절하는 해양을 진단하고 감시하며 건강한 해양생태계를 회복하는 일은 기후변화의 티핑 포인트 tipping point를 넘지 않도록 대비하는 역할을 한다. 이처럼 인류의 지속 가능한 발전을 위해 해양을 과학적으로 이해하는 것이 매우 긴요하다는 인식 아래 국제사회는 'UN 해양과학 10년(2021~2030)'을 선언했다. 해양을 과학적으로 잘 이해하고 해양생태계를 회복하기 위한 비상한 노력이 필요하다는 사실을 알리기 위함이다. 인류가 지속 가능한 방식으로 해양을 관리하고 기후 위기에 지혜롭게 대응할 수 있도록 그 어느 때보다 힘을 모아야 할 시기라는 뜻이기도 하다. 우리는 '푸른 행성'이라 불릴 정도로 거대한 해양을 가진 지구에서 살아가는 존재다. 해양을 무분별하게 개발하기보다 과학적으로 잘 이해하고 생태계와 공존하는 방향으로 해양의 활용법을 터득해야 한다. 해양을 잘 알고 활용하는 것은 폭이 매우 좁은 바다인 명량해협(지금의 울돌목)의 조류 변화를 잘 알고 이를 전략적으로 활용한 이순신 장군으로부터 얻을 수 있는 교훈이기도 하다. 따라서 기후 위기 문제를 푸는 해법 역시 해양을 보호하고 과학적으로 이해하는 것에서 출발해야 한다.

우리는 이것을 '기후 비상'이라 부르기로 했습니다

이름은 다른 것과 구별하기 위하여 사람이나 사물, 단체, 현상 등에 붙여서 부르는 기호이다. 이름이 주어짐으로써 사물은 비로소 의미를 얻게 되고 존재 가치를 지니게 된다.

《한국민족문화대백과사전》

'기후'라는 단어에 '위기'와 '비상'이 붙기 시작했다. 최근 2~3년간 일어나고 있는 일이다. 우리나라를 비롯한 국제사회에서 인류가 직면한 기후변화 현상에 보다 정확하고 구체적인 이름을 부여하자는 목소리가 커지고 있다. 지구의 기후가 변화하는 수준을 넘어이미 비상사태에 접어들었음을 적극적으로 알리기 위함이다. 우리는 종종 기후와 날씨를 같은 것으로 생각한다. 기후는 항상 변하는 것이라 여겨 기후변화라는 단어를 일상적인 현상으로 느끼는 것이다. 이러한 맥락에서 볼 때 '기후 비상'이라는 이름을 사용하는 것은 그 긴박함과 중요성을 바라보는 시대정신의 변화를 담고 있다. 최근 SF 영화에서나 나올 법한 대형 자연재해가 뉴스를 종종 장식한다. 그걸 보면서도 사람들은 '뭐, 별일 있겠어?' 하며 쉽게 잊어버린다. 과연 기후 비상 사태가 별일이 아닐까?

2021년 발표된 IPCC 제6차 기후변화평가보고서는 우리가 이미 기후 비상 상황에 처해 있음을 보여준다. 지구온난화의 주범으로 꼽히는 대기 중 이산화탄소 농도가 지난 200만 년을 통틀어 최대치를 경신했으며, 그 여파로 북극 해빙 면적이 근래 1000년 사이 가장 적은 값을 기록하고 있다. 우리는 지금 파국으로 치닫는 급행열차에 탑승해 있다.

기후 재난에 대처하기 위한 인류의 노력은 다방면으로 이뤄져왔다. 2015년 파리에서는 전 지구의 평균온도 상승 폭을 산업화 이전 대비 2°C 아래로 억제하기로 역사적인 국제 협약을 맺고, 기온 상승을 1.5°C에서 멈추도록 노력하자는 굳은 결의를 보이기도 했다. 하지만 여전히 당면한 상황의 심각성을 인식하지 못하고 적극적 행동을 주저하는 동안 지구 평균온도는 이미 1°C 넘게 상승했고, 이로 인해 전 세계 육지 빙하와 해빙은 오늘도 극적으로 사라지고 있다.

빙하가 녹으면 발생하는 변화를 살펴보기 전에 그와 관련한 단어에 대해 먼저 알아보자. 빙상은 남극대륙 위에 넓게 위치한 두께 2000~3000m의 두꺼운 얼음 덩어리다. 빙하는 강처럼 천천히 흐르며 움직이는 얼음이다. 빙하가 바다와 만나는 곳에서 언 채로 물 위에 떠 있는 것을 빙붕이라고 한다. 빙붕은 육지와 이어진 채 바다에 떠 있으면서 빙하가 흘러내리는 것을 막는다. 빙산은 빙붕 끝부분에서 떨어져 나온 얼음을 말한다. 넓은 판 모양을 하고 있다. 남극의 겨울은 대기 온도가 영하 40°C까지 내려간다. 이때 얼어붙은 표층의 바닷물을 해빙이라고 한다. 올해 남극 주변 해빙 면적은 역대 최저 기록을 경신했다.

학자들은 '기후 비상'과 관련해 서남극의 스웨이츠 빙붕에 주목한다. 서남극 빙하의 붕괴를 막고 있는 스웨이츠 빙붕은 지난 25년간 연평균 약 27m씩 녹고 있다. 1995년, 라르센A 빙붕이 무너졌다. 1500km²의 면적이었다. 2002년, 라르센 B 빙붕이 무너졌다. 라르센A 빙붕보다 훨씬 더 넓은 1만2000km²의 면적이었다. 2017년, 라르센C 빙붕의 끝부분이 무너졌다. 그 면적은 무려 6만km²였다. 서울 면적의 10배, 1조 톤에 해당하는 얼음이 사라졌다. 남극 해안선 지도를 다시 그려야 할 만큼 큰 변화다. 이대로 스웨이츠 빙붕이 무너지면 전 세계 해수면은 약 5.6m 상승한다. 빙붕이 무너지는 것은 샴페인병의 코르크 마개가 '뻥' 하고 열리듯 순식간이다. 육상의 얼음을 지지하는 둑이 사라지면 이내 걷잡을 수 없이 내륙 빙하까지 녹아버리고 말 것이다. 그리고 그때는 돌이킬 수 없다.

빙붕은 왜 붕괴하는 것일까? 지구온난화로 인해 대류 현상이 변하는 것을 들 수 있다. 한반도의 약 60배 크기에 해당하는 거대한 대륙인 남극을 에워싸고 빙빙 도는 따뜻한 물을 '환남극 심층수'라고 부른다. 기후변화로 남극 주위의 서풍이 강해지면서 환남극 심층수가 얼음 아래까지 도달해 맹렬하게 얼음을 녹인다. 따뜻해진 대기온도는 얼음 위에 물 웅덩이를 만든다. 웅덩이는 주위의 하얀 얼음과 달리 진한 파란색을 띠고 있다. 더 많은 태양열을 흡수해 붕괴 속도가 더 빨라진다. 물은 얼음보다 밀도가 커서 빙붕을 쐐기처럼 파고든다. 위로는 물웅덩이가, 아래로는 따뜻한 환남극 심층수가 빙붕 용융을 가속화한다.

Rest
in
Peace

이원상 극지 지구물리학자·극지연구소 빙하환경연구본부장
서울대 지질과학과를 졸업하고 2006년 극지연구소에 입사했다. 극지연구소는 남극과 북극 그리고 고산 빙하 지역을 연구하는 해양수산부 산하 연구 기관이다. 매우 춥고 바람이 많이 부는 혹독한 극지 환경과 이와 관련한 주변 생명현상을 종합적으로 연구한다.

빙붕, 빙산, 해빙은 이미 물 위에 떠 있는 얼음이라 모두 녹아도 해수면 상승에 전혀 영향을 미치지 못한다. 아이스커피의 얼음이 다 녹아도 잔이 넘치지 않는 것과 같은 원리 다. 그러나 남극의 빙붕이 녹아 없어지면 상류의 얼음을 막고 있는 지지대가 사라진다. 커 피 잔하고는 또 다른 경우다. 그렇게 되면 예상보다 빠르게 얼음이 바다로 빠져나가고 결 국 급격한 해수면 상승을 유발한다. 해수면 상승이 유발하는 자연재해는 셀 수 없이 다양 하다. 그 파괴력 역시 상상을 초월한다. 다량의 얼음이 녹으면 많은 양의 담수가 바다로 유입된다. 해양생태계 역시 큰 타격을 받는다. 해류의 변화를 동반해 전 지구에 차가운 물 을 공급하는 시스템에 큰 혼란을 일으킨다. 이는 전 세계 해안 어느 지역도 피할 수 없는 재해가 될 것이다. 한 나라가 아닌 모든 나라에서 함께 힘을 모아 대처해야 할 인류의 현 안임을 직시해야 한다.

최근의 연구 결과에 의하면, 2009~2017년 남극의 얼음은 1979~1990년 대비 6배 나 빠르게 녹고 있다고 한다. 게다가 남극에서만 지난 1992~2017년 약 3조 톤의 얼음이 녹아 전 지구 평균 해수면을 약 7.8mm 상승시켰다는 충격적인 결과도 발표되었다. 이대 로라면 2100년 지구 평균 해수면은 2m까지 상승할 수 있다. 이는 남태평양의 투발루 같 은 작은 섬나라들이 수십 년 내에 지도에서 완전히 사라지는 것을 의미한다. 그럼에도 여 전히 '우리'가 아닌 '그들'의 문제로 인식하고 있다.

초등학교 때부터 우리는 이런 얘기를 들어왔다. 삼면이 바다로 둘러싸인 대한민국은 어디로든 진출할 수 있는 지리적 강점이 있다고. 하지만 삼면이 바다라서 해수면이 상승 하면 피해를 직접적으로 입을 거라는 얘기는 별로 들어본 기억이 없다. 국립해양조사원의 발표에 따르면, 동해안의 경우 연간 해수면 상승률이 전 지구 평균 해수면 상승률보다 약 20% 높다고 한다. 해수면 상승은 연안 침식, 범람, 폭풍해일에 의한 침수 등 광범위한 피 해를 가져온다. 이는 대규모 자연재해가 '그들'의 문제가 아닌 우리에게도 닥칠 현안이라 는 사실을 보여준다. 이것은 누리호 발사에 들어가는 복잡한 수학 공식을 적용하지 않고 도 알 수 있다.

우리는 평균온도 상승 폭을 0.5°C로 지켜내야 할 것이다. 이것만이 인간을 포함한 지구상 생물이 급격한 기후변화로부터 적응에 필요한 시간을 벌 수 있는 유일한 방법이 다. 마지막 기회에 다가선 인류는 현 상황을 '기후 비상'이라 불러야 할 것이다.

이것은 수온 상승이 불러온 바닷속 가슴 아픈 이별 이야기다

새로운 세상에 진입한다는 것은 유의해야 할 수많은 숫자가 생기는 일이다. 11년 전 시작한 스쿠버다이빙은 유독 더 그랬다. 내 손목에 찬 다이빙 컴퓨터에 나타나는 수심, 더 머물 수 있는 시간 등의 숫자와 탱크 속에 남아 있는 기체의 양을 나타내는 게이지의 눈금 숫자를 수시로 확인한다. 그 숫자들은 여태까지 다른 세상에서 지켜오던 숫자보다 훨씬 엄중한 것이다. 출근 시간, 마감일처럼 어기면 큰일이 난다고 느껴지는 숫자도 생명과 직결된다고 말하긴 어려울 테니.

엄중한 무게감을 가지고 머리로 지켜나가는 숫자도 있지만, 그저 몸으로 느껴지는 숫자도 있다. '1'이란 작아 보이는 숫자가 주는 강력한 차이를 온몸으로 느낄 수 있는 것, 바로 '온도'다. 저체온증의 위험에 노출되지 않으려면 다이버는 수온에 따라 슈트의 두께를 다르게 준비한다. 웨트슈트의 두께도 1mm보다 얇은 것부터 7mm까지 다양하다. 열대 바다에서 다이빙할 때 평균 30°C의 수온을 유지하다가 특정 포인트에서 29°C로 수온이 1°C 낮아진다면 대부분의 다이버는 추워졌다는 것을 느낄 수 있다. 수중에서 1°C의 차이는 경험해보지 못한 사람이 상상하는 것보다 실제로 훨씬 더 크다.

"올해 여름은 유난히 더웠어"라고 회상할 수 있는 것은 우리가 여름이라는 3개월여의 시간을 견뎌내면 더위의 아찔함에서 벗어날 수 있기 때문이다. 그런데 바다에서 한자리를 지키며 사는 산호는 매년 오르는 수온의 영향에서 도망갈 곳이 없다. 아름다운 자신만의 색깔을 가지고 있던 산호가 하얗게 변하는 백화현상은 산업화 이후 1980년대부터 나타나기 시작했다고 한다. 백화현상은 지구온난화, 온실가스 증가, 탄소 배출 증가, 이 모두와 관련이 있다. 그 어느 것도 산호가 만들어낸 결과는 아니다. 지구온난화로 해수 온도가 계속 상승하고 있고, 산호는 수온이 1°C만 올라도 크게 영향을 받는다.

한자리에서 멋진 수형 樹形을 갖춘 채 자라는 나무처럼 아름다운 산호가 식물이 아닌, 소화기관을 가진 동물이란 사실을 처음 알았을 때 적잖이 충격적이었다. 그렇지만 산호에 대해 알아갈수록 그것이 왜 식물의 분위기를 띠고 있는지 알 것도 같았다. 동물인 산호한테는 주산텔라 Zooxanthellae라는 운명의 식물성플랑크톤 짝꿍이 있기 때문이다. 이 둘은 공생 관계로 주산텔라가 광합성을 하면서 만든 영양분을 산호한테 공급하면 산호는 주산텔라에게 안전한 공간과 자신이 배출하는 이산화탄소를 제공한다. 알록달록한 산호의 색은 이 주산텔라의 색과 산호가 지닌 단백질의 작용으로 만들어진다. 겉으로 드러나는 모습이 혼자가 아닌 다른 누군가와의 교감을 통해 이뤄진 결정체라고 생각하니 산호한테 좀 더 애착을 갖게 되었다. 그리고 백화현상이 조금 더 가슴 아프게 다가온다.

최송현 배우 · PADI 인스트럭터
KBS 공채 아나운서로 데뷔해 배우로 전향한 최송현 씨는 PADI 강사 자격증을 보유한 프로 다이버이자 PADI 앰배서더 다이버로 활동한다. 유튜브 크리에이터로서 'SonghyunC film' 채널을 통해 수중에서 직접 촬영한 영상을 공개하며 바다의 가치, 신비로운 아름다움, 바다가 직면한 문제 등을 널리 알리고 있다.

백화현상은 아주 슬픈 이별 이야기다. 산호와 주산텔라가 서로 너무나 사랑해서 헤어지는 이야기다. 해수 온도가 1°C만 상승해도 산호는 몸이 매우 아프다. 아픈 산호는 이상 반응을 보이고, 짝꿍인 주산텔라는 그런 연인을 보며 몹시 당황하기 시작한다. 산호는 사랑하는 주산텔라가 자기 병간호를 하며 지쳐가는 모습을 보고 싶지 않아서 매몰차게 주산텔라를 내쫓는다. 다른 데 가서 살라고 억지로 밀어낸다. 산호와 주산텔라는 그렇게 슬픈 이별을 한다. 주산텔라가 사라지니 산호는 본연의 아름다운 모습을 잃고 하얗게 변한다. 밥을 챙겨주던 주산텔라가 없으니 더 이상 먹을 것도 없다. 그렇게 산호는 아픈 이별을 하고 쓸쓸히 죽어간다.

산호가 살고 있는 환경에서는 어디든 첫 입수 때 바로 바다의 건강 상태를 직감할 수 있다. 이곳이 눈물 젖은 이별의 바다인지, 주산텔라와 산호의 알콩달콩 러브 스토리로 사랑이 가득한 바다인지 한눈에 보인다. 산호초는 전체 해양 생물의 25%가 사는 삶의 터전이다. 그래서 산호가 건강한 바다는 다양한 생물군이 생태계를 이루는 활기찬 바다이고, 그 반대는 어둠이 드리운 아픔의 바다다. 적지 않은 비용과 어렵게 뺀 시간을 들여 간 다이빙 투어에서 그런 아픔의 바다를 마주하는 것은 머리로 세는 경제적 논리의 숫자 측면에서도 불만족스럽지만, 몸으로 느끼는 그 거대한 1°C의 차이로 인해 마음이 무너지는 일이다. 바다는 단순히 돈을 지불하고 여가를 즐기는 공간이 아니라 내가 함께 살아 숨 쉬는 나의 또 다른 세상이기에.

코로나19 팬데믹은 1°C의 강력한 차이를 피부로 느끼게 했다. 어딜 가나 체온 측정을 했고, 평균 정상 체온이라 여기는 36.5°C에서 1°C 높은 37.5°C 이상이면 출입이 금지되었다. 우리는 알고 있었다. 1°C의 차이가 무시할 수 없는 아주 큰 다른 결과를 가져올 수 있다는 것을. 백신을 맞고 수시로 체온계로 열을 측정했다. 몸살 기운과 열감을 느껴 확인한 체온계의 숫자는 38이었다. 정상 체온과 차이는 1.5°C. 그것은 내가 밝게 웃을 수 있느냐 없느냐, 내가 맛있게 먹을 수 있느냐 없느냐, 외출하고 걷고 일하고 정상 생활을 할 수 있느냐 없느냐를 결정하는 너무도 강력한 차이였다. 열이 내릴 때까지 며칠간 해열제를 먹었고, 내 체온은 다시 정상 범위로 돌아왔다.

바다가 아프다. 내가 열나고 몸살이 났을 때처럼 아픈데, 열을 낮출 수 있는 해열제도 없고 자연 치유를 기대하기는커녕 온도는 점점 더 오를 것이라고 한다. 앞으로 얼마나 더 많은 산호와 주산텔라가 슬픈 이별을 하게 될까. 그들을 그냥 사랑하게 해줄 순 없을까.

66
우리 모두는 서서히 끓어오르고 있는 물속의 개구리처럼 살고 있는게 아닐까 생각했어요

99

기후 위기 대응 매거진 <1.5°C>로부터 작업을 의뢰받았을 때 기분이 어땠나요?

우리 모두는 서서히 끓어오르고 있는 물속의 개구리처럼 살고 있는 게 아닐까 생각했어요. 기후 위기라는 거대한 자연현상 앞에서 막연한 공포와 무력감을 동시에 느끼면서요. 인류 전체가 속도와 방향을 바꾸어야 하는 상황에서 과연 내가 할 수 있는 것은 무엇인지, 과연 나는 책임감을 가지고 행동하고 있는지 복잡한 기분이 들었습니다.

평소 바다와 얼마나 가깝게 지내나요?

바닷가 도시에서 태어나 또 다른 바닷가 도시로 옮겨가 자랐습니다. 아버지도 바다와 관련한 일을 지금까지 하고 계시고요. 제 작품에도 바다를 자주 표현해왔어요. 지금은 바다와 1시간 거리에 살고 있습니다. 몸은 조금 멀어졌지만 마음은 여전히 바다와 아주 가깝게 닿아 있습니다.

3호 주제인 'DON'T BOIL THE OCEAN'을 듣고 떠오르는 장면이 있었나요?

해일을 촬영한 영상들이 떠올랐습니다. 사이렌이 울리고 경찰차가 돌아다니며 "대피하세요. 해일이 옵니다!" 한참을 경고해요. 실제로 해일이 들이닥치기 전까지는 물이 다 빠져버린 해변과 강가 모습이 신기하니까 사람들은 멀리 떠나지 않고 그저 구경만 합니다. 휴대전화로 촬영하려고 웅성웅성 모여 있죠. 저 멀리서 잔잔하게 보이는 물은 사실 거대한 에너지를 품고 있습니다. 서서히 차오르며 다가오는 물은 이미 바다 근처 마을을 모두 분쇄한 채 품고 있어요. 실제 상황이 담긴 영상에는 영화처럼 촬영자의 머리 위로 집채만 한 파도가 한 번에 들이닥치는 장면은 없습니다. 바로 다음 순간 사람들은 휴대전화와 함께 물보라 속으로 사라지고 마니까요. 끔찍하게도요! 기후 위기를 대하는 우리의 태도가 이러하지 않을까요? 마른 해변에 사이렌 소리가 울리는데 정작 우리는 카메라를 꺼내 들고 해일을 구경하기 위해 모여 있는 것은 아닐까요?

ILLUSTRATOR. 이경돈

런던을 기반으로 활동하는 애니메이터이자 일러스트레이터다. 아이유, 악동뮤지션, 다이나믹 듀오 등 아티스트의 뮤직비디오 제작에 참여했다. 그림을 그리고 영화 작업을 준비하며 자신의 이야기를 담을 다음 그릇을 탐색하고 있다. @tezodonlee

작업 과정이 궁금해지네요.

스케치를 하기 전에 글자로 먼저 적어봅니다. 떠오르는 이미지나 상상을 문장으로 적어 내려가며 연결 고리를 찾아요. 그걸 한 문장으로 만드는 작업을 반복하는 거예요. 그렇게 무엇을 그릴지 찾아갑니다. 이번에 'DON'T BOIL THE OCEAN' 작업을 할 때는 기후변화라는 주제를 향해 미온적 태도를 취하는 인류를 말하고 싶었습니다. 지구상 마지막 빙하를 하나의 구경거리로 삼는 인간들 모습, 단순히 안타까운 마음으로 죽어버린 산호의 장례식을 치르는 장면, 생을 다한 바다 앞에서 건강하던 바다 영상을 보며 태연하게 선탠을 즐기는 사람들 모습이 그렇게 완성됐습니다. 기후변화와 기후변화가 가져올 재앙을 그저 이슈와 상품으로 치부하고 있지는 않은지 모두가 생각해볼 수 있었으면 좋겠네요.

ILLUSTRATION CREDITS

우리가 결코 마주하지 말아야 할 비극적 시나리오

ART

EDITOR. Dami Yoo

기후변화와 수온 상승이 전하는 경고를 아직도 무시한다면 바다를 둘러싼 이 예술적 상상은 현실이 될지도 모른다.

1.

Underwater

by Jason deCaires Taylor

언더워터
by 제이슨 디케리스 테일러

Underwater

제이슨 디케리스 테일러는 조각가이자 다이버이며 수중 전문 사진가다. 바닷속에 조각 작품을 설치해 수중 전시를 선보인 그는 대지 미술의 영역을 바다 깊은 곳으로 끌고 간 인물로 큰 주목을 받았다. 2006년 멕시코만의 그레나다 해안에 최초로 조성한 '몰리네어 베이 Molinere Bay 수중 조각 공원'이 대표 작품이다. 그는 어릴 적부터 다이빙을 하며 바다에서의 경험을 소중하고 경이로운 것으로 여겼다. 유년 시절에 받은 이러한 영향으로 예술가와 다이버가 된 그는 어떻게 하면 예술 작품을 바닷속에 설치해 해양의 동식물과 공존하는 환경을 만들 수 있을지 고민하던 중 허리케인이 휩쓸고 간 카리브해 지역에 생기를 불어넣을 목적으로 진행한 재생 프로젝트에 참여하면서 수중 조각 공원을 조성했다. 그가 65점의 수중 조각 작품을 설치한 덕분에 이곳은 전 세계 다이버들이 찾는 명소가 됐다.

그가 설치한 바닷속 조각 작품들은 보다 나은 세상을 만들기 위해 서로 교감하고 화해하는 이야기를 다채롭게 담고 있다. 한편으로는 다이버들이 연약한 해양 서식지를 방문하기보다 수중 조각 공원으로 향하도록 유도해 기존의 자연 생태계에 영향을 주지 않으려는 의도 또한 깃들어 있다. 아울러 작품의 재료인 시멘트의 산도와 질감을 면밀하게 조절해 산호가 자라고 해양 생물의 터전이 되도록 조성한 점 역시 큰 의미를 지닌다. 실제로 그가 만든 수중 조각 공원에는 시간이 지날수록 해초가 조각의 표면을 따라 성장하고, 작은 해양 동물들이 서식하는 생태계가 만들어졌다. 이는 환경 운동가로도 활동하는 작가의 정체성이 드러나는 대목으로, 그가 전개하는 예술 활동이 인간 중심의 테마파크를 조성하는 것이 아니라는 점을 보여준다. 아울러 그의 작업이 단순히 장소 특정적 속성이 짙을 뿐이라는 비판 역시 이렇게 허물어진다. 작가는 "우리는 바다를 하나의 박물관처럼 여겨야 한다"고 말한다. 우리가 박물관의 작품을 매우 소중한 보물이자 보존하고 감상할 가치가 있는 유물로 여기듯 바다도 그렇게 대해야 한다는 얘기다. 제이슨 디케리스 테일러가 만든 수중 박물관을 사진으로 접한 이들은 비참하게 수장된 마을을 연상할 수도 있다. 또 누군가는 지금 우리가 기후 위기에 적절히 대응하지 못할 경우 해수면이 상승해 바닷속에 고스란히 잠길 미래의 인류를 떠올릴지도 모른다. 귀를 기울여보자. 우리가 바다를 박물관의 작품처럼 소중하게 여기지 않는다면, 어디선가 인간의 운명 또한 이렇게 물속에 잠기고 말 것이라는 경고음이 들려오지 않는가?

바다는 보물이 가득한 거대한 박물관이다

©Jason deCaires Taylor

2.
A Window into the Sea
by David Doubilet

윈도 인투 더 시
by 데이비드 더블렛

A Window into the Sea

데이비드 더블렛은 11세부터 50여 년 동안 세계의 바다를 돌아다니며 수중 사진을 찍어온 작가이자 환경 운동가다. 그의 대표 작품은 해수면이 화면의 중심을 가로지르고 위아래로 물의 안팎 모습을 동시에 보여주는 '하프 앤드 하프' 시리즈. 생생하게 펼쳐진 바닷속 풍경, 해양 생물의 움직임, 수면 위에 떠 있는 듯한 풍경은 평소 우리가 바다와 육지로 구분했던 자연의 영역을 한눈에 보게 한다. 쓰레기가 둥둥 떠다니는 바다와 그 아래에서 헤엄치는 수중 생물을 동시에 보여주는 사진에서는 바다 쓰레기 문제에 경각심을 불러일으키고, 갈 곳을 잃은 극지방 동물의 모습은 빙하가 녹으며 삶의 터전을 잃고 있는 상황을 가시화한다. 한편, 배를 타고 수면 위를 이동하는 사람들의 여유로운 모습과 그 수면 아래 산호초가 아름답게 펼쳐진 파푸아뉴기니의 풍경은 지구를 구성하는 모든 동식물이 공존하고 있음을 느끼게 한다. 이렇게 고화질로 기록한 지구의 모습은 우리가 일상생활에서 기후변화, 빙하 유실, 지구온난화 등 직접적으로 체감하지 못하는 위기를 실감하게 하는 엄중한 메시지다.

66 아무리 멀고 깊은 바다도 함께 공존하는 공간이다 99

A Window into the Sea

환경 운동가로도 활동하는 데이비드 더블렛은 한평생 수중 사진을 찍으며 바다의 변화를 온몸으로 체험했다. 최근 그가 몰두하고 있는 수중 사진 시리즈 'Coral Through the Lens of Time'은 이러한 경험의 적나라한 기록이다. 몇 해 전 촬영했던 장소를 다시 찾아가 당시에 찍었던 사진 속 모습과 달라진 지금의 모습을 비교해보는 프로젝트다. 예컨대 수온이 상승하고 해조류가 줄어들어 산호가 하얗게 변해버린 괌의 투몬 만을 방문하고, 단단한 산호초로 이뤄진 찬란했던 바다 숲이 사뭇 묘지처럼 바뀌어버린 퀸즐랜드의 그레이트배리어리프도 다시 찾아갔다. 환경 운동가로서 그의 작업은 이렇게 변해버린 바다의 모습을 통해 그가 체험한 기후변화를 사람들에게 알리는 일이다. 아울러 사진작가로서 지금 최고의 작품을 찍고 있다는 데이비드 더블렛의 말은 이상기후로 몸살을 앓는 이 시대, 우리의 바다가 어쩌면 돌이킬 수 없을 만큼 변하고 있다는 경고처럼 들린다.

어느 평론가는 오늘날 사진 예술이란 물속에서 물총을 쏘는 것과 같다고 말했다. 누구나 카메라를 소지하고, 무수한 이미지가 매 순간 생성되는 이미지 과잉 시대를 지적한 것이다. 이렇게 이미지가 일상의 언어가 되었다고 해도 데이비드 더블렛은 사진의 힘을 믿는다. "사진엔 확신 없는 사람들을 설득하는 힘이 있습니다. 바다에 무지한 사람들의 눈을 뜨게 하는 힘 말입니다." 환경 운동가들은 인간의 무관심과 싸우는 것이야말로 가장 고된 일이라고 입을 모은다. 데이비드 더블렛은 한 장의 사진으로 깊은 바닷속 상황을 한눈에 보여주며 사람들의 시선을 이끈다. 복합적인 문제를 이해시키고, 기후위기를 실감하게 하는 이미지들이다.

3.

Sun & Sea

by Rugilė Barzdžiukaitė,

Vaiva Grainytė, Lina Lapelytė

선 앤드 시
by 루길레 바르즈주카이테, 바이바 그라이니테, 리나 라펠리테

Sun & Sea

지난 2019년 이탈리아 베네치아 비엔날레의 주제는 난세를 풍자하는 '흥미로운 시대를 살기를(May You Live in Interesting Times)'이었다. 여기서 흥미로운 시대란 즐겁고 명랑하게 살기 좋은 시대라는 뜻으로도 해석해 덕담을 나누고 소망을 기원하는 것처럼 보이지만, 사건 사고로 가득한 위기의 오늘날을 비꼰 문장이기도 하다. 따라서 대부분의 작품은 오늘날 대두되고 있는 난민, 여성, 장애인, 성 소수자, 아시아와 아프리카, 민속 등을 다루고 기후 위기와 생태 문제 또한 적극적으로 드러냈다. 성별, 국가, 인종, 생물 종으로 구분되는 존재들이 현재는 어떤 모습으로 살아가고, 미래에는 어떤 모습으로 공존할 수 있을지 예술가의 관점에서 해석한 작품들이다.

2019년 황금사자상을 차지한 작품은 세 명의 작가 루길레 바르즈주카이테, 바이바 그라이니테, 리나 라펠리테가 협업해 선보인 '선 앤드 시 Sun & Sea'다. 리투아니아 작가인 그들은 해군기지 건물로 사용하던 전시장에 모래를 잔뜩 깔고 인공 해변을 조성한 뒤 거대한 퍼포먼스를 벌였다. 남성과 여성, 어른과 아이 등 20여 명의 퍼포먼스 참가자는 이 인공 모래사장이 마치 해변인 듯 행동한다. 비키니를 입고 선글라스를 끼고 책을 읽거나 낮잠을 자거나 비치볼 플레이를 한다. 여기에 전시장 온도도 한껏 높여 한여름 휴가지의 모습을 면밀하게 재현했다. 그러나 정작 제목이기도 한 태양과 바다는 이곳에 없다. 배경음으로는 파도 소리 대신 기후변화를 주제로 한 현대 오페라가 울려 퍼진다. 그리고 관람객은 이런 모습을 중정이 있는 2층에서 내려다본다.

기후 위기를 이토록 직관적이면서 발랄하게 풀어낸 모습은 가히 흥미롭다. 기후변화로 해수면이 상승하고 해변은 사라지지만, 이런 기후 재앙의 비극을 인식하지도 못한 채 태연하게 살아가는 우리의 모습과 다르지 않기 때문이다. 이 사실을 깨닫자 사뭇 평온해 보이는 퍼포머들의 행위가 문득 기이하게 느껴진다.

66
기후변화는 우리가
누적한 시간이
만들어냈다
99

©sunandsea.lt

4.
Surisol Series

by Ayoung Kim

수리솔 시리즈
by 김아영

Surisol Series

김아영은 영상 매체를 통해 사실을 기반으로 이야기를 전개하는 사변적 픽션을 선보여왔다. 사변적 픽션이란 현실의 조건이나 상황에 상상력을 더해 그 현실을 낯설게 인식하도록 만드는 장르다. 이는 현실에서 벌어지기 쉽지 않은 조건을 설정하면서도 현실을 또 한 번 재인식하게 만드는 탁월한 소격 효과를 지닌다. '수리솔' 시리즈는 지난 2020년 부산비엔날레에서 선보인 영상 작품 '수리솔 수중 연구소에서'(2020)를 시작으로 두 편에 걸쳐 진행한 이야기다. 팬데믹 상황, 탄소 배출권 문제, 에너지의 지속 가능성, 이상기후로 인한 징후 등 미래 상황을 시뮬레이션하는 사변적 픽션으로, 화석연료가 고갈된 미래, 인류가 다시마를 발효한 바이오 연료를 주 에너지원으로 사용하는 시대를 배경으로 한다. 부산 앞바다에 있는 오륙도 근처 해저 15m 지점에 다시마 연료를 연구하는 수중 연구소가 있고, 이 연구소를 관리하는 AI 수리솔과 예멘인 이주 여성이자 이 연구소의 선임연구원 소하일라가 협동하는 내용을 담고 있다. 기후 위기 시대, 현재 많은 에너지 기업에서 대체 연료를 개발하기 위해 다시마를 발효한 바이오 연료를 연구하는 상황을 반영하는 동시에, 부산의 특산물인 다시마를 소재로 SF적 상상력을 발휘해낸 것이 인상적이다.

66

AWAKE, AWAKE, AWAKE

99

AT THE

SURISOL

UNDERWATER LAB

두 번째 작품 '수리솔: POVCR®(2021)'은 VR 영상으로 제작해 보는 이로 하여금 수중 연구소와 다시마 숲을 실제로 유영하는 듯한 기분이 들게 한다. 이 작품은 의자에 앉아 VR 디바이스를 착용한 채 감상하도록 제작했다. 헤드셋을 착용하면 가장 먼저 'AWAKE'라는 사운드와 함께 영상이 시작된다. "AWAKE, AWAKE, AWAKE." 반복해서 흘러나오는 이 음성은 마치 명령어이자 주문처럼 들려온다. 의자에 앉아 헤드셋을 착용하고 있는 관객은 그 순간 '일어나야 하는 건가?' 하는 의문이 자연스럽게 든다. 여기서 'AWAKE'란 이 영상을 제작할 때 사용한 게임 엔진에서 쓰이는 프로그래밍 언어이기도 하다. 게임 엔진으로 가상 환경을 구축할 때 정지되어 있는 캐릭터와 효과를 작동하게 하는 명령어로, 이 명령어 없이는 아무것도 활성화되지 않는 속성이 있다. 따라서 이 음성은 멈춰 있던 이야기가 시작되고 작가가 그린 가상의 미래를 현실로 소환하는 주문처럼 느껴진다. 실제로 김아영 작가는 이 대목을 작품의 중요한 지점으로 꼽았다. 은연중 관객 스스로가 게임 캐릭터에 동화되며 이 가상 세계에서 깨어나는 체험을 할 수 있게 하는 트리거 역할로 염두에 두었다는 설명이다. 작품이 취하고 있는 VR 형식 또한 수리솔 수중 연구소와 바다 숲에서의 이야기를 더욱 선명하게 그리며 높은 몰입도를 유도하는 동시에 이야기에 깊이 빠져들게 한다. 지극히 기후 위기적인 관점으로 이 수리솔 시리즈를 바라본다면, 지금 당장 우리가 기후 위기를 인식해 깨어나지 않을 경우, 에너지는 고갈되고 지구는 오염될 대로 오염되며 인간은 서로 더욱더 소외되는 암담한 미래가 도래할 것이라는 의미심장한 여운을 남긴다.

저난 해와 비교했을 때,
Compared with last year,

온실가스 배출량을 1,350톤 줄였습니다.
down by 1,350 tons from BAU(Business-As-Usual).

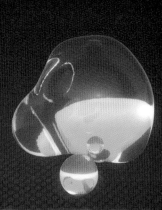

탄소배출권 11,700 크레딧을 매매할 수 있게 됐다는 거죠.
This means that we will be able to trade 11,700 emission credits.

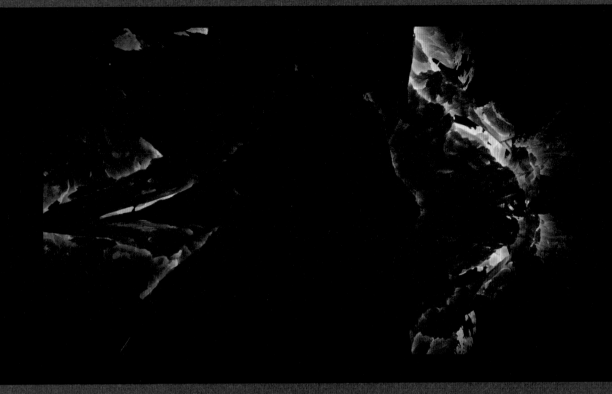

66

실수하지 마라.
기후변화

1.5°C

호주의 비극은 때문.

배우,
러셀 크로 RUSSELL CROWE

99

OCEAN CIRCULATION FILM

기후 위기는 어쩌면 기회다
해양 컨베이어 벨트 필름 토크

영화 <투모로우>와 <설국열차>를 통해 이야기하는,
기온 상승과 빙하의 붕괴로 정체된 해양 컨베이어 벨트로 인한 기후 위기 현상의 진단과 전망

TALK

WRITER. Yongjun Min

1.

THE DAY AFTER TOMORROW

2004

2.

SNOWPIERCER

2013

민용준 (이하 '민')　　프리랜스 영화 저널리스트이자 대중문화 칼럼니스트. 집필, 방송, 강연 활동 중이며 영화감독 13인의 인터뷰집 출간을 준비하고 있다.

조천호(이하 '조')　　기상과학자. 경희사이버대학 기후변화 특임교수, 전 국립기상과학원장. 기후변화 시대에 관한 저서《파란 하늘 빨간 지구》를 집필했다.

투모로우 2004

지구온난화로 기상이변이 발생하며 전 지구적 기후 재난 상태가 벌어진다. 남극대륙의 빙붕이 붕괴되는 현상을 보고 이를 경고했던 고기후학자는 상황을 예의 주시하는 가운데, 모든 것이 얼어붙는 극심한 한파를 뚫고 아들을 구하기 위해 뉴욕으로 향한다.

설국열차 2013

전 세계 정부는 지구온난화를 막고자 대기 중에 냉매를 살포하는 계획에 동참하지만 예상치 못한 빙하기가 도래하면서 지구가 얼어붙는다. '설국열차'에 탑승한 소수의 생존자들은 멈추지 않는 열차에서 계급 갈등을 겪게 된다.

민 오늘은 영화 <투모로우>를 통해 기온 상승이 해양 컨베이어 벨트와 기후 위기에 미치는 영향에 대해 이야기해볼까 합니다. <투모로우>는 2004년 개봉한 영화인데, 2000년대 초반에 이런 소재의 영화를 제작했다는 것 자체가 그 당시에 이미 기후 위기의 심각성을 인식하는 목소리가 존재했다는 사실을 대변하는 것 같습니다.

조 온실가스로 인해 지구의 기온이 상승해왔다는 건 이미 1900년대 중반에 과학적으로 증명됐으니까요. 일본계 미국인 과학자 마나베 슈쿠로가 1800년대 후반부터 관측된 기록을 바탕으로 컴퓨터 시뮬레이션을 통해 증명한 결과를 논문으로 써서 1967년에 발표했고, 그때 어느 정도 이론적인 틀이 완성됐죠. 그 업적을 인정받아서 뒤늦게 작년에 노벨 물리학상도 받았고요. 왜냐면 제2차 세계대전 이후부터 1980년대 사이에는 오히려 기온 냉각 현상이 나타났거든요. 온실가스로 인한 기온 상승 효과를 이론적으로는 규명했지만 관측상 그런 신호가 잡히지 않으니 연구 결과가 크게 부각되지 못했던 거죠.

민 제2차 세계대전 이후부터 1980년대 사이에 기온 냉각 현상이 일어난 원인은 밝혀졌나요?

조 제2차 세계대전으로 잿더미가 된 유럽이 재건 과정에서 많은 공장을 세우고 화석연료를 태우면서 상당량의 황산염이 배출됐어요. 황산염이 우리가 잘 아는 미세먼지인데, 당시 너무 많은 양을 배출해 햇빛 차단 효과가 커졌고, 그 때문에 기온이 떨어지는 상황이 이어졌죠. 그래서 1980년대 이전까지는 오히려 빙하기가 오는 것 아니냐는 주장까지 나왔어요. 지구의 자연 주기로 봐도 빙하기가 오는 게 이상하지 않은 시기였고요. 그런데 1980년대 이후부터 본격적인 기온 상승이 시작됐죠. 미세먼지는 햇빛과 반응해서 소멸하죠. 자연적으로 말이에요. 아무리 오래가도 5일 이상 남아 있는 미세먼지는 없어요. 그러니까 어느 순간부터 배출하지만 않으면 없어지는 거예요. 그런데 온실가스는 한 번 배출하면 계속 누적돼요. 사라지지 않고 수만 년 동안 남아 있는 거예요. 1750년대 산업혁명 이후부터 지구상의 온실가스가 누적됐는데, 1980년대부터 미세먼지로 인한 햇빛 차단 효과 때문에 온실가스의 영향이 본격적으로 드러나기 시작한 거죠. 그래서 온실가스와 관련한 기온 상승 이론이 과학계에서 다시 대두됐고, 1989년 전 세계 기후과학자들이 UN에 모여 지난 연구 결과를 종합해서 IPCC 보고서라는 걸 발표해요. 1990년에 1차 보고서가 나온 이래 2021년까지 6차 보고서가 나왔죠. 1차 보고서가 나올 때만 해도 기온 상승 원인을 자연적 변동성과 화석연료를 태워서 발생하는 인위적 변동성으로 나눠서 봤고, 1995년에 나온 2차 보고서까지도 그랬어요. 그런데 2001년에 나온 3차 보고서에서는 지금 일어나는 기후변화가 인간의 활동에 **67%** 정도 영향을 받은 결과라고 숫자로 제시하기 시작하죠.

민 3차 보고서에 이르러 인간이 기온 상승에 영향을 준다는 것을 과학적으로 규정한 셈이네요.

조 원래 과학은 숫자로 증명하는 분야인데, 그 전까진 인간의 인위적 활동이 기온 상승에 영향을 준다는 사실을 개연성 측면에서만 파악했지, 어느 정도 수준으로 영향을 준다는 건지 증명하지 못했던 거죠. 그런데 3차 보고서부터 드디어 3분의 2 확률로 사람 때문에 기후 위기가 일어난다는 걸 숫자로 이야기한 거예요. 심지어 2007년에 나온 4차 보고서에서는 인간 활동의 영향이 90% 이상의 확률이라고 말하죠. IPCC 보고서는 원인을 분석하는 과학 분야 보고서 하나, 기후 위기의 원인인 온실가스 배출을 줄여야 하니까 그에 관한 저감 보고서 하나, 그리고 농업이나 수자원을 비롯해 기후변화 상황에 어떻게 적응해야 하는지를 분석한 적응 보고서까지, 이렇게 세 종류로 나와요. 보통 과학 분야가 가장 먼저 나오는데, 작년에 발표한 6차 보고서에서는 인간의 영향이 확실하다고 제시해요. 과학에서는 100%, 그러니까 '절대' 라는 건 없어요. 새로운 증거가 나오면 유력한 가설이 바뀔 수도 있다고 늘 가정해야 하니까요. 그런데 과학자들이 '확실하다'고 표현한다는 건 더 이상 논할 필요 자체가 없다는 거죠.

민 말씀하신 것처럼 IPCC 3차 보고서가 2001년에 나왔으니 2004년 <투모로우> 같은 영화가 개봉한 것도 자연스러운 과정처럼 보입니다. 그런데 <투모로우>에서 데니스 퀘이드가 연기하는 잭 홀든은 기후학자입니다. 정확하게는 고대 기후를 연구하는 고기후학자인데, 아무래도 박사님 입장에서는 흥미가 동하는 캐릭터이지 않았을까 궁금합니다.

조 캐릭터보다는 시간의 스케일에 대한 흥미가 있었어요. <투모로우>는 옛날에 실제로 일어났던 사건을 현대로 가져와서 풀어낸 영화처럼 보이거든요. 그런데 과거에 긴 시간을 두고 벌어진 사건을 짧은 시간 안에 저렇게 표현할 수도 있구나 생각했죠.

민 긴 시간을 두고 벌어진 과거의 사건이라면 <투모로우>의 모티브가 됐다는 '영거 드라이아스 Younger Dryas'를 말씀하시는 건가요?

조 네. '신드라이아스'라고도 하죠. 지구 역사상 가장 추웠던 시기가 지금으로부터 2만 년 전인 빙하기였는데, 그때부터 1만 년 전까지 서서히 기온이 높아져요. 그런데 1만 년 내내 기온이 올라간 게 아니에요.

깨어있어라,
그날이
다가온다!

투모로우
THE DAY AFTER TOMORROW

《인디펜던스 데이》 롤랜드 에머리히 감독
2004년 5월, 전세계 동시개봉

WWW.FOXKOREA.CO.KR/TOMORROW

1만 3000년 전쯤 유럽을 중심으로 느닷없이 기온이 확 떨어지거든요. 심지어 북유럽 평균기온은 갑자기 10℃나 떨어지죠. 그리고 떨어지기 이전 수준으로 기온이 회복되는데 1000년 정도가 걸렸어요. 그 1000년을 신드라이아스라고 하죠. <투모로우>는 신드라이아스를 6주로 압축한 작품 같은데, 영화 초반에 지구온난화의 심각성을 이야기하는 것도 그런 사실을 반영했다고 설득하는 과정처럼 보이더라고요.

민 <투모로우>에서는 위와 내장에 음식물이 남아 있는 채로 급속하게 얼어 죽은 매머드 화석이 발견됐다는 사실을 언급하면서 신드라이아스를 간접적으로 설명하는 장면이 나오기도 합니다. 그 이후에 극심한 한파로 인해 인간이 순식간에 얼어 죽는 상황을 묘사하기도 하는데, 지극히 과장된 장면처럼 보이죠. 기후학자로서 이런 장면은 어떻게 보셨는지 궁금합니다.

조 그냥 은유로 받아들였어요. 실제로도 온난화 현상으로 지구가 뜨거워지면서 한파가 세지는 현상이 생기잖아요. 그런데 지금으로서는 빙하기가 다시 도래하지는 않을 거라고 봐요. 지난 100만 년 동안 지구는

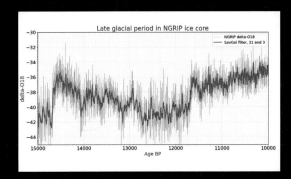

10만 년 주기로 빙기와 간빙기를 규칙적으로 오갔는데, 현재 인간이 화석연료를 태워서 증가한 온실가스의 힘이 빙하기로 돌아갈 수 있는 자연적 힘보다 월등히 커졌거든요. 어떤 천문학적 조건이 바뀐다 해도 그럴 수는 없을 거예요.

민　　빙기와 간빙기를 반복하던 지구의 기후변화 사이클 자체가 이미 인간 활동에 의해 배출된 온실가스로 인해 무너진 상황이라는 말씀이시죠?

조　　네. 이젠 빙하기로 돌아갈 수 없는 상황이라고 보고 있어요. 다만 신드라이아스라는 게 빙하기로 돌아간 시기가 아니라 지구의 기온이 상승하는 과정에서 벌어진 일시적 현상이었듯 지구온난화로 인해 극심한 한파가 발생하는 것도 비슷한 이치죠. 마치 진자 운동처럼 일정한 주기 안에서 계절이 바뀌는데, 어느 한 방향에 충격을 가하면 진자 운동의 진폭이 커지듯 지구온난화라는 외부 충격에 의해 날씨의 변동성이 커질 수 있다는 거예요. 더위도, 한파도 예전에 경험했던 것보다 극심해질 수 있다는 거죠.

민　　영화의 오프닝 시퀀스에 라르센 B 빙붕이 거대하게 갈라지는 장면이 등장합니다. 1893년에 발견된 라르센 B 빙붕은 1만 년 넘게 존재해온 것으로 아는데, 21세기 이후로 20여 년 만에 급격하게 녹아서 지금은 대부분 유실됐다고 들었습니다. 굉장히 심각한 상황처럼 보이는데, 실제로 어떤 문제가 발생할까요?

조　　일단 해수면이 상승하는 문제가 있죠. 사실 바다 위에 떠 있는 빙산이 녹는 건 해수면 상승 문제와 별 상관이 없어요. 바다 위에 떠 있다는 게 이미 해수면 높이에 반영됐다는 뜻이니까요. 육지에 있는 빙하가 녹는 게 문제죠. 일단 그린란드 빙하가 싹 다 녹으면 전 세계 해수면이 7m 정도 올라갈 수 있어요. 그리고 남극대륙에 있는 빙하까지 다 녹으면 60m 정도 올라갈 거예요. IPCC 보고서에 따르면, 우리가 지금처럼 온실가스를 계속 배출하면 21세기 말에는 해수면이 1m 정도 상승할 거라고 해요. 그런데 이건 빙하가 표면부터 서서히 녹는 걸 가정해서 계산한 추정치예요. 사실상 빙하는 그렇게 녹지 않거든요. 사탕을 입안에서 녹이면 오래 먹을 수 있잖아요. 그런데 깨뜨려 먹으면 표면적이 늘어나니까 순식간에 녹죠. 요컨대 영화에서처럼 빙하가 깨진다는 건 녹을 수 있는 표면적이 늘어나 해빙 속도가 빨라진다는 걸 의미해요. 이런 부분까지 과학적으로 계산하는 건 불가능해요. 물론 위성을 통해서 빙하가 깨지는 걸 관측하긴 하지만, 그걸 예측할 수는 없으니까요. 그건 급변론에 속하는 건데, 급변론은 아직 계산의 영역에 들어오지 않았거든요. 그래서 현재 발표된 IPCC 보고서는 그런 급변론을 배제한 결괏값인 거죠. 그 전에 전 세계 기후학자들이 합의한 결과라는 점에서 굉장히 보수적으로 예측한 것이기도 하고요.

민 <투모로우>의 주요 소재인 '해양 컨베이어 벨트', 즉 '해수의 순환'이 지체돼서 발생하는 이상기후 역시 기온 상승으로 빙하가 녹는 것과 연관된 현상으로 알고 있습니다. 기온 상승으로 빙하가 녹아서 해수의 흐름에 영향을 주고 그것이 기후 위기의 원인이 된다는 것인데, 이런 사실은 아직 사람들이 심각하게 인식하지 못하는 문제처럼 보이기도 합니다. 이에 대해 설명해주시면 좋을 거 같습니다.

조 말씀하셨듯이 <투모로우>에서는 해양의 순환 문제를 다루는데, 지구상에서 일어나는 모든 기후 현상과 연관된 것이기도 하죠. 적도에서는 태양에너지를 많이 받고, 극지에서는 적게 받잖아요. 그래서 지구상에 에너지 불균형이 발생하죠. 자연은 이런 불균형을 절대 내버려두질 않아요. 어떤 식으로든 에너지를 교환해서 불균형을 해소하죠. 그런 역할을 주로 해양이 맡고 있어요. 공기보다 3배 이상 기여도가 높죠. 일단 멕시코만은 햇빛이 강해 해수가 많이 증발해요. 그러면 염도가 높아지고 해수면의 물이 무거워져 가라앉죠. 그리고 이 따뜻하고 무거운 물이 상대적으로 차갑고 가벼운 물과 자리를 바꾸면서 해수의 흐름이 형성돼요. 그렇게 적도의 열을 북쪽으로 옮기는데, 그 역할을 주도하는 것이 걸프 스트림 Gulf Stream이라고도 하는 멕시코만류죠. 따뜻한 멕시코만류가 상대적으로 밀도가 낮은 유럽의 해수로 흘러가는 거예요. 런던의 위도가 52°이니까 거의 신의주만큼 북쪽에 있는 건데, 서울의 겨울보다 런던의 겨울이 더 따뜻하잖아요. 그게 다 멕시코만류가 흘러가서 그런 거예요. 그리고 유럽까지 올라온 멕시코만류가 냉각되면서 그린란드를 돌아 적도로 흘러가죠. 그렇게 해수가 순환하며 에너지를 교환하는 거예요.

민 멕시코만류와 북대서양 난류의 흐름을 대략적으로 설명해주신 것 같은데요, 결국 그 흐름이 정체되면서 이상기후 현상이 생기고 있는 것이겠죠?

조 맞아요. 지금은 멕시코만류의 흐름이 15% 정도 정체한 것으로 관측되고 있어요. 유럽으로 흐르는 멕시코만류에 빙하의 녹은 물이 유입됐기 때문이죠. 물이 얼면 염분이 빠져요. 민물이 되는 거죠. 그래서 빙하의 녹은 민물이 해수로 들어오면 물의 염도가 떨어져 무게가 줄어들고 밀도 또한 낮아집니다. 결국 해수면의 물이 가라앉지 않으면서 해수 흐름이 정체되는 거죠. 그렇게 멕시코만의 따뜻한 해수 흐름이 둔화하면서 유럽으로 흐르는 따뜻한 해수의 양 자체가 15%가량 줄어든 거예요. 해류의 힘이 15% 떨어진 셈이죠. 이 현상은 신드라이아스와 비슷해요. 1만 년 전부터 지구의 기온이 상승하고 빙하기에 형성된 캐나다의 빙하가 녹으면서 생긴 다량의 민물이 1만3000년 전에 대서양으로 쏟아지거든요. 그로 말미암아 멕시코만류가 정체하면서 유럽 지역의 온도가 순식간에 뚝 떨어지고 1000년 동안 다시 냉각된 거예요.

민 그렇다면 더 많은 양의 빙하가 녹아서 해수의 순환 자체가 더 심각하게 정체되면 신드라이아스와 유사한 상황이 벌어질 수도 있는 건가요?

조 그렇게 심각한 상황은 벌어지지 않을 거예요. 지금은 2만 년 전과 비교했을 때 빙하가 그 정도로 많지 않거든요. 그린란드를 비롯해 지구상의 모든 빙하가 녹는다고 해도 빙하기 수준으로 기온이 뚝 떨어지긴 어려워요. 다만 지금 우리에게 익숙한 지구 각지의 기후에 엄청난 변동성이 생기면서 인류의 삶을 심각하게 위협하겠죠. 그리고 멕시코만류와 북대서양 난류의 흐름이 둔화하는 상황은 유럽에만 영향을 미치는 게 아니에요. 대서양 해류의 직접적 영향권은 서아프리카나 남미까지 포함되고, 태평양까지 그 흐름이 다 연결되니까요.

민 해양 컨베이어 벨트는 지구에 축적된 태양에너지를 고르게 분배하는 역할을 하는 만큼 그 기능이 정체되면 결국 지구 한쪽에서는 에너지 과잉을 감당해야 하고, 다른 한쪽에서는 에너지 부족에 시달릴 수밖에 없을 겁니다. 그런데 해류의 순환이 정체되면 태양에너지의 분배가 더뎌져 극지방의 온도는 더 낮아져야 할 것 같은데, 반대로 더 올라가는 이유는 뭘까요?

조　　　　지역마다 태양열의 편차는 있지만 그로 인한 지구 가열은 전체적으로 똑같이 일어나요. 그건 온실가스 때문인데, 심지어 적도보다 북반구 기온이 두세 배 더 빠르게 상승하고 오히려 더 더워지는 경향이 생기기도 하죠. 그러다 보니 예전에 비해 적도와 극지방의 에너지 차이가 줄어드는 거예요. 적도에 있는 열에너지를 북쪽으로 보내는 역할은 원래 중위도에서 흐르는 제트기류가 맡고 있어요. 북쪽의 차가운 공기를 남쪽으로 내려보내고, 남쪽의 뜨거운 공기를 북쪽으로 올려보내는 기능을 담당했죠. 그런데 북쪽의 온도가 더 빠르게 상승하니까 제트기류의 속도도 느려지는 거예요. 그러면 고기압과 저기압의 흐름 역시 예전에 비해 정체되죠. 그래서 고기압이 한 지역에 계속 머무르면서 가뭄이 끝나지 않고, 저기압이 계속 머무는 지역에는 홍수가 나는 거예요. 예전보다 훨씬 더 극단적인 기상 상태가 이어지는 거죠.

민　　　　<투모로우>에는 세계 각지의 해수 온도를 측정하는 헤드랜드기상센터라는 관측소가 등장합니다. 해양 컨베이어 벨트의 이상 징후를 수집하고 경고하는 역할을 하죠. 실제로도 전 세계적 기후 상황을 광범위하게 조사하고 관측하는 기관이 존재하나요?

조　　　　일단 1979년 이후부터는 대기 상황이나 해수의 온도를 비롯한 전 세계 기상 상황은 위성으로 정확하게 관측하고 있어요. 심지어 바닷속까지 들여다보고 있죠. '아르고 플로트 Argo Float'라는 관측 장비가 해수면을 둥둥 떠다니다가 깊은 심해까지 내려가서 수온과 염분을 일일이 측정하고 일주일 후에 해수면으로 다시 올라와요. 그렇게 수집한 정보를 위성으로 보내서 공유하죠. 아주 완벽하진 않겠지만 적어도 해류의 흐름이나 수온의 변화 정도는 안다고 말할 수 있는 수준으로 전 세계 바닷속 상황을 모니터링하고 있어요.

민　　　　기후 상황을 주시하는 과학자들이 지구의 파수꾼 같기도 하네요. 그런데 <투모로우>에서는 잭 홀든이 UN이 주최한 지구온난화대책회의에서 지구온난화로 인한 기후 위기를 경고하자 미국 부통령이 경제적 논리를 내세워 그걸 무마하는 장면이 나오죠. 박사님은 기후 위기를 경고하는 과학자들의 의견이 현실에서 얼마나 반영된다고 보시나요?

조　　　　일단 과학자의 역할은 근본 원인을 규명하는 거예요. 화석연료를 태웠기 때문에 지구온난화가 가속화하고 기후 위기가 심각해졌다는 사실을 밝히는 거죠. 거기까지예요. 화석연료를 쓰는 공장 문을 닫아야 한다고 주장하는 건 과학자 몫이 아니거든요. 거기서부터 정책 결정자 몫이죠. 그래서 UN에서는 과학자들이 합의한 IPCC 보고서를 바탕으로 전 세계 외교관들이 모여 사후 대책을 논의하는 'UN기후변화협약(UNFCCC)'을 만들었어요. 예를 들어, 2015년 열린 파리기후변화협약에서는 지구 평균기온 상승을 2°C 이내로 막아야 한다고 정했는데, 이는 그 전에 지구 평균기온이 2°C 이상 상승하면 위험하다고 과학적 합의를 한 2013년의 IPCC 5차 보고서 내용을 바탕으로 한 결정이었죠. 그런데 그 당시 2°C 이하도 위험하니 1.5°C 이하로 막아야 한다고 주장한 과학자들이 있었어요. 그래서 2018년 인천 송도에서 과학자들이 다시 모여 IPCC 특별총회를 열고 지난 5년간 새롭게 발표된 연구 결과를 종합해 분석한 결과, 2050년까지 1.5°C 이상 기온이 상승하는 것을 막아야 한다고 합의하기에 이르렀죠. 그래서 UNFCCC 회의에서도 이제 2°C가 아니라 1.5°C 이상 상승하는 걸 막기 위한 탄소 중립 정책 수립이 새로운 화두가 된 거예요.

민　　　　앞서 말씀하신 것처럼 IPCC 보고서는 협의체에 참석하는 모든 과학자가 합의한 결과인 만큼 기후 위기에 대응하는 가장 보수적인 예측이라고 볼 수도 있을 겁니다. 결국 2050년까지 1.5°C 이하로 기온 상승을 막지 못한다면 우리가 생각하는 것 이상으로 훨씬 끔찍한 상황을 맞이할 수도 있다는 것이겠죠. 따라서 강제력 있는 탄소 중립 정책이 필요한 것처럼 보이는데, 이에 대해서는 어떻게 생각하시나요?

조　　　　1998년 결의한 교토의정서에 따르면, 한국은 탄소 배출 문제에 아무런 책임감을 가질 필요 없는 나라였어요. 선진국이 아닌 개발도상국은 스스로 알아서 할 일이었죠. 그런데 2015년 파리기후변화협약에서는

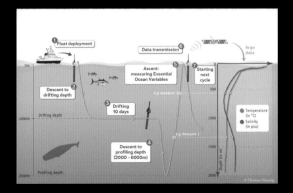

©JANG SUNGYONG

모든 나라가 의무적으로 참여해야 한다고 했어요. 물론 자발성에 의거한 참여이긴 하지만요. 그런데 이제는 2050년까지 기온 상승을 1.5℃ 이하로 막아야 하는 상황이라 탄소 중립 의제가 더 이상 '자발적' 참여를 허용하지 않을 거예요. 유럽이나 미국에서는 이미 'RE100'이나 '탄소 국경세' 같은 제도를 시장 메커니즘에 적용하고, 이를 지키지 않으면 거기서 배제해버리겠다고 선언하는 상황이잖아요.

민　　　결국 경제적 논리로 탄소 중립 정책에 느슨하게 대응할 경우 오히려 경제적 타격을 입을 수 있는 상황이 도래하고 있는 셈이군요.

조　　　그렇죠. 정신 똑바로 차리지 않으면 한국은 기후 위기 전에 시장경제 위기를 맞이할 판국이에요. 탄소 중립 정책 면에서 정부의 대처가 너무 느슨하거든요. 거의 흉내나 내고 있는 수준인데, 이런 안이한 인식 자체가 기후 위기 상황보다도 더 위험해 보여요. 지금 신재생에너지 전환을 전위적으로 끌고 가는 나라 중 하나가 독일인데, 알다시피 독일은 땅값도, 인건비도 무지 비싸잖아요. 그런데도 그런 비용을 감당하면서 전 세계 최고 수준으로 신재생에너지 비율을 높였어요. 인류애가 철철 넘쳐서

그런 걸까요? 물론 그럴 수도 있겠지만, 그보단 국가 전략 차원에시 신재생에너지 산업에 접근하는 덕분이겠죠. 어차피 이제 신재생에너지 전환은 상수예요. 게다가 지난 10년 동안 태양광 에너지에 드는 비용 단가는 **85%** 떨어진 반면, 그로 인한 전력 보급량은 10배가 늘었어요. 풍력 에너지에 드는 비용은 **55%** 정도 떨어졌고요. 간헐적이고 분산적으로 받아들이는 에너지를 보관할 배터리 기술이 중요한데, 지난 10년간 배터리 단가는 **85%** 떨어졌고 전력 보급량은 100배가 늘어났거든요. 이게 다 금년 4월에 나온 IPCC 저감 보고서에 기재된 내용이에요. 그러니까 만에 하나 화석연료로 인해 기후변화가 발생한 게 아니라는 결론이 새롭게 나온다고 해도 신재생에너지는 효율성 면에서도 상수라는 거죠. 그 어떤 전력 에너지보다 가격 경쟁력도 있고 시장성도 확실하니까요. 그런 측면에서 독일은 미래 기술을 선점한다는 전략으로 신재생에너지 전환 사업을 하고 있다고 봐야죠. 기후 위기 대응이 아니라 국가의 미래 먹거리에 투자하고 있는 거예요. 그런데 한국은 서양 국가에서 손떼고 있는 석탄발전소를 7개나 짓겠다고 하고, 역시 서양 국가에서 발을 빼고 있는 원전도 짓겠다고 하니 세계적 흐름과 어울리지 않는 계획이죠. 국가 전략적인 차원에서 문제가 있다고 생각해요.

해양 컨베이어 벨트 필름 토크

민   <투모로우>에서는 극단적 이상기후 현상을 보여줍니다. 일본 도쿄에서는 주먹만 한 우박에 사람이 맞아 쓰러지고, LA에서는 여러 개의 토네이도가 동시다발적으로 발생해 도시를 초토화시키죠. 심지어 뉴욕에서는 자유의 여신상이 잠길 정도로 거대한 해일이 밀려오는데, 사실상 영화적 스펙터클을 제시하기 위해 과장된 묘사를 한 듯한 인상입니다. 그래서 기후학자 입장에서는 이런 설정을 어떻게 보셨는지 궁금합니다.

조   영화에서 나름의 개연성은 갖추고 있지만, 그 정도 수준의 이상기후 현상이 당장 일어난다는 건 비현실적이죠. 그런데 지금 이대로 탄소 배출을 할 경우, 지금보다 기온이 1℃ 정도만 올라도 금세기 안에 식량 생산량이 10%가량 줄어들 거라고 확실하게 말할 수 있어요. 그런 상황에서 어마어마한 농업 혁명이 일어나지 않는다면, 즉 그 10%의 공백을 채우지 못한다면 심각한 일이 벌어지겠죠. 사실 현재 전 세계 식량 생산량은 80억 인구가 모두 먹고도 남는 양이에요. 이렇게 식량이 넘쳐나는 세상에서도 10억 명 정도는 굶주림에 시달리고 있잖아요. 그만큼 세상이 공평하지 않은 거죠. 이런 상황에서 식량 생산량이 10% 정도 감소하면 어떤 일이 벌어질지 아무도 모르죠. 결국 불평등한 현상이 더욱 증폭될 가능성이 매우 크겠죠. 그러면 더 심각한 사회적 불안정이 초래될 수도 있고요. 그래서 실제 기후 위기 상황이 닥치면 자연재해로 인한 물리적 파괴보다도 인간 스스로 해결하지 못한 불평등으로 인한 체제 붕괴를 더 걱정해야 한다고 생각해요.

민   방금 말씀하신, 기후 위기로 인한 불평등 심화를 반영한 영화가 바로 <설국열차>인 것 같습니다. 기후 위기 대응 실패로 생존 자체가 중요해진 세계에서 가까스로 열차에 탑승해 살아남은 인류의 불평등한 양극화 상황을 그리는 영화니까요. <설국열차>의 흥미로운 부분 중 하나는 2013년에 개봉한 영화인데, 그 배경이 바로 2014년이라는 사실입니다. 심지어 2022년을 사는 우리 입장에서는 영화의 시제보다 미래에 있는 셈인데, 이 영화가 근미래를 시대 배경으로 설정한 건 이런 일이 언제 갑자기 일어날지 모른다는 강력한 경고를 던지기 위함이 아닐까 싶기도 하죠. 이 영화를 추천하신 이유도 그런 것과 무관하지 않을 듯싶습니다만.

조   그렇죠. 오늘날 기후변화의 정치학이라고도 이야기하는 부분인데, 예를 들어 물이 부족하거나 식량이 부족하면 사회는 불안정할 수밖에 없어요. 그리고 사회가 불안정해지면 극단적 무질서 상태가 발생하겠죠. 그럴 때 우리는 과연 민주적인 정부를 선택할까요? 저는 그렇게 보지 않아요. 그리고 이건 단순히 제 개인적 의견이 아니라 정치학자들 입장이기도 한데, 그런 상황에서는 질서를 잡아줄 권위적인 정부를 선택할 가능성이 높다고 봐요. 물리적 붕괴가 일어나기 시작하면 결국 무질서한 상황이 발생할 테고, 사람들은 그런 상황을 견디고 싶지 않을 테니까요. 질서를 잡아줄 거라 믿는 강한 권력에 힘을 실어줄 가능성이 커지겠죠. 실제로 1930년대 독일이 그랬잖아요. 당시 바이마르공화국은 세계에서 가장 발달한 민주적 헌법 체계를 가진 나라이자 사회적으로도 학력 수준이 높은 나라로 손꼽혔어요. 그런데 세계 대공황에 직면해 사회적 무질서가 가중되자 어마어마한 독재자가 인기를 얻었잖아요. 히틀러가 총칼로 정권을 잡은 게 아니에요. 세계에서 가장 지성적이라고 할 수 있는 사회 구성원들이 선택한 거예요. 결국 무질서 자체가 인간의 이성을 마비시키고 어처구니없는 선택을 부추기게끔 만든다는 게 역사적으로 증명된 거죠. <설국열차>가 보여주는 설정도 그렇잖아요. 그런 세계에서는 권위적으로 시스템을 유지하는 체제가 등장할 수밖에 없다는 거죠.

민   <설국열차>에서 프롤로그 형식의 오프닝 시퀀스를 보면 지구온난화를 낮추겠다고 대기에 CW-7이라는 냉각제를 살포한다는 설정이 등장하잖아요. 대기에 냉매를 살포하면 온도가 되레 더 상승하기도 한다는데, 과학적으로 가능한 시도일까요?

조   이미 과학적으로 규명된 설정이에요. 온도를 떨어뜨릴 수도 있고, 반대로 높일 수도 있죠. 1991년 필리핀에 있는 피나투보 Pinatubo라는 화산이 폭발했고, 1년여 동안 전 지구 온도가 0.5℃ 정도 떨어진 적이 있어요. 덕분에 기온 상승이 심각한 문제라고 인지하는 과학자들 입장에서는 눈이 번쩍 뜨였죠. 원래 화산이 폭발해서 대류권 안에 화산재가 쌓여도 비 한 번 오면 다 떨어지게 돼 있어요. 하지만 폭발력이 좋을 때에는 화산재가 15km 상공의 성층권을 뚫고 올라가죠. 대류권과 성층권은 물 위에 기름이 떠 있듯 분리된 공기층이라 성층권에 올라간 화산재는 잘 안 떨어져요. 그런데 피나투보 화산의 폭발력이 강해서 성층권까지 화산재가 올라간 거예요. 그 결과 태양열이 차단되면서 전 세계 온도가 일시적으로 낮아진 거죠. 그래서 대기에 냉매를 살포하는 것에 대한 연구가 진행되기도 했어요. 어디에 얼마만큼 뿌리면 기온이 얼마만큼 떨어지는지, 컴퓨터 시뮬레이션으로 다 입증했죠. 비행기를 띄워 성층권에서 냉매를 뿌리는 건 어렵시도 않고요. 하시만 그런 일을 해서는 안 된다는 게 결론이었어요. 피나투보 화산이 터졌을 때 일단 전 세계 기온은 떨어졌지만 여기저기서 생각지도 못한 이상기후 현상이 발생했거든요. 의외의 지역에서 가뭄이 발생하고, 홍수가 나는 사태가 벌어졌죠. 그렇게 관측상 문제가 발견됐고, 컴퓨터 시뮬레이션상에서도 급작스러운 강수량 변화를 비롯해 예상 밖의 기후변화가 발생한다는 결과가 잡혔어요. 그러니까 자칫하면 큰일 날 수가 있는 거죠. 예를 들어 우리나라에서 여름에 내릴 비가 가을에 다 내리면 농사는 완전 망하는 거잖아요. 그런 일이 벌어질 수 있다는 거죠. 그리고 온도는 떨어뜨릴 수 있을지 몰라도 냉매로 인해 발생한 온실가스, 즉 이산화탄소가 바다로 흡수될 거예요. 그러면 해수의 산도가 높아지겠죠. 해양생태계에 문제가 생길 수 있다는 거예요. 결국 <설국열차>처럼 전 세계가 냉각되는 상황까진 아니라 해도 엉뚱한 일이 발생할 수 있다는 거죠. 그래서 과학계에서는 그런 실험을 해서는 안 된다는 결론을 내렸어요.

민   수온 상승에 따른 기후 위기 이야기가 문명의 지속 가능성까지 짚는 대화로 이어졌는데요. 결국 지구의 해류는 인간의 혈류와 비슷한 것 같습니다. 사람도 혈관을 통해 도는 피가 체온을 조절하고 에너지를 공급하는 역할을 하잖아요. 심지어 산소와 이산화탄소도 배분하죠. 결국 해류의 순환 체계가 원활해야 지구의 생태계 자체가 보전되고, 그 안에 속한 인간도 삶을 영위할 수 있겠죠. 그런데 당장 우리가 직면한 기후 위기를 해결하는 데 충분한 시간이 있긴 한 걸까요?

조   이제 너무 긴박한 상황이 됐죠. 만약 IPCC 3차 보고서가 나온 2001년에 탄소 배출을 줄이기로 했다면 전년 대비 매년 4% 정도씩만 저감하면 됐는데, 지금 배출하는 양을 기준으로 보면 거의 6~7%씩 줄여야 하거든요. 일찍 시작했다면 미끄럼틀 타듯이 줄일 수 있었을 텐데, 이젠 롤러코스터 타듯 줄여야 하는 상황인 거죠. 그런데 이것조차 계속하지 않으면 이제 절벽에서 떨어지는 일밖에 남지 않은 거예요. 하지만 이렇게 극단적으로 말하면 '어차피 이제 망할 수밖에 없는 거네?' 이렇게 생각해버릴 수도 있으니까 다른 방식을 강구해야죠.(웃음) 실제로 인류 역사에서 굉장히 짧은 시간에 모든 산업을 뒤집어놓은 전례가 있어요. 미국의 제2차 세계대전 참전이죠. 당시 미국은 전쟁을 준비하던 나라가 아니었잖아요. 뒤늦게 참전을 선언하고 전쟁터로 밀고 들어갔죠. 그러다 보니 그들이 갖고 있던 산업 라인을 급작스럽게 전시 체제로 바꿔야 했어요. 1~2년 사이에 그렇게 된 거예요. 포드사에서 자가용

대신 장갑차가 쏟아져 나오고, 보잉사에서 여객기 대신 전폭기와 전투기를 생산했어요. 덕분에 사회구조도 크게 변했죠. 원래 1940년대 이전까진 여자가 중화학 공장 노동자로 일하는 건 상상하지 못했어요. 그런데 남자들이 다 전선으로 나가 공장에서 일할 사람이 없잖아요. 그걸 다 여자들이 채웠죠. 그렇게 1~2년 만에 사회 분위기도 전환된 거예요. 인류는 이처럼 마음만 먹으면 1~2년 안에 다 뒤집어서 바꿀 수 있는 존재인 거죠. 저는 그래서 기후 위기 대응도 의지의 문제이지, 능력의 문제라고 생각하지 않아요.

민 생각해보면 지난 2년여 사이 코로나19 유행 전후의 세상도 굉장히 많이 달라졌습니다.

조 그렇죠. 그래서 우리한테 충분한 의지만 있다면 다 바꿀 수 있다는 거예요. 그리고 사실상 대안도 있고요. 전력 같은 경우는 마음만 먹으면 완전히 신재생에너지로 다 교체할 수 있어요. 사실상 기술적으로는 다 완성했지만 인프라가 조성되지 않아서 못 쓰고 있는 것뿐이거든요. 그러니까 이것도 의지의 문제만 남은 거죠. 결국 기존의 관성에 끌려가고 있는 건데, 막상 다급해지면 금방 바꿀 수 있을 거예요. 불이 나서 달아날 때는 달리기 시합할 때보다 빨리 뛴다고 하잖아요.(웃음) 그러니까 어쩌면 새로운 세상을 열 기회가 지금 우리 곁에 다가와 있을지도 몰라요. 물론 삐끗하면 다 무너질 수도 있겠지만, 지금 우리가 이겨내야 하는 리스크를 잘 수습하면 오히려 굉장한 기회를 얻을 수도 있을 거라 보는 거죠.

©JANG SUNGYONG

민 갑자기 <투모로우>의 결말이 생각나네요. 눈 폭풍이 휩쓸고 간 지구의 모습을 관찰하던 우주인이 이렇게 맑은 지구를 본 적 있냐고 말하는 장면요. 그러면서 굉장히 맑은 블루 마블 형태의 지구가 나오죠. 이렇듯 비관적인 상황을 이겨내겠다는 의지 자체가 희망일지도 모르겠습니다.

조 <설국열차>도 사람이 살 수 있는 유일한 세계라는 기차를 부수고 세상으로 나가는 데서 희망을 찾잖아요. 결국 지금은 우리가 살고 있는 세상 자체에 의문을 던져야 하는 시점일지도 모르죠. 저는 기후 위기가 바로 그런 질문을 우리에게 던져주는 거라 생각해요. 지금 우리가 잘못된 시스템 안에 갇혀 있다면 그걸 깰 수 있는 계기가 필요하겠죠. 어쩌면 기후 위기도 그런 기회 아닐까요? 전 그럴 수 있다고 생각합니다.

고장 난 바다가
산에 불을 지핀다

FOCUS

EDITOR. Dami Yoo

최근 들어 전 세계에서
벌어지는 대형 산불의
배경에는 수온 상승이 있다.
기후 위기가 불러온 수온
상승이 대기를 정체시켜
가뭄과 폭염의 덩치를
키웠고, 그 결과 불은 무수히
넓은 삼림을 삼켰다. 그리고
우리가 고장 낸 바다가
부추긴 산불은 막대한
온실가스를 내뿜으며 지구를
위협하는 존재로 돌아왔다.

©David McNew / Greenpeace

산불과 수온 상승의 알고리즘

2022년 초 동해안에서 발생한 산불로 서울 면적의 3분의 1에 해당하는 산림이 파괴됐다. 적송 보호 구역인 울진시 금강소나무 서식지 일부가 타버렸으며, 원자력발전소와 LNG 시설에까지 불길이 닿을 뻔한 아찔한 상황을 연출했다.

2022년 3월 4일 시작된 울진·삼척 산불은 9일 동안 292km²에 달하는 산림을 무자비하게 태웠다. 산림청이 관련 통계를 내기 시작한 1986년 이래 '가장 오래 지속된 불'이라는 불명예스러운 기록을 남겼다. 우리는 처참히 그을린 동해안 산림의 흔적에서 바다의 경고를 읽어내야 한다. 이번 산불은 '50년 만의 겨울 가뭄'이라는 최악의 뉴스가 보도됐을 때 이미 예견된 일이었다. 기후 위기로 기온이 올라 대기는 더 많은 수증기를 필요로 하는데, 가뭄으로 인해 산림이 말라 있으니 사소한 불씨에도 활활 타 들어간 것이다.

서해안을 중심으로 형성된 고기압이 겨우내 정체되어 우리의 삼림을 바짝 말린 배경에는 바다의 수온 상승이 있다. 기온 상승으로 덩달아 뜨거워진 바다는 빙하가 녹으며 해류의 흐름이 더뎌졌고, 그로 인해 대기의 흐름 또한 정체됐다. 우리나라에 수개월간 머문 고기압은 식품 건조기처럼 한반도의 수분을 서서히 뺏어갔는가 하면, 남에서 북으로 부는 바람의 세기, 즉 풍속을 키우는 동시에 바람을 건조시켜 불이 번지기에 딱 좋은 환경을 만들었다. 즉, 불은 인간이 냈지만 바다가 그 불을 키운 셈이다.

©Greenpeace

2019년 9월 브라질 혼도니아주에서 발생한 산불로 서울 면적의 10배 이상이 불에 탔다. 화마가 휩쓴 산림을 복원하기 위해서는 20~40년의 시간이 필요하다.

2022년 4월부터 6월까지 동해안 지역에 대형 화재가 발생해 4000여 명이 대피하고 1명이 숨졌다.

2019년 9월 브라질 혼도니아주에 발생한 산불로 연기에 둘러싸인 도시 포르투벨류.

2021년 8월 미국 캘리포니아주 워포드하이츠 인근 서부 전역에서 발생한 산불 진화 작업. 기후 위기로 인한 극심한 가뭄과 폭염으로 진화 작업은 쉽지 않았다. 이때 캘리포니아주 데스밸리는 기온이 54°C까지 치솟는 등 기록적인 이상 고온으로 기후 위기의 현실을 보여줬다.

2021년 8월 미국 캘리포니아 화재로 불타버린 월트 타일러 초등학교. 당시 화재로 900km²의 면적이 불탔다.

2020년 9월 수백만 명의 주민이 대피하고 1만2000km²에 달하는 면적을 불태운 캘리포니아 산불은 샌프란시스코의 하늘을 붉게 물들였다.

대형 산불의 불씨는 기후 위기

산불은 어제오늘의 문제가 아니다. 국내에서 산불이 발생한 기록은 《조선왕조실록》에도 왕왕 등장한다. 때로는 인재뿐 아니라 자연 발생적으로도 일어났다. 문제는 산불 발생 빈도가 점점 잦아지고 그 규모 또한 점점 커진다는 데 있다. 산림청에 의하면 2011년부터 2020년까지 10년간 일어난 연평균 산불 발생 건수는 474회다. 한편, 2020년과 2021년에는 600건 이상의 산불이 발생했다. 피해 면적도 넓어지고 있다. 2022년 초 동해안에서 발생한 역대급 규모의 산불 역시 이 기록에 일조한다. '건조한 날씨' '거센 바람' '침엽수림'. 이 세 박자가 동해안 지역의 산불을 걷잡을 수 없을 만큼 번지게 한 주요 원인이다. 지난겨울은 평년 대비 15%에도 못 미치는 강수량을 보이며 50년 만에 최악의 가뭄을 기록했다. 기온 상승 때문에 대기가 땅으로부터 더 많은 수분을 끌어당기는데, 땅은 이미 가물어 있으니 토양과 산림은 마지막 수분까지 대기에 빼앗겨야 했다. 여기에 고기압에서 저기압으로, 즉 남쪽에서 북쪽으로 부는 메마른 바람이 태백산맥을 넘으며 속도가 빨라지기 시작했다. 테레핀이라는 식물성 기름을 다량 함유한 소나무 같은 침엽수림에 건조한 날씨와 강풍이 더해져 동해안 지역의 산림은 거대한 불쏘시개 역할을 했다. 여기에 초속 26m가 넘는 태풍급 강풍이 불씨를 여기저기 옮기며 더욱 참혹한 결과를 낳았다. 국내 산불은 그동안 건조한 겨울, 봄철 기후에 영향을 받아 발생하곤 했다. 그런데 또 하나의 변수가 생겼다. 3~4월에 집중됐던 산불이 5월 이후에도 이어지고 있는 것. 기후변화로 서태평양의 해수 온도가 상승하면서 동아시아의 5월 기온이 오르고, 이로 인해 형성된 따뜻한 공기가 우리나라 동해안 지역을 건조하게 만든다. 점점 산불이 일어나기 쉬운 조건, 대형화할 수밖에 없는 환경이 만들어지는 것이다.

10년간 산불 발생 현황   출처: 산림청

구분	건수	면적(ha)
2011	277	1090
2012	197	72
2013	296	552
2014	492	137
2015	623	418
2016	391	378
2017	692	1480
2018	496	894
2019	653	3255
2020	620	2920
평균	474	1119

실제로 전 세계 기후학자들은 기온이 높아질수록 산불은 점점 더 많이, 더 크게 일어난다고 주장한다. 지구온난화로 인해 바다가 데워지고 해류의 흐름이 정체하면서 극단적인 온난화 기후가 만들어지는데, 그렇게 발생한 폭염과 가뭄이 산불을 대형화·장기화하기 때문이다. 또 겨울에 내린 눈이 일찍 녹고 땅과 수목이 마르는 시기가 빨라지는 탓에 산불 발생 시기 역시 앞당겨지고 빈도 또한 잦아지는 추세다. 여기에는 지구 온도 상승이라는 알고리즘이 작용한다. 2016년 캐나다 앨버트 지역에 대형 산불이 발생했을 때 이곳의 기온은 35°C를 기록했다. 같은 시기 일평균 온도가 17°C라는 사실을 생각해보면 명백한 이상기후다. 특히 폭염에 가뭄까지 더해진 경우에는 기온 상승이 4배가량 더 빠르게 이뤄지는데, 이럴 때일수록 더욱 큰 산불이 발생할 위험이 있다. 산불로 인한 삼림 손실은 사람과 동물의 터전을 잃게 하는 것은 물론, 농업 인프라를 붕괴시키고 기후 위기를 더욱 가속화하는 사회적 재앙이다.

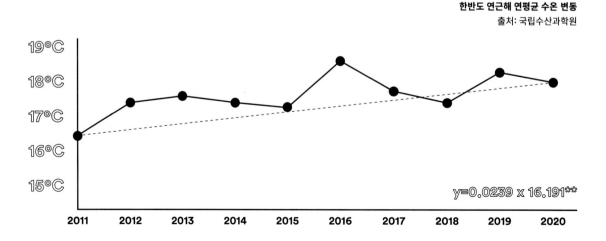

한반도 연근해 연평균 수온 변동
출처: 국립수산과학원

$y=0.0239 x 16.191$**

2019년 호주에서 발생한 장기 대형 산불

산불은 지구를 더 위험하고 뜨겁게 만든다

2019년 9월부터 이듬해 2월까지 6개월 동안 지속된 호주 산불은 약 12만4000km²에 달하는 면적을 잿더미로 만들었다. 우리나라 영토의 절반이 넘는 규모다. 호주 정부는 당시 산불로 전체 숲의 20%가 소실되고, 코알라·캥거루 등 10억 마리가 넘는 동물이 생명을 잃었다고 보고했다. 3만km 떨어진 우주에서도 관측된 이 산불은 호주의 주요 수익원인 농업과 관광업에도 큰 손실을 가져왔다. 더 안타까운 것은 재난이 이렇게 눈에 보이는 물리적 손실만 남기는 것이 아니라는 점이다. 이번 호주 산불로 배출된 이산화탄소의 양은 무려 4억3만 톤, 전 세계 온실가스 배출량의 1%가 넘는 수치다. 이는 심각한 대기오염 문제를 야기하며 산불로 발생한 온실가스의 양만큼 기온이 오르고 기온이 오른 만큼 수온이 오르는 등 지구온난화에 큰 영향을 끼친다. 아울러 숲이 타면서 발생한 그을음, 즉 블랙 카본은 저 멀리 남극 빙하까지 날아가 태양에너지 흡수율을 높이고 얼음을 더 빠른 속도로 녹인다. 색이 어두울수록 더 많은 열을 흡수한다는 사실은 누구나 아는 상식이다. 뜨거워지는 바다, 불타는 산, 더 뜨거워지는 지구, 높아지는 해수면, 약해지는 바다의 탄소 포집 능력까지 악순환의 고리다. 이처럼 산불로 인한 삼림 손실은 기후 위기를 더욱 가속화하는 극단적 재앙으로 이어진다.

저명한 대기과학자이자 미국 펜실베이니아주립대학의 마이클 만 Michael E. Mann 교수는 "우리는 실시간으로 지구온난화가 불러온 충격을 목도하고 있으며 최근 전 세계를 덮친 폭염과 산불은 그 완벽한 예"라고 말했다. 지난 10년간 인간 활동으로 배출된 이산화탄소는 연평균 390억 톤에 달한다. 그중 약 28%는 토양과 식생에 저장되었고, 약 22%는 바다에 흡수되었으며, 나머지 44%는 대기에 잔류한다. 이를 탄소 순환이라고 한다. 그런데 산업화 이후 인간의 무분별한 활동으로 석탄, 천연가스, 석유에 고이 저장되어 있던 이산화탄소가 대거 배출되며 지구의 질서에 흠집이 나기 시작했다. 우리가 체감하는 기후변화와 그로 인한 재난은 그 질서를 어지럽힌 대가와도 같다. 어떻게 보면 우리 모두가 방화범인 셈이다. 지구의 자정 능력, 약해진 바다의 기능을 돌이킬 가장 빠르고 정확한 방법은 지구온난화를 부추겨온 석탄발전을 멈추고 재생에너지로 전환하는 등 지금까지의 생활 방식에 변화를 꾀하는 것이다. 그래야 모든 인류가 지구적 재앙의 피해자이자 가해자로 몰락하는 비극을 피할 수 있다.

누군가는 이 악순환을 끊어야 한다
수온 상승과 인류 절멸의 역학 관계

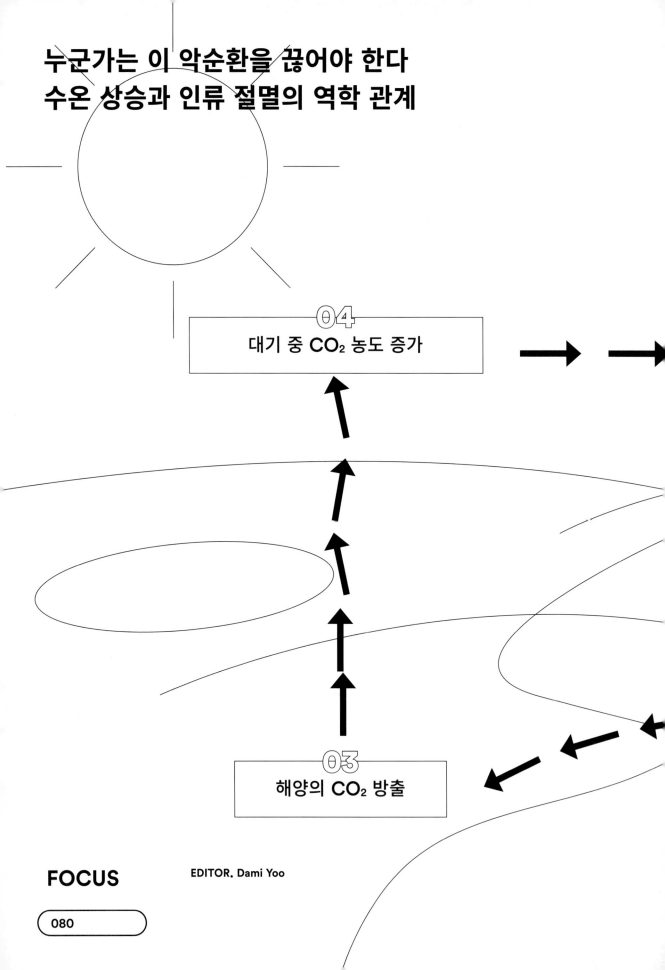

04

대기 중 CO_2 농도 증가

03

해양의 CO_2 방출

지구는 그동안 뜨거워졌다가 차가워지기를 거듭했다. 10만 년 주기로 빙하기와 간빙기가 반복되었는데, 두 시기 사이의 지구 평균온도는 놀랍게도 8~9°C밖에 차이 나지 않았다. 근·현대의 인류가 150년 만에 지구 온도를 1°C 이상 끌어올렸다는 사실은 가히 주목할 만하다. 물론 부정적인 관점에서. 지구온난화는 기후변화와 기후 재난을 넘어 기후 위기를 가져왔다. 기후변화가 재난에서 위기로 바뀌는 과정에는 바다가 끼여 있다. 기온 상승으로 덩달아 수온이 오른 바다가 온도 조절 기능을 잃으면서 사소한 변화를 위기로 키웠다. 살뜰히 지구의 온도를 조절해온 바다가 아예 손을 놓는 순간, 우리는 인류의 절멸을 목도할 것이다. 물론 그때가 되면 우리는 이미 사라지고 없을 터이니 지구가 인류 멸절의 마지막 목격자가 될 것이다. 그 언젠가 다른 생명들을 위협하며 군림하던 공룡이 지구상에서 순식간에 사라졌을 때처럼.

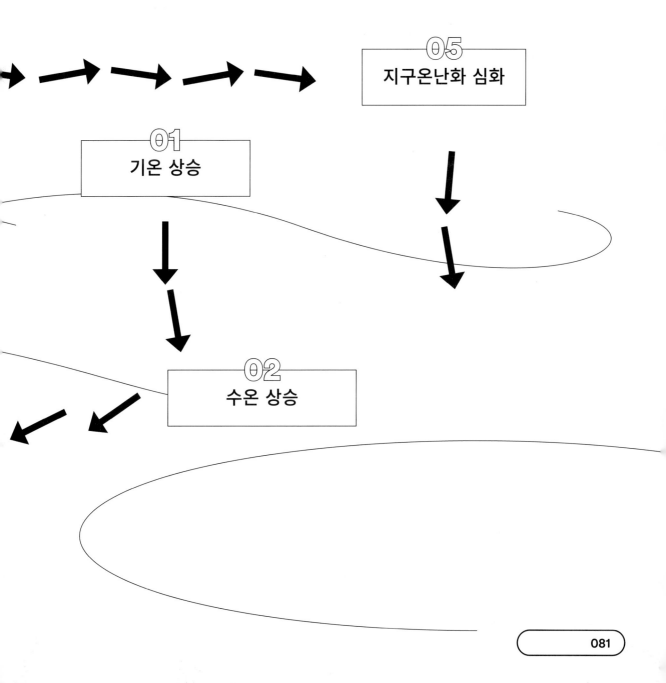

05 지구온난화 심화

01 기온 상승

02 수온 상승

바다의 깊고 넓은 아량

블루 카본이란 해양생태계가 흡수하는 탄소를 의미한다. 바다는 거대한 천연 탄소 흡수원으로 깊은 심해에 탄소를 수천 년간 저장한다. 한편 바다 수면에 떠다니는 미세한 플랑크톤은 매해 수십억 톤에 달하는 공기 중 이산화탄소를 포집한다. 동시에 바다는 지구온난화로 인한 열기를 빨아들여 지구상의 온도를 유지하는 기능을 한다. 바다 깊은 곳에서 일어나는 심해류의 순환은 지구의 에너지 순환에 큰 영향을 미친다. 적도에서 뜨거워진 해류가 열에너지를 안은 채 극지방으로 이동하고 식은 바닷물을 다시 심해로 흘려보낸다. 이 과정에서 영양염이 풍부한 차가운 심층수가 온도 높고 영양염이 고갈된 표층수와 섞이며 균형을 만들어낸다. 영양염은 해양생태계의 가장 기본적인 양분이다. 대형 컨베이어 벨트 같은 이 바닷속 순환이 바다가 지구의 열에너지를 흡수하고 평형을 이루는 방식이다. 기후 전문가들은 만약 지구 열의 90%를 흡수하는 바다가 없었다면 산업화 이후 지구의 온도는 10°C 이상 상승했을 것이라고 추측한다. 기온이 10°C 상승하는 것이 무슨 대수인가 싶을지도 모른다. 그런데 앞서 말했듯 빙하기와 간빙기 사이의 지구 온도 차이는 불과 4~9°C에 불과했다. 즉, 바다가 없었다면 전 인류는 지난 150년 사이 이미 불타 죽었거나 얼어 죽었을 것이다. 그저 그곳에 늘 있는 존재라고 여겼던 바다는 이렇듯 지구의 온도를 조절하고 공기를 순환시키는 역할을 톡톡히 해왔다. 그런데 인간이 석탄과 석유, 천연가스를 무분별하게 개발하기 시작하면서 바다가 포집해야 하는 이산화탄소의 양이 기하급수적으로 증가했다. 한편, 온난화로 수온이 상승하며 바다의 탄소 포집 능력 또한 점점 떨어지고 있다. 그로 인해 더 많은 온실가스가 대기 중에 머물며 지구 온도를 계속 끌어올린다. 실제로 지구 곳곳에서 바다가 지닌 자정 작용의 한계치를 넘어선 이상 징후들이 산불, 가뭄, 허리케인, 태풍 등의 형태로 목격되고 있다.

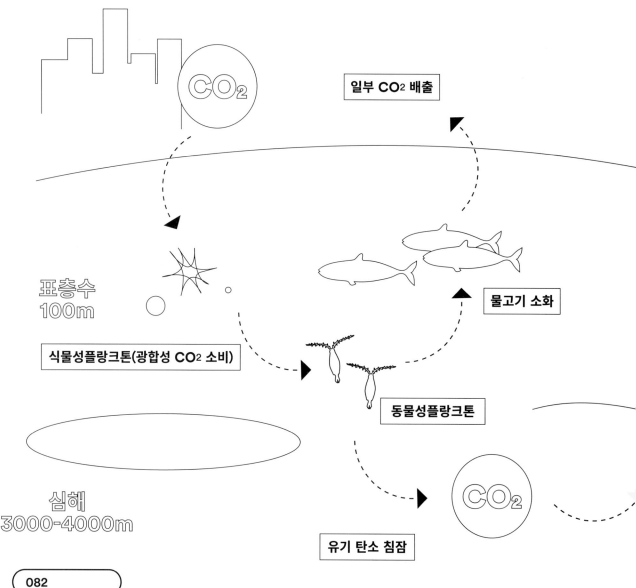

일부 CO$_2$ 배출

표층수
100m

식물성플랑크톤(광합성 CO$_2$ 소비)

물고기 소화

동물성플랑크톤

심해
3000-4000m

유기 탄소 침잠

그 어느 때보다 뜨거운 바다

바다의 수온 변화는 지구온난화가 진행되는 상황을 보여주는 가장 정확한
지표다. 전 세계 바다의 평균 표층 수온은 산업화 이후 지속적으로 상승해 매년
최고치를 기록했다. 미국 해양대기청에 따르면 2020년 전 세계 육지와 해양
표면의 평균온도는 20세기 평균보다 약 0.98°C 높아졌다고 한다. 지구 열의
90%를 흡수하는 바다는 더욱 고통받는다. 그 고통의 흔적들이 바다 사막화,
심화하는 엘니뇨·라니냐 현상, 처참한 재앙으로 번지고 있는 인도양의 다이폴
현상, 바다 생태계를 무너뜨리는 적조 현상으로 세계 곳곳에서 포착되고 있다.
이것은 분명한 경고다. 온도가 오를수록 밥솥의 신호 추가 빨리 돌 듯 이러한
바다의 경고는 점점 잦아지고 있으며 심상치 않은 모습으로 우리 앞에 나타난다.
우리가 오늘날의 이상기후를 급박한 기후 위기로 바라보는 이유다.

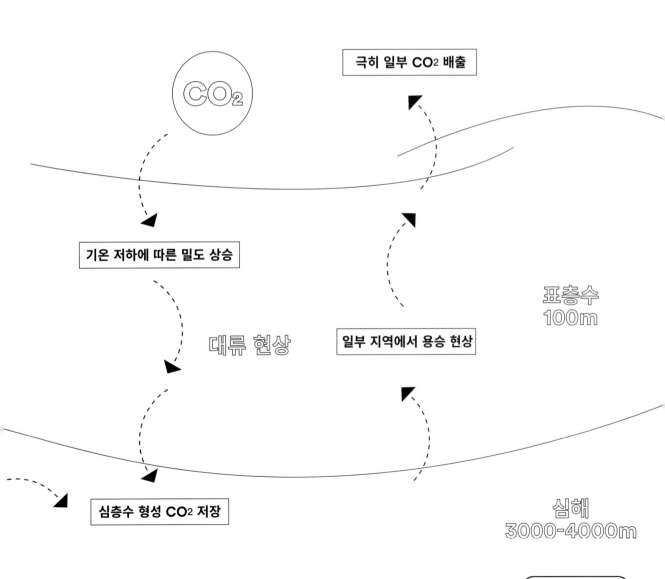

요동치는 지구의 질서, 엘니뇨·라니냐 현상

엘니뇨는 남아메리카의 페루와 칠레, 에콰도르 등 서부 열대 해상에서 바다
수온이 높아지는 현상을 말한다. 크리스마스를 전후로 12월 말에 발생하는
엘니뇨 때문에 무역풍이 약해지고, 이로 인해 서쪽으로 이동하던 따뜻한
해류가 느려지면서 어획량이 급감한다. 한편 필리핀, 호주 등 서태평양
지역은 고기압대에 놓여 강수량이 줄고 건조한 기후가 이어진다. 라니냐는
엘니뇨의 반대 현상으로 둘이 번갈아가며 나타나는 것은 1만 년 전부터
이어져온 지구의 질서다. 그러나 문제는 기후 위기가 가속화하면서 엘니뇨와
라니냐가 더욱 양극화하고, 이로 인한 피해가 점점 커지고 있다는 사실이다.
2016년에 발생한 슈퍼 엘니뇨는 동남아시아에 극심한 가뭄을 초래했고,
설탕 생산량이 급감해 전 세계 물가가 크게 흔들렸다.
한편 아르헨티나에서는 홍수로 대두 수확량이 크게 줄어들어 심각한 식량
안보 문제로 번지기도 했다.

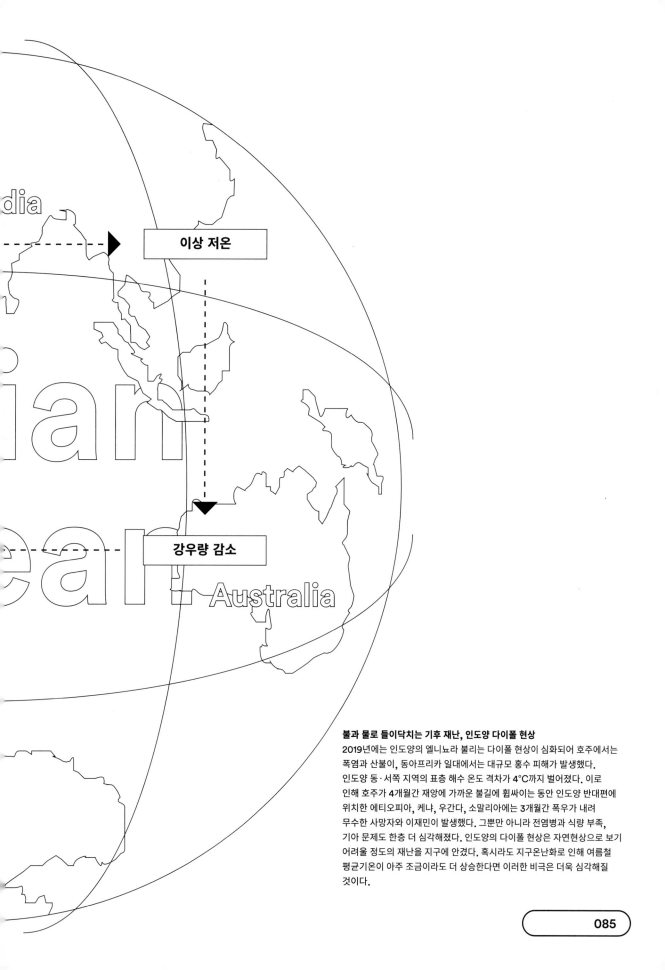

이상 저온

강우량 감소

Australia

불과 물로 들이닥치는 기후 재난, 인도양 다이폴 현상

2019년에는 인도양의 엘니뇨라 불리는 다이폴 현상이 심화되어 호주에서는
폭염과 산불이, 동아프리카 일대에서는 대규모 홍수 피해가 발생했다.
인도양 동·서쪽 지역의 표층 해수 온도 격차가 4℃까지 벌어졌다. 이로
인해 호주가 4개월간 재앙에 가까운 불길에 휩싸이는 동안 인도양 반대편에
위치한 에티오피아, 케냐, 우간다, 소말리아에는 3개월간 폭우가 내려
무수한 사망자와 이재민이 발생했다. 그뿐만 아니라 전염병과 식량 부족,
기아 문제도 한층 더 심각해졌다. 인도양의 다이폴 현상은 자연현상으로 보기
어려울 정도의 재난을 지구에 안겼다. 혹시라도 지구온난화로 인해 여름철
평균기온이 아주 조금이라도 더 상승한다면 이러한 비극은 더욱 심각해질
것이다.

바다 깊은 곳에 만들어지는 메마른 땅, 바다 사막화

한국수산자원공단에 따르면 국내 연안에 형성된 암반이 동해에서는 48%, 서해에서는 7.4%,
남해에서는 12.6%, 제주에서는 33%가 이미 사막화했다고 한다. 갯녹음 현상이라고도 불리는
바다 사막화는 바다의 자정 작용 한계치를 넘어선 이산화탄소가 유입되면서 나타나는 현상이다.
바닷속에 녹아 있는 탄산칼슘이 해저 생물이나 바닥에 하얗게 달라붙고, 이로 인해 해조류가
살 수 없는 환경이 되어 사막처럼 황폐화하는 현상이다. 바다 숲은 어류의 산란장이자 생활
터전으로서 중요한 기능을 하는데, 바다의 이러한 자정 기능 역시 해양 생물의 먹이사슬과
유기적으로 연관되어 있기 때문에 간과할 수 없다. 특히 중요한 것은 해조류의 광합성 활동이다.
이산화탄소를 흡수하는 해조류의 능력은 육상 식물보다 수십 배 더 높다. 우리는 아마존을
지구의 허파라고 부르지만, 사실 열대우림은 해조류로 둘러싸인 바다 숲에 비하면 그 기능이 영
떨어진다. 전문가들이 해조류를 탄소 중립 솔루션으로 꼽는 이유다. 수온 상승으로 바다 사막화가
대형화할 경우 바다의 탄소 포집 능력은 급격히 떨어질 수밖에 없다. 그만큼 탄소는 온실가스로
대기 중에서 부유할 테고, 그로 인해 기후 위기는 더욱 앞당겨질 것이다.

뜨거운 바다가 만드는 붉은 바다, 적조 현상

푸른 바다를 붉고 진득하게 물들이는 적조 현상도 기후 위기의 또 다른 신호다. 적조 현상은 수온
상승으로 미생물의 번식이 왕성해지거나 물의 흐름이 정체해 바닷물이 섞이지 않을 때 발생한다.
적조가 확산하면 해수면에서 햇빛이 차단되어 수중 생물의 광합성 활동이 떨어진다. 또한 물속
산소량이 줄어들어 심한 경우 어류의 집단 폐사로 이어진다. '바다 콧물'이라 부르는 해양 점액
현상도 적조 현상과 비슷하다. 지난 2021년 2월 터키 이스탄불 남쪽 해역부터 방대하게 퍼진 이
해양 점액은 플랑크톤이 배출한 유기물질로 수온 상승과 질소·인의 농도가 짙어지면서 생긴 이상
현상이다. 점액이 수면을 덮은 결과, 터키 해안 마을에서 어류가 대량 폐사했으며, 이를 수거하고
바다를 복구하는 데 막대한 비용이 들었다.

©David McNew / Greenpeace

가뭄으로 인해 발생한 캘리포니아의 적조 현상

바다도 손쓸 수 없는 기후변화 임계점

2021년 발표한 IPCC 6차 기후변화평가보고서에 따르면 전 지구의 평균기온이 150년 사이 1.09°C 상승했다고 한다. 북극의 결빙 면적은 지난 1000년 동안 가장 작은 수치를 기록했으며, 전 지구의 빙하 감소 또한 지난 2000년간 가장 빠른 속도를 나타내고 있다. 바다의 수온 변화는 지역마다 차이를 보이지만, 우리나라 주변 해역의 경우 지난 50여 년간 연평균 표층 수온이 1.2°C가량 상승했다. 이는 전 세계 해역의 표층 수온이 연평균 0.53°C 오른 평균값과 비교했을때 2배나 웃도는 수치다. 그뿐만 아니라 전 세계적으로 이상 고수온 발생 빈도가 1980년대 이후 2배 이상 급증했으며, 그 강도 또한 매우 세지고 있다.

바다 곳곳에서 벌어지는 이상 현상은 지구 온도를 조절하는 과정에서 바다가 앓는 몸살과 같다. 바다가 몸살을 앓으며 제 기능을 잃는 동안 육지에 발붙이고 사는 동식물을 위협하는 홍수, 가뭄, 태풍, 산불 등은 점점 세를 확장하고 있다. 우리는 매년 '슈퍼 태풍' '역대급 산불' '최악의 가뭄' 등의 수식어를 접하면서도 오히려 이 무시무시한 단어들 앞에서 위기 의식을 잃고 있다. 더 이상 자연현상으로 치부하기 어려운 자연재해는 분명 우리가 불러온 기후 재난이다. 바다가 내는 엄격한 재난 신호를 계속 무시한다면, 이것은 이내 절멸의 신호로 바뀔 터이다. 2030년까지 탄소 중립을 달성하지 못하고 지구 기온이 1.5°C 상승하는 일을 막지 못할 경우다. 그때는 기후 위기가 가속화해 인류 절멸로 향하는 피드백 루프가 제대로 작동하기 시작할 것이다.

피드백 루프는 기온 상승으로 시작한다. 기온 상승으로 인해 바다 수온이 올라가면 바다의 탄소 포집 능력과 열에너지 저장 능력이 떨어진다. 당연히 대기에는 바다가 소화하지 못한 온실가스가 남아돈다. 온실가스가 남아도니 더 많은 복사열이 대기 밖으로 빠져나가지 못하면서 기온은 한층 더 오른다. 기온이 오른 만큼 수온 또한 오르며 빙하가 녹고 해수면이 높아지면서 탄소를 먹어 삼키던 해양 생물은 점점 생명을 잃어간다. 그 이후는 말하지 않아도 알 것이다. 이런 악순환이 이어지는 속도는 점점 더 빨라져 비극적 결말을 향해 스스로 제어할 수 없을 만큼 치솟을 터. 그때는 인간이 스스로 숨 쉬기 어려울 정도로 기온이 오르며 그린란드와 남극대륙에 쌓여 있던 어마어마한 양의 빙하가 녹아 해수면이 60m 넘게 상승할 것이다. 그때가 되면 인류 중 얼마가 살아 있을지 모르며, 살아도 사는 것이 아닌 고통 속에 존재할 것이다. 그러니 우리는 스스로 살기 위해 바다의 수온을 끌어내려야 한다. 바다가 산에 불을 지필 때 우리는 눈치채야 한다. 그것이 바다가 보내는 마지막 경고일 수 있다는 사실을.

지구온난화

해양온난화

질식하는 바다
호흡곤란을 겪는 해양 생물

수온이 오를수록 용존산소량은 줄어든다. 여기에 빙하가 녹아 해수면이 높아지면 바다 깊숙이 닿는 햇빛의 양이 줄어든다. 바닷속 식물이 광합성을 못 하니 물속에 탄소만 쌓인다. 해수의 흐름도 더뎌져 얕은 바다에서 생성된 산소가 심해까지 잘 도달하지 못한다. 해양 생물은 지금 숨을 헐떡이고 있다. 특히 빛이 들지 않아 광합성 작용을 하기 어려운 심해는 산소가 거의 바닥났다. 우리는 인간이 무심히 버린 쓰레기 때문에 고통받는 해양 생물을 보며 플라스틱 빨대를 퇴출하는 데 거의 성공했다. 하지만 쓰레기가 해양생태계를 교란하는 현상은 눈에 잘 띌 뿐 수온 상승에 비하면 그 영향력이 미미한 수준이다. 우리는 해변가로 기어 나와 죽은 물고기 떼를 심심찮게 본다. 비닐에 묶여 고통받는 생물한테는 깊이 감정이입하면서 해변에 산더미처럼 쌓인 물고기 사체는 외면한다. 어쩌면 무의식적으로 이 대량 학살의 원인이 자신에게 있다는 사실을 아는 것일지도…. 지구 생물량의 겨우 1만 분의 1을 차지하는 우리 인간이 불러온 기후 위기가 그들에게 숨 쉴 생존권마저 빼앗고 있다.

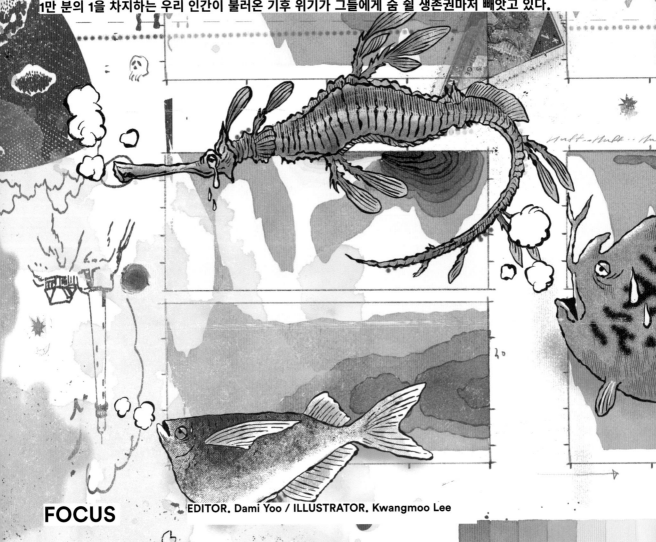

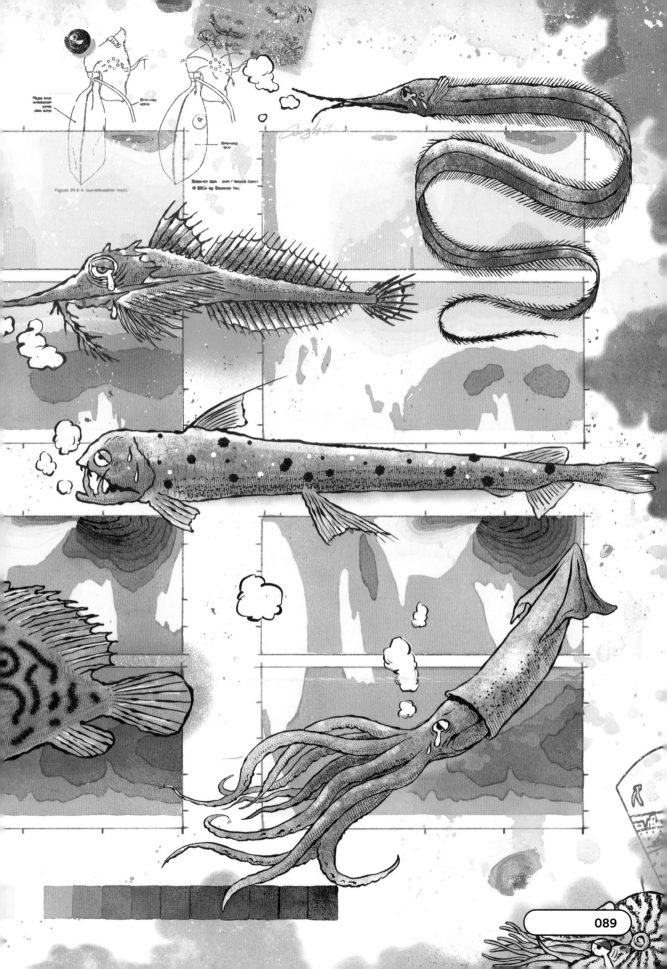

우리는 산호를 몰라도 너무 모른다. 아마 산호가 동물이라는 사실조차 생소할 터. 산호는 둔한 우리 눈에는 움직이지 않는 것처럼 보이고 생김새도 사방으로 가지를 뻗은 나무와 닮아 식물로 오인하기 쉽다. 하지만 실제로는 해파리나 말미잘처럼 강장과 입, 촉수를 가진 자포동물이다. 산호는 서서히 움직이며 미생물을 잡아먹기도 하지만 그보다는 미세 조류가 광합성 작용을 하며 뱉어내는 양분과 산소를 넙죽넙죽 받아먹고 산다. 미세 조류가 산호에 꼭 붙어사는 이유는 산호의 복잡한 구조가 그들을 물리적으로 보호해주는 동시에 산호가 호흡하며 뱉어내는 탄소를 받아먹기 위해서다. 이런 아름다운 공생 관계는 온도에 민감한 산호가 갑작스레 오른 수온에 스트레스를 받아 죽으면서 깨지고 있다. 산호는 죽으면 허연 석회 골격만 남는다. 만약 산호가 죽어 바다가 휘황찬란한 빛을 잃는 걸 아쉽게 여긴다면 당신은 한참 잘못 생각하고 있다는 것. 산호와 공생 관계인 미세 조류가 격리하는 탄소의 양은 열대우림의 그것보다 훨씬 더 많다. 더욱이 산호가 사라지면 바닷속 먹이사슬이 와르르 무너진다. 탄소를 격리하는 해양 동물이 하나둘 사라지면 더 많은 탄소가 흡수되지 못한 채 대기 중에 떠돌고, 그로 인해 기온은 더 오를 수밖에 없다. 우리가 당장 지금부터 산호가 안녕한지, 괴롭히는 이는 없는지 면밀히 살피고 감시해야 하는 이유다.

<씨스피라시>가
보여주지 않은 것

NETFLIX

넷플릭스 다큐멘터리 <씨스피라시>는 바다에서 벌어지는 무분별한 남획, 감시의 부재, 열악한 노동환경, 인권유린 문제를 짚어가며 이제 해산물을 우리의 식탁에서 내릴 것을 주장한다. 그동안 잘 알려지지 않았던 수산업 카르텔을 수면 위로 끌어올리며 많은 사람에게 충격을 안겼고, 넷플릭스에서 스트리밍한 지 일주일 만에 인기 순위 10위에 올랐다. 그러나 이 뜨거운 화제에 이어 무수한 논란이 뒤따랐다. 이 다큐멘터리가 지속 가능한 어업은 존재하지 않으며, 위험에 빠진 바다를 구할 방법은 오로지 어류 소비를 멈추는 것이라는 결론을 내리기까지 많은 것을 왜곡하고 단순화했다는 비판이다. 특히 <씨스피라시>는 지금 바다를 병들게 하는 가장 핵심적 요인, 즉 해양 온난화와 해수면 상승 문제를 보여주지 않았다.

넷플릭스 다큐멘터리 <씨스피라시>의 한 장면. 참치 어획을 위해 돌고래를 학살하는 일본 다이지 해안의 모습.

공장식 축산 경영이 지구를 어떻게 훼손시키는지 고발한 넷플릭스 다큐멘터리 <카우스피라시> 제작진은 지난해 바다를 배경으로 한 두 번째 시리즈 <씨스피라시>를 공개해 많은 사람에게 해산물 소비에 관해 다시 생각하게끔 했다. 바다 쓰레기 문제는 우리가 일상에서 광범위하게 사용하는 플라스틱보다 어업 폐기물이 압도적으로 많이 차지하며, 해양생태계를 망가뜨리는 핵심 요인은 어업 카르텔이라는 것이 이들의 주장이다. 또한 상업화하고 미흡하기까지 한 환경 인증 제도와 수산업에 대한 체계적 감시와 규제가 부재한 상황을 비추며 '지속 가능한 어업'이란 허울뿐인 메시지라고 목소리를 높였다. 이 대목에서는 모두가 '지속 가능성'을 외치고 있는 오늘날, 그 의미와 정의 그리고 해법에 대해 대체로 멋쩍어지기 일쑤인 상황에 일침을 날린다는 면에서 신선했다. 이들의 편집은 사뭇 설득력 있으며, 일본의 와카야마현 다이지에서 타이완으로, 타이완에서 유럽으로 카메라를 돌려 요점을 확장한다. 이 과정은 어류를 소비하는 우리에게 불편한 진실을 전달한다. 아무리 빨대를 사용하지 않고 플라스틱 일회용품을 소비하지 않으며, 돌고래 보호 인증 마크를 붙이고 지속 가능한 어업을 지향한다 해도 상업적 어업을 계속하는 한 해양생태계의 종말은 피할 수 없을 것이라는 얘기다.

전 세계 많은 사람이 이 다큐멘터리를 통해 몰랐던 사실을 알게 되고, 해양생태계의 위기를 인지해 채식을 지향하도록 했다는 점은 분명 의미가 있다. 하지만 해산물 소비를 멈추는 것만이 바다를 살리는 길이라는 이들의 주장은 다소 비약적이다. 게다가 과장하고 왜곡된 편집 수치의 오류는 반박의 목소리를 불러일으키기에 충분한 빌미를 제공했다. 실제로 <씨스피라시>에 대한 언론의 평가도 대체로 냉혹했다. BBC는 다큐멘터리에서 논란이 되었던 내용을 하나하나 팩트 체크하며 되짚었고, <뉴욕타임스>는 "음울하고 음모 가득한 생각이 바다에서 길을 잃었다"라고 표현했다. 영국의 <가디언>은 제작진의 주장에 근거가 되어준 논문 저자를 찾아 "어업으로 인해 2048년까지 바다가 텅 빌 것이라는 예측을 지금 적용하기에는 너무나 오래된 연구이고 신빙성이 떨어진다"고 인정하는 내용을 전했다. 다큐멘터리에서 언급한 환경 단체와 NGO, 과학자들은 인터뷰 내용이 왜곡되었다며 저마다 입장을 발표하고 소송을 진행하기도 했다. <씨스피라시>에 두 배후가 있는 것 아니냐는 논란까지 일었다. 우리 시대 가장 영향력 있는 미디어 아티스트 히토 슈타이얼이 그랬던가. "다큐멘터리 이미지의 힘이 강해질수록 사람들을 적과 친구로 만든다"고.

인간이 바다에 미친 영향과 효과 분석 그래프. 수온 상승, 해수면 상승, 해양 산성화가 대부분 0.6 이상의 수치로 가장 많은 영향을 주는 반면, 어업은 0.2 이하의 수치로 비교적 낮은 영향을 미친다는 것을 알 수 있다.

전 세계 인간 활동으로 인한 지난 10년간의 환경 변화 지수

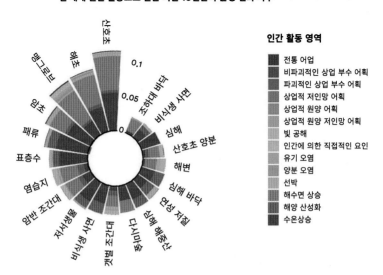

인간 활동 영역

- 전통 어업
- 비파괴적인 상업 부수 어획
- 파괴적인 상업 부수 어획
- 상업적 저인망 어획
- 상업적 원양 어획
- 상업적 원양 저인망 어획
- 빛 공해
- 인간에 의한 직접적인 요인
- 유기 오염
- 양분 오염
- 선박
- 해수면 상승
- 해양 산성화
- 수온상승

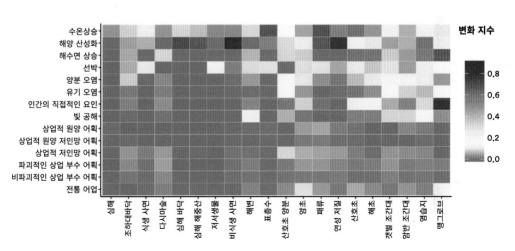

변화 지수

하지만 이 모든 논란보다 주목해야 할 것은 따로 있다. 생태계를 위협하고 바다의 기능을 잃게 만드는 가장 근본적 원인은 바로 수온 상승이라는 점이다. 지난 2019년 캘리포니아대학교 국립생태분석·합성센터는 인간에 의한 스트레스 요인 14가지와 이에 영향을 받은 20개의 해양생태계 데이터를 결합해 10년 동안 인간이 해양에 미친 영향과 변화 속도를 분석했다. 그 결과 바다를 망치는 요인은 수온 상승과 해수면 상승, 해양 산성화가 가장 높은 비율을 차지하는 것으로 밝혀졌다.

수온 상승으로 인해 전 세계적으로 더욱 심해진 해양 폭염이 갈수록 빈번하게 발생하고 있으며, 이는 해양생태계와 생물 다양성에 매우 직접적인 영향을 끼친다. 연구에 따르면 1925년부터 2016년까지 전 세계 평균 해양 폭염 빈도와 지속 시간은 각각 34%와 17% 증가했다. 특히 연간 해양 폭염 일수는 2배 넘게 많아졌다. 이 때문에 해양 식물의 엽록소 수준이 감소하고, 열 스트레스로 인해 해양 무척추동물이 대량 폐사한다. 또한 어류의 이동 범위와 커뮤니티 구조가 흔들리고 어업에도 영향을 주어 국가 간 긴장으로 번지기도 한다. 그뿐만이 아니다. 수온 상승으로 열 팽창 효과가 일어나면서 해수면이 높아지는데, 이는 낮은 땅에 위치한 도시를 집어삼키는 것은 물론 바다 생태계에도 치명적인 문제를 일으킨다. 요컨대 해양 생물의 활동 범위를 변화시켜 생태 질서가 흔들리고 저영양 상태의 군집이 만들어지는가 하면 유해한 조류를 증식시켜 해양 동물의 먹이사슬을 교란한다.

또한 수온 상승은 바다의 용존산소를 감소시킨다. 수온이 높아지면서 물에 녹을 수 있는 산소의 양이 줄어드는 것이다. 이로 인해 산소를 많이 소비하는 고래 같은 대형 해양 동물이 서식할 수 있는 영역이 줄어드는 문제가 발생한다. 최근 해파리 떼가 급속도로 번식하고 해안가까지 몰려와 사람들에게 피해를 주는 경우가 빈번한데, 이 역시 용존산소가 낮아져서 벌어지는 일이다. 또한 바다의 산성화는 칼슘을 녹이기 때문에 산호·굴·홍합·대합 같은 어패류한테는 끔찍한 상황이 아닐 수 없다. 더불어 수온 상승은 물의 순환 패턴까지도 변화시킨다. 기온이 높아지면 표면의 물과 심해의 물이 서로 섞이는 순환이 약해지고, 그 결과 표층의 산소가 바다 밑으로 공급되지 못한다. 산소를 필요로 하는 바다 밑 생태계에 치명적 환경이 되는 것이다. 전문가들은 지난 50년간 지구 해양 전체의 용존산소 농도가 2% 이상 감소했으며, 열대 지역의 경우에는 40%까지 줄어든 곳도 있다고 분석했다.

<씨스피라시>가 보여주는 비참하게 죽어가는 돌고래, 무자비하게 희생되는 상어의 모습은 시청자로 하여금 안쓰러운 기분과 죄책감이 들게 한다. 그러나 우리가 지금까지 사용해온 화석연료로 인해 일어난 해양 생물의 떼죽음은 아무도 언급하지 않는다. 그래서 여전히 우리는 기후를 위험에 빠뜨리는 화석연료를 계속 채굴하는 것인지도 모르겠다. 2022년 5월 카타르에너지, 가스프롬, 사우디아람코, 엑손모빌, 페트로브라스, 투르크멘가스, 토털에너지스, 셰브론, 셸까지 전 세계 거대 석유·가스 기업이 '카본 봄 Cabon Bomb'이라는 프로젝트를 진행해오고 있었다는 사실이 밝혀져 기후 위기를 걱정하는 많은 이들을 당황케 했다. 이는 6460억 톤 이상의 이산화탄소를 발생시키는 대형 채굴 프로젝트로 전 세계가 18년 동안 배출하는 이산화탄소의 양과 같다.

전 세계 인간 활동으로 인한 누적 변화

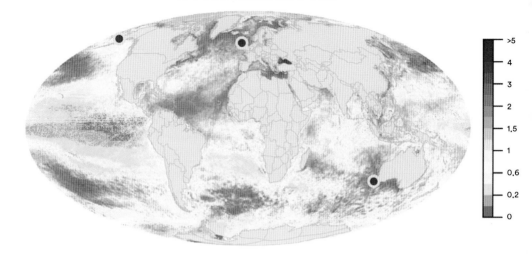

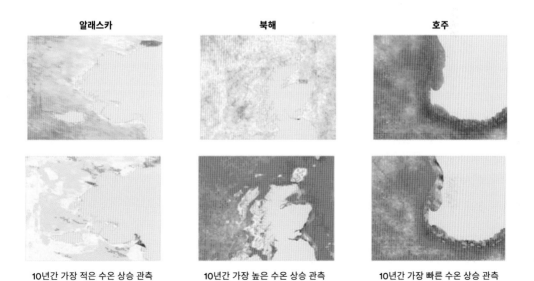

알래스카	북해	호주
10년간 가장 적은 수온 상승 관측	10년간 가장 높은 수온 상승 관측	10년간 가장 빠른 수온 상승 관측

지난 10년간의 바다 수온 변화. 북해의 수온이 가장 높은 변화를 기록했으며, 호주 바다의 수온은 가장 빠르게 상승했다.

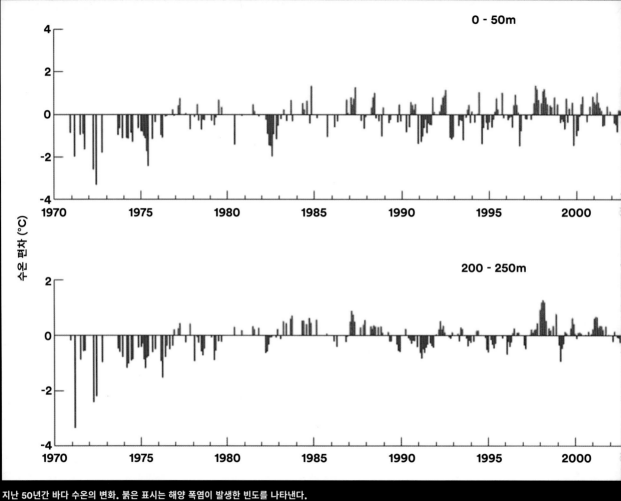

지난 50년간 바다 수온의 변화. 붉은 표시는 해양 폭염이 발생한 빈도를 나타낸다.

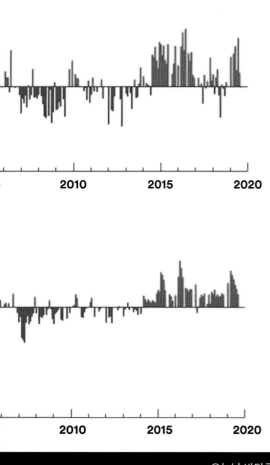

도표 및 참고 자료 Halpern, B.S., Frazier, M., Afflerbach, J. et al. "Recent pace of change in human impact on the world's ocean," Scientific Reports 9, 11609 (2019).

오늘날 바다를 병들게 하는 요소는 여러 가지가 있다. <씨스피라시>에서 언급하는 무분별한 어획은 물론 해양 플랜트 산업이 어류의 서식지를 훼손하고 있다. 여기에 각종 산업에서 유출되는 화학물질 등이 해양 동식물에 부정적 영향을 미친다. 플라스틱 오염으로 인한 문제점 역시 간과할 수 없다. 지난 100여 년 동안 바다로 유입된 수백만 톤의 플라스틱 때문에 해양생태계가 교란되었고, 이것이 결국 우리의 식탁을 위협하고 있다. 또한 우리가 분신처럼 여기는 휴대폰 배터리, 반도체에 쓰이는 금속 자원 역시 심해 채굴로 얻는 경우가 많다. 특히 지금까지 끌어다 쓴 석탄과 화석, 천연가스는 지구 온도를 올리고 바다의 수온을 높여온 주범이다. 이처럼 어류를 소비하지 않더라도 우리의 일상은 시시때때로 바다를 착취하고 있다.

히토 슈타이얼은 다큐멘터리의 속성에 대해 그의 책《진실의 색》에서 이렇게 썼다. "그것이 진실이든 아니든, 전쟁과 주가 폭락, 소수민족 박해와 전 세계적 구호 활동을 일으킨다"고. 다큐멘터리의 형식과 표현이 진실과 사실 그리고 실체를 담는 것처럼 보이지만, 마치 가짜 뉴스가 현실에 개입하는 것처럼 현실이 다큐멘터리의 이미지를 통해 만들어지는 시대를 살고 있다는 뜻이다. 지난 2021년 발표된 6차 IPCC 보고서는 해양의 산소 농도 변화를 핵심 요소로 꼽으며 전 지구적 변화에 기여할 수 있는 연구를 위해 초점을 재조정할 것을 요구했다. <씨스피라시>가 보여준 무분별한 남획과 동물 학살은 일정 부분 사실이지만, 바다 생태계를 더욱 건강하고 풍성한 환경으로 만들기 위해서는 탄소 중립이 가장 쉽고 빠르고 정확한 길이라는 점을 우리는 기억해야 한다.

OCEAN

HISTORY

STRENGTH

WEAKNESS

THREAT

OPPORTUNITY

바다라는 브랜드의
가치 평가 보고서

바다라는 브랜드가 있다고 하자. 치열한 경쟁 사회에서
이 브랜드는 살아남을 수 있을까? 객관적이고 냉정한 숫자로
그 가치를 평가해봤다.

NUMBERS　　EDITOR. Seohyung Jo / ILLUSTRATOR. Jaeha Kim

바다 몇 살?

나 44억4000만 살

태초의 지구에는 아무것도 없었다. 바다도, 땅도, 산소도, 당연히 생명체도 없었다. 그러다가 바다 비슷한 게 가장 먼저 생겼다. 대략 **44억4000만** 년 전 이야기다. 이어 5억 살밖에 되지 않은 어린 지구의 대기에 수증기가 응축해 물이 되었다. 그리고 그게 비가 되어 떨어졌다. 수백 년 동안 내린 빗물이 모여 최초의 바다를 만들었다. 이내 지구의 자전과 천체의 인력으로 바다에 조수 간만 현상이 생겨났고, 마침내 생명이 탄생했다. 가장 먼저 생긴 것은 녹조류. 이들은 대기 중 이산화탄소와 햇빛을 흡수해 광합성을 시작했다. 녹조류가 광합성을 하면서 지구의 모든 생명의 근원인 산소가 처음 등장했다. 생명의 탄생은 바다에서, 즉 물에서 이루어졌을 것으로 예상된다. 우리 모두는 그렇게 바다에서 왔다.

점유율

우리나라는 삼면이 바다로 둘러싸여 있다. 우리나라뿐만이 아니다. 지구의 모든 육지는 바다가 에워싸고 있다. 1억5000만km²인 육지에 비하면 바다는 3억6000km²에 달하는 면적을 가지고 있다. 이는 육지보다 2.42배 넓고 지표면의 71%에 해당한다. 바다는 드넓은 면적의 힘으로 세계무역의 90%를 맡고 있다. 바다로 길게 돌출된 반도 형태의 우리나라는 수출입 물자의 98.8%를 바다를 통해 수송하고 있다. 이쯤 되면, 지구를 푸른 바다의 행성이라고 해도 전혀 과장이 아니다.

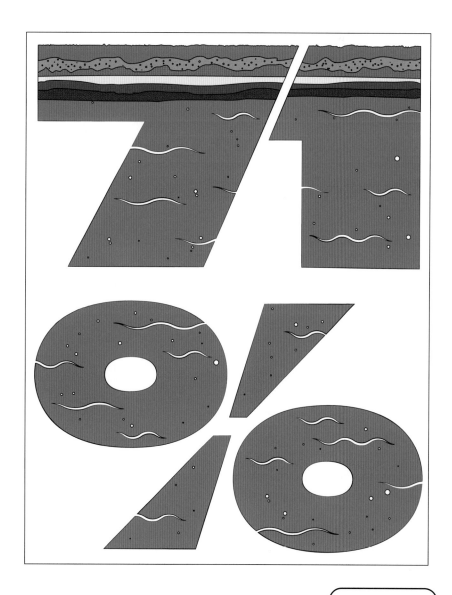

고래는 탄소를 가둬, 축구장 5개 넓이의 소나무 숲만큼

압도적인 넓이와 부피만큼 바다가 탄소를 포집하는 양 역시 어마어마하다. 어느 수준이냐 하면, 지구의 이산화탄소 중 93%가 바다 아래 저장되어 있을 정도다. 지구 표면의 3분의 2를 점유한 바다에는 지구 생명체의 80%가 살고 있다. 그동안 발견된 해양 생물만 24만여 종인데, 여전히 매일 새로운 바다 생명이 보고되고 있다. 바다는 육지보다 조사가 훨씬 덜 이뤄졌기 때문에 앞으로 더 많은 종이 나올 것이다. 바다의 풀과 산호, 식물성플랑크톤은 이산화탄소를 활용해 광합성을 한다. 해초와 다시마 숲은 같은 단위 면적의 열대우림보다 20배 많은 탄소를 삼킨다. 공기계의 큰손인 식물성플랑크톤은 전체 이산화탄소의 40%를 흡수하고 우리가 마시는 산소의 85%를 생산해낸다. 이는 아마존 밀림 전체가 흡수할 수 있는 탄소 양의 4배가 넘는 수치다. 우리가 열 번 숨을 쉬면 그중 여덟 번은 바닷속 미세 조류 덕이다. 그들만 탄소를 가두는 것은 아니다. 고래 역시 큰 역할을 한다. 고래 한 마리는 1년에 평균 33톤의 이산화탄소를 포집한다. 소나무를 축구장 넓이만큼 심었을 때 7.2톤의 이산화탄소를 흡수하는 것과 비교하면, 고래 한 마리가 축구장 5개 넓이의 소나무 숲과 같은 역할을 하는 셈이다. 고래가 죽어 가라앉으면 탄소는 그대로 몇백 년간 바다 아래에 있게 된다. 이처럼 바다는 여러 가지 방법으로 자연스럽고 현명하게 탄소를 가둘 줄 안다.

바닷물을 옮기려면 필요한 1톤 트럭 1,370,000,000,000,000,000,000대

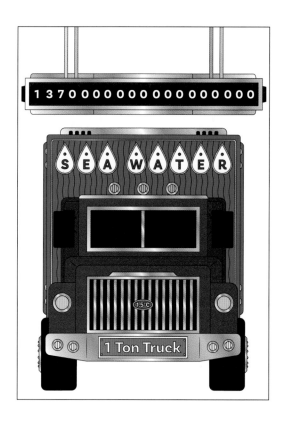

면적에 높이를 곱하면 부피를 알 수 있다. 앞에서 구한 바다와 육지의 면적에 각각 평균 수심 3700m와 평균 고도 840m를 곱해보자. 바다의 부피는 약 13억6900만km³, 육지의 부피는 약 1억2000km³가 된다. 바다는 육지 부피의 10배다. 육지를 바다 아래로 밀어 넣는다고 생각하면 수심 2400m의 물에 잠긴다. 6억7000만km³의 태평양, 3억6000만km³의 대서양, 2억km³의 인도양, 1억2000만km³의 남극해와 1700만km³의 북극해를 모두 더해 세상 모든 바닷물을 나른다고 상상해보자. 1톤 트럭 137경 대를 불러야 한다. 137경은 137 뒤에 16개의 0이 붙은 숫자다. 너무 큰 숫자라 감이 안 오니 바닷물을 몽땅 말려서 소금만 남겨보자. 세계 바다의 평균 염분 농도는 35퍼밀로, 바닷물 1kg에 35g의 소금이 들어 있다고 생각하면 된다. 바다의 소금은 총무게가 5경 톤에 달한다. 5경 톤의 소금으로 지구 표면을 골고루 덮으면 전 세계 지면이 지금보다 평균 150m 높아진다. 모두가 50층 건물 높이의 소금 산 위에서 사는 장면을 떠올리면 비로소 바다의 거대함이 느껴질지 모른다.

산호는 사라지고 남은 것은

자동차 13만5800대의 배출 가스

가늠하기조차 어려운 바다를 사람들은 예로부터 무한하다고 느껴왔다. 아무리 지나친 행동을 해도 넓디넓은 바다는 모두 이해하고 소화할 거라 믿었다. 바다라 해서 끝없는 자비를 베풀 수는 없다. 물론 계속해서 탄소를 흡수할 수도 없다. 물은 차가울수록 탄소를 더 많이 머금는데, 바다 역시 수온이 낮을 때 대기 중 이산화탄소를 더 포집할 수 있다. 수온이 지속적으로 높아지면 바다도 이전만큼의 탄소를 가둘 수 없게 된다. 수온을 억지로 낮추면 탄소 문제를 해결할 수 있을까? 그것도 답은 아니다. 이산화탄소는 물과 닿으면 화학작용을 통해 수소를 내놓는데, 이 과정에서 바다가 산성화한다. 산성을 띤 바다 아래선 생명체가 숨이 막혀 죽는다. 철없는 인간이 펑펑 만들어내는 이산화탄소를 바다는 그동안 넓은 마음으로 흡수해왔다. 그러나 더는 어렵다.

현재 세계 이산화탄소의 93%는 해양 식물과 산호가 저장하고 있다. 여기서 1%의 산호가 사라지면 자동차 9700대에서 나오는 탄소가 갈 곳을 잃고 대기에 머물게 된다. 지난 10년 동안 수온 상승 등의 이유로 산호의 14%가 사라졌다. 1만1700km² 면적의 산호가 하얗게 질린 채 죽었다. 이는 자동차 13만5800대에서 내뿜는 배출 가스가 공기 중을 떠돌게 되었다는 얘기다. 인간은 매년 320억 톤의 이산화탄소를 방출하고, 바다는 더 이상 이것들을 품어내지 못할 만큼 병들고 있다.

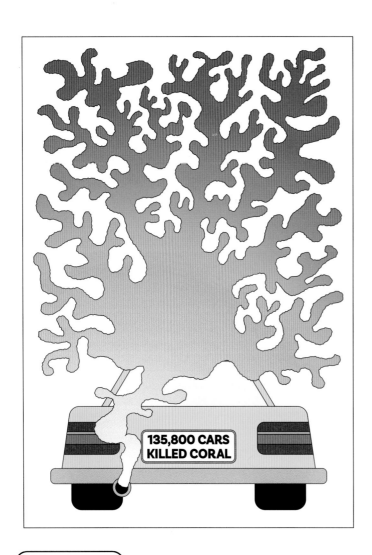

한 달간 내가 없애는 빙하의 양

산업화 이후 55년간 지구 기온은 꾸준히 높아졌고, 그에 따라 9조6250톤의 빙하가 녹아 없어졌다. 그렇게 녹은 빙하는
해수면을 2.7cm 높였다. 2006년, NASA는 그해 1920억 톤의 빙하가 녹았다고 발표하며, 이로 인해 북극과 남극의
생태계가 무너질 뿐 아니라 기후변화로 전 지구의 인류가 위험해질 수 있다고 경고했다. 그로부터 16년이 지났지만
인간은 여전히 빙하가 녹는 것을 방관하고 있다. 이제는 그 속도가 더 빨라져 한 해에 3000톤의 빙하가 사라지고 있다.
이는 알프스 전체 얼음의 3배와 맞먹는 어마어마한 양이다. 우리는 매년 1인당 43.5톤의 빙하를 물로 만든다. 한 달로
계산하면 3.6톤에 달한다. 여전히 큰 수치다. 이 흐름을 깨지 못하면 2035년에는 남극 전체의 빙하가 사라진다. 물이 된
빙하는 해수면을 7m가량 높일 것이다. 참고로 지구 인구가 동시에 바다로 뛰어들었을 때 상승하는 해수면은 기껏해야
0.25mm에 불과하다.

바다가 감당하는 열량, 77억 인류가 각자 24시간 동안 동시에 가동하는 100개의 전자레인지

지구에 존재하는 모든 물질을 통틀어 물은 열을 저장하는 능력이 가장 크다. 바다는 1kg당 1000Kcal의 열을 저장할 수 있다. 이처럼 뛰어난 역량으로 바다는 그동안 지구 열의 90%를 먹어치워왔다. 이는 77억 지구인이 24시간 동안 각자 100개의 전자레인지를 가동했을 때 배출하는 열량과 맞먹는다.

대기의 열을 저장해 큰 피해를 막아온 것은 바다의 물뿐만이 아니다. 바다에 사는 생물은 쉼 없이 움직여 물을 위아래로 섞는다. 바다 생물의 이런 움직임은 의외로 커서 바람, 파도, 조류의 힘을 다 합친 것만큼이나 강력하다. 이들은 뜨거워진 해수면의 물을 다시 차가운 심해로 끌어내려 바다가 대기의 열을 흡수할 수 있도록 돕는다. 묵묵히 온도 조절 장치 역할을 해온 바다는 열을 식혀가며 지구의 생명을 유지하고 있다. 아직까지는 그렇다.

바닷속 금을 캐면 지구인 모두에게 4KG씩 드려요

바다에 대한 연구는 우주보다도 못하다. 바다의 생명체 중 밝혀진 것은 단 1%에 불과하다는 계산도 있으니, 여전히 미지의 세계인 것이다. 제대로 모르는 것은 생물뿐만이 아니다. 바다에 매장된 원유는 1조6000억 배럴인데, 이 중 62%가 미개발 상태로 남아 있다. 이 밖에도 구리, 철, 망간, 바나듐, 코발트, 니켈 등 온갖 귀한 광물과 화학물질이 바다에 숨어 있다. 바다 바닥에 잠겨 있는 것으로 추정되는 금의 양은 약 2000만 톤이다. 지구 인구 모두에게 나눠준다면, 1인당 4kg씩 받을 수 있는 양이다. 2022년 5월 기준, 금 1kg의 가격은 8636만 원이다. 그만큼 바다는 상상도 못 할 가치를 비밀스럽게 품고 있다.

해양 에너지로
채울 수 있는 전력 수요

이론적인 얘기이긴 하지만 전력 자원으로서 해양 에너지의 잠재력은 연간 최대 9.3만TWh라고 한다. 이는 전 세계 전력 수요의 400%에 해당하는 양이다. 농어촌연구원 국제융합수리시험센터는 우리나라의 2300여 개 항을 파력발전 적합지로 꼽았다. 지금 가진 기술로 이곳에 파력발전소를 만들면 당장 3만9000GWh의 전력량을 확보할 수 있다. 350만 명이 한 해 동안 넉넉하게 쓸 수 있는 만큼의 용량이다. 기술은 계속해서 발전하고 있다. 3년 전만 해도 100kW에 불과했던 단일 조력 터빈의 용량은 그사이 100배가 늘었다. 지금은 10MW의 터빈을 성공적으로 배치해 가동하고 있다. 스코틀랜드의 메이겐 프로젝트는 올해 15MW의 조류 기술을 추가로 투입할 예정이며 2025년 2GW 생산을 목표로 하고 있다. 가장 널리 개발 및 도입된 파력발전과 조력발전 외에도 해상 풍력발전, 해수 온도차발전 또는 염도차발전 등 얼마든지 다양한 방법으로 바다에서 전기를 만들 수 있다. 그러니 부족한 것은 인간의 의지일 뿐 바다가 지닌 에너지는 무한하다.

OCEAN?
A ROUGH
DIAMOND

자원으로 바라본 해양
바다, 긁지 않은 복권

바다에서 먹거리를 건져 올리고 광막한 해저에서 희귀 광물을 캔다. 비좁은
육지를 대신해 공항, 고속도로, 쓰레기장, 휴가지로 바다를 활용하기도 한다.
바다에는 인간이 여전히 접근하지 못했거나 발견하지 못한 자원이 무한대로
쌓여 있다. 살짝 들추기만 했음에도 고액의 상금 같은 자원이 쏟아지는
바다라는 복권을 제대로 긁었을 때 그 가치는 얼마나 치솟을까. 현재 우리가
발굴한 해양자원을 통해 미래 가치를 점쳐본다.

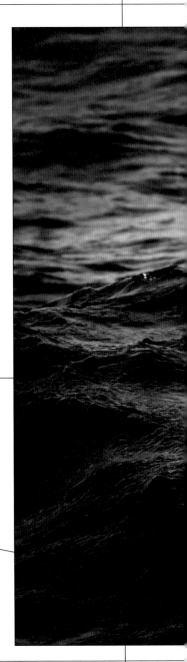

NOW　　　　EDITOR. Seohyung Jo

식품

2050년이 되면 지구는 적어도 90억 명의 인구를 먹여 살려야 한다. 토양 파괴로 오래전부터 위협받아온 농업을 대신해 인간은 바다에서 나는 먹거리로 눈을 돌리기 시작했다. 바다는 온도 차와 환경 변화가 적어 육지보다 유기물 생산 능력이 훨씬 크다. 지구상 생물의 80%가 살고 있을 것으로 추정한다. 1950년 세계 해산물 소비량은 2000만 톤이었는데, 70년이 지난 지금은 1억8000만 톤으로 약 9배가량 늘었다. 유엔 식량농업기구에 따르면 2030년에는 해산물 소비량이 2억100만 톤으로 늘어날 것이라고 한다. 이미 어획 허용치를 넘어선 바다가 앞으로 더 많은 사람을 먹여 살릴 수 있을지 의문이다.

2022년 아시아에서는 1인당 연간 평균 29kg에 해당하는 해산물을 소비할 것으로 예상한다. 다른 지역의 예상 소비량은 유럽 28kg, 북미 25kg, 오세아니아 24kg, 남미 12kg, 아프리카 9kg이다. 육수의 재료로 육고기와 채소 대신 건어물과 다시마를 선호하고, 각종 어류와 패류·해조류를 골고루 섭취하는 우리나라 사람은 2017년에 이미 1인당 평균 58.4kg의 해산물을 소비했다. 이는 세계 평균의 3배에 육박하는 양이다.

바이오 플라스틱

플라스틱 비닐은 분해되지 않은 채 몇백 년씩 자연에 남아 있어 환경 파괴의 원인 중 하나로 여겨져왔다. 그런데 이 비닐을 대체할 만한 소재를 갑각류에서 찾아냈다. 새우, 게, 가재의 껍질에는 딱딱한 외골격과 부드러운 섬유성 물질이 모두 포함되어 있다. 여기서 '키토산'과 '키틴'을 추출해 목재펄프의 셀룰로오스 성분을 섞으면 고강도 나노 섬유를 만들 수 있다. 그렇게 만든 비닐은 6개월 이내에 땅속에서 100% 생분해되고 항균 효과도 있다. 키틴은 지구상 생물질 중 셀룰로오스 다음으로 많아 재료 수급도 용이하다.

고성능 엔지니어링 플라스틱을 대신할 높은 강도와 탄성을 지닌 소재도 바다에서 찾았다. 2010년부터 바이오 소재 기술 개발을 추진해온 우리나라 해양수산부는 세계 최초로 바이오 플라스틱을 생산했다. 바다의 녹조류와 미세 조류에서 얻은 지방산을 원료로 만든 이 소재는 전자 기기, 항공기, 시계 부품을 만드는 데 쓰인다.

의약품

해산물은 식품으로 섭취하는 것 외에도 다양하게 가공해 여러 산업군에서 활용한다. 그중에서도 비타민과 미네랄 등 인체에 유용한 성분을 다량 함유한 해조류는 각종 의료용품의 원천으로 쓰인다. 한편, 움직임이 적은 해양 동물인 말미잘, 해면, 고둥, 산호, 성게는 먹잇감을 마비시키고 스스로를 방어하기 위한 독을 지니고 있다. 인간은 1950년대에 이미 해면에서 항생 효과가 있고 백혈구 증가를 억제하는 물질 '뉴클레오티드'를 찾아냈으며, 이후로 해양 생물체에서 연간 800여 가지 물질을 발견해 항생제·항암제·진통제 같은 신약을 개발하는 데 적극 활용하고 있다. 또한 해양 박테리아에서 추출한 성분으로 비타민, 항산화 물질, 필수아미노산을 함유한 영양 보조제 '스피룰리나'를 만들었고, 암초 침전물에서는 '큐라신 A'와 같이 대장암·신장암· 유방암이 체내에서 성장하는 것을 억제하는 효소를 찾아냈다. 아울러 미역에서 추출한 '알긴산' 은 고혈압과 당뇨를 억제하고, 감태의 '플로로타닌' 성분은 수면을 돕는다.

외과 분야도 바다의 도움을 받았다. 게나 새우의 껍질에 풍부한 '키토산'은 내구성이 좋고 티타늄에 코팅되기 때문에 인공 뼈나 피부로 활용한다. 해파리의 '콜라겐'은 인공 혈관이나 인공장기로, 거센 파도와 바람에도 바위에 달라붙어 지내는 따개비와 홍합에서는 mfp-3와 mfp-6라는 접착 단백질을 추출해 생체 친화형 접착제로 쓴다. mfp-3와 mfp-6는 심한 외상성 손상을 치료하는 동시에 안구같이 예민한 부위의 상처를 실 없이 봉합하는 데도 사용된다. 수술 도중 출혈을 멈추게 하고 나아가 흉터를 예방하기도 한다. 해산물에서 추출한 의료품은 자연 유래 성분이라 생체 적합성이 높고 부작용 또한 적다.

바이오 에너지

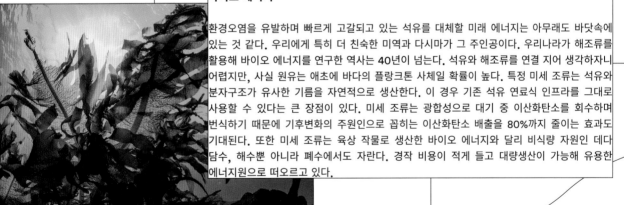

환경오염을 유발하며 빠르게 고갈되고 있는 석유를 대체할 미래 에너지는 아무래도 바닷속에 있는 것 같다. 우리에게 특히 더 친숙한 미역과 다시마가 그 주인공이다. 우리나라가 해조류를 활용해 바이오 에너지를 연구한 역사는 40년이 넘는다. 석유와 해조류를 연결 지어 생각하자니 어렵지만, 사실 원유는 애초에 바다의 플랑크톤 사체일 확률이 높다. 특정 미세 조류는 석유와 분자구조가 유사한 기름을 자연적으로 생산한다. 이 경우 기존 석유 연료식 인프라를 그대로 사용할 수 있다는 큰 장점이 있다. 미세 조류는 광합성으로 대기 중 이산화탄소를 회수하며 번식하기 때문에 기후변화의 주원인으로 꼽히는 이산화탄소 배출을 80%까지 줄이는 효과도 기대된다. 또한 미세 조류는 육상 작물로 생산한 바이오 에너지와 달리 비식량 자원인 데다 담수, 해수뿐 아니라 폐수에서도 자란다. 경작 비용이 적게 들고 대량생산이 가능해 유용한 에너지원으로 떠오르고 있다.

해양 유기체는 인간에게 필요한 다양한 물질을 제공한다. 그리고 인간은 더디지만 그들이 가진 가능성을 조금씩 찾아나가고 있다. 해양 생물자원을 채취할 때는 생태계와 개체의 존립을 위협하지 않도록 특히 주의를 기울여야 한다. 아울러 인공 번식이나 다른 물질을 합성해 제조하는 연구도 이뤄져야 할 것이다.

망간단괴

바닷속에는 깊이에 따라 서로 다른 종류의 광물이 매장되어 있다. 해변과 갯벌에는 다이아몬드, 금, 사철, 중석, 주석, 자철석, 티탄 등이 있고 해변에서 약 200m까지 완만한 경사의 해저에는 석탄, 석유, 석회석, 천연가스, 금, 사철, 자철석, 티탄, 주석, 인광 등이 묻혀 있다. 그리고 4000~5000m의 깊은 바다에는 망간단괴, 철, 니켈, 코발트, 아연 같은 광물자원이 있다.

망간단괴는 망가니즈가 주성분으로 구리, 니켈, 코발트, 몰리브데넘 등을 함유한 공 모양의 금속 덩어리다. 수심 5000m가량 되는 깊은 곳에 있어 캐내려면 천문학적 개발 비용이 든다. 그럼에도 제철, 항공 우주, 전자, 배터리 등 첨단산업에 꼭 필요한 재료를 포함하고 있어 개발 가치가 매우 높다. 밭의 감자처럼 해저에 널려 있으며, 외형도 감자를 닮았다. 성장 속도는 감자보다 훨씬 느리다. 바닷물과 해저 퇴적물의 화학 성분을 공급받아 100만 년에 1cm 정도 자란다. 태평양 해저에만 망간단괴 100억 톤이 깔려 있는 것으로 추정된다. 우리나라에서는 1983년 북동 태평양에서 처음 망간단괴 조사를 시작했으며 대량 채굴은 아직이다.

망간각

망간단괴보다 얕은 수심 400~4000m에 걸쳐 해저산 경사면에 분포한다. 망간각은 망간단괴보다 코발트 함유량이 3배 이상 높은 한편 니켈과 구리의 함량은 더 낮다. 3~8cm 크기이며 첨단산업의 주요 소재인 희토류를 포함하고 있다. 희토류는 자연계에 매우 드물게 존재하는 원소기호 21, 39, 57~71까지의 17개 금속을 말한다.

메탄 하이드레이트

지구 전체의 대륙붕 주변에는 풍부한 양의 천연가스와 메탄이 얼어붙은 채로 봉인되어 있다. 실제로도 얼음 덩어리 같은 모습을 하고 있는데, 불을 붙이면 강한 불꽃이 인다. '불타는 얼음'이라 불리는 이 물질은 세계적으로 매장량이 풍부하다. 심해에 매장된 메탄을 모두 발굴하면 지구 전체의 석탄, 천연가스, 석유를 합한 것보다 2배는 많은 에너지를 생산할 수 있을 것으로 추정한다. 우리나라에는 독도를 중심으로 6톤가량 분포하고 있다. 이산화탄소 발생량이 적은 에너지이지만 고체에서 가스를 분리하는 게 어려워 실용화 단계에는 이르지 못하고 있다. 추출 과정에서 폭발하면 심각한 환경오염을 일으켜 생태계에 치명적 위협을 줄 수 있으므로 채굴 및 사용을 결정하기엔 아직 이르다.

블랙스모커

해저에서도 마그마가 분출한다. 블랙스모커는 시뻘건 용암 대신 뜨겁게 뿜어져 나오는 검은 해수를 일컫는 이름이다. 달궈진 해수와 차가운 물이 섞이면 분출구 주변에 광물 등이 가라앉는다. 그 과정에서 100m 넘는 두꺼운 굴뚝 모양의 퇴적물이 되는데, 이것이 열수분출공이다. 여기엔 고농도의 구리, 납, 아연, 금, 은, 철 등 광물자원이 섞여 있다. 육지에서는 토사 1톤당 1g의 금만 발견해도 개발에 돌입하는데, 블랙스모커 주변에는 1톤당 무려 30g의 금이 있다. 태평양 남서부의 블랙스모커는 금속 황화물 함유량이 특히 높은데, 최대 수심이 2000m로 비교적 얕은 바다라 채굴도 용이하다. 한편 태평양 해저에는 구리, 아연, 금이 다량 침전되어 있다.

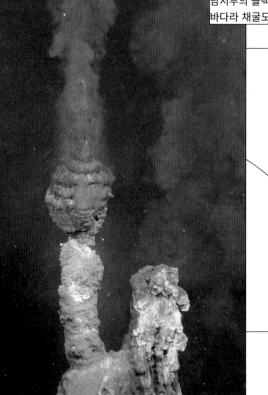

1870년 출판된 쥘 베른의 소설 <해저 2만리>에는 해양 원료를 동력으로 움직이는 잠수정을 타고 심해 탐사를 나서는 주인공이 나온다. 150여 년 전만 해도 허구였던 이야기가 이제야 현실이 되어간다. 미지의 세계라 여겼던 해저 탐사가 시작되고 깊숙이 묻혀 있던 해양 광물이 미래의 자원으로 가치를 인정받고 있다. 원료 채굴 과정에서 바다 생물과 환경이 피해를 입지 않도록 지속적인 연구가 필요한 시점이다.

해양 공간 자원

인공 섬

광활한 해양은 부족한 육지 공간 문제를 해결할 또 다른 자원이다. 과거 해안 간척과 매립을 통해 농경지를 조성해온 방식으로 각종 산업 시설과 주거, 도시 공간이 바다 위에 만들어지고 있다. 이는 단순한 물질 자원의 개발을 넘어 입체적이고 종합적인 해양 개발의 시작점이다. 인공 섬을 만드는 방법에는 작은 섬을 점점 넓혀가는 것, 암초를 중심으로 섬을 새로 만드는 것, 그리고 여러 작은 섬 사이를 메워 커다란 하나의 섬을 조성하는 것 등이 있다. 세계의 인공 섬으로는 일본 고베의 포트아일랜드, 야자수를 형상화한 아랍에미리트의 팜주메이라, 타이완의 가오슝시 치진구 전 지역, 몰디브 수도 말레 복동쪽의 훌루말레 등을 예로 들 수 있다. 국내에서는 롯데월드의 매직 아일랜드, 서울시의 서래섬과 세빛섬, 부산광역시의 부산항, 인천광역시의 송도국제도시, 군산시의 금란도, 경상남도의 마산해양신도시가 바다를 메운 생활공간이다. 나아가 부산은 세계 최초로 현대판 노아의 방주라 불리는 해상 도시 건설을 추진하기로 하고, 2021년 11월 세계 도시 정책을 관장하는 최고 기구인 'UN 해비타트' 및 해상 도시 개발 기업 '오셔닉스'와 지속 가능한 수상 도시 개발을 위해 양해 각서를 체결했다.

해상 공항

그간 인류는 국제 교류와 생활수준 향상으로 항공 수송량이 크게 늘었음에도 넓은 토지를 확보해야 하는 동시에 항공기 소음 등 지역에 미치는 부정적 영향을 해소하고 조율하는 문제로 인해 신규 공항을 건설하는 데 난항을 겪고 있었다. 한편, 해상에 공항을 지으면 소음 피해가 덜하고 부지난을 해소하며 안전성을 높일 수 있다. 1975년 근해 섬 주변을 매립해 개항한 일본의 나가사키 해상비행장이 대표적 예다.

해저 고속도로

2021년 12월 충남 대천항과 오천면 원산도를 잇는 해저터널이 개통되었다. 이는 77번 국도의 일부이며, 총길이 6827m 로 우리나라에서 가장 긴 해저터널이다. 터널 개통으로 대천해수욕장과 태안군 안면도 연목항의 거리가 95km에서 14km로, 소요 시간은 90분에서 10분으로 대폭 단축되었다. 53.85km에 달하는 일본 세이칸 터널, 영국과 프랑스를 잇는 50.5km 길이의 도버해협 터널 등에 이어 전 세계에서 다섯 번째로 길다.

해상 케이블카

바다를 메우지 않고도 활용할 방법이 있다. 공중을 가르는 해상 케이블카를 설치하는 것이다. 베트남의 최남단 섬 푸꾸옥에는 세계에서 가장 먼 거리를 연결한 해상 케이블카가 있다. 푸꾸옥섬에서 근처 혼톰섬까지 8km 거리를 20분에 이동한다. 하늘 위에서 초록 섬과 파란 바다, 하얗게 반짝이는 해변을 감상할 수 있다.

그 밖에 해수욕장처럼 바다 자체를 관광과 휴양의 목적으로 활용하기도 한다. 한때 성행했으나 지금은 금지된, 쓰레기를 바다에 매립하는 것 또한 바다 공간을 활용한 사례. 해양 공간 자원은 인구 증가와 난개발로 생태계가 무너지고 자원이 고갈된 육지를 벗어날 해결책으로 그 중요성이 갈수록 더 커지고 있다. 특히 해수면이 상승해 국제사회에서 심각한 문제로 대두하고 있는 기후 난민에게 새로운 삶의 터전을 마련해줄 수 있을 것으로 기대된다. 무엇보다 해양 공간을 개발하기에 앞서 일련의 개발이 해양생태계와 자연환경에 미치는 영향을 먼저 연구해야 비로소 바다는 지속 가능한 자원이 될 것이다.

THERE IS NO CEILING IN THE SEA

해양 에너지 개론
바다에는 천장이 없다

석탄이나 석유를 태우지 않고도 바다에서 에너지를 만들 수 있는 방법이 있다.
해상 풍력, 조력, 조류, 파력, 해수 온도차발전 등의 방식으로 해양 에너지를 개발하는 것이다.
탄소를 배출할 걱정도, 에너지원이 고갈될 염려도 없는 해양 에너지의 부존 잠재량은
연간 9만3100TWh다. 이는 전 세계가 연간 소비하는 전력의 4배에 달하는 어마어마한 양이다.
인류가 해양 에너지를 개발한 역사는 짧다. 앞으로 바다를 더 많이 이해하고 기술을 개발할수록
바다에서 건질 수 있는 에너지는 더욱 무궁무진해질 것이다. 그렇다면 미래의 주요 에너지원이
될 해양 에너지의 현재 발전상은 어떤 모습일까. 각 에너지원을 얻기 위해 인류는 어떤 원리로
어떤 장치를 개발했으며, 강점과 약점은 무엇인지, 현재 만들 수 있는 에너지의 양과
앞으로 발전할 가능성은 얼마인지 낱낱이 정리해봤다.

NOW

EDITOR. Seohyung Jo

해상 풍력발전

바람이 불면 풍차 모양의 날개가 터빈을 돌린다. 발전기가 터빈의 운동에너지를 전기로 바꾼다. 풍력발전은 그동안 주로 인적이 드물고 풍속이 빠른 산에 설치해왔다. 날개가 돌아가면서 발생하는 소음과 거대한 발전기의 그림자가 주민들을 불편하게 만들자 그 대안으로 해상 풍력발전이 등장했다. 해상 풍력 설계를 위해서는 입지의 풍황을 먼저 알아야 한다. 풍황은 바람의 현황을 말한다. 풍속, 온도, 압력, 습도를 포함한 데이터로 최소 1년은 수집해야 한다. 바람의 힘을 이용하기 때문에 온실가스나 환경오염 물질을 배출하지 않고 고갈의 염려가 없다. 풍력발전은 재생에너지 중에서도 가까운 미래에 가장 저렴한 전력 공급원이 될 것으로 예상한다.

풍력발전은 오래된 미래다. 바람을 활용해 에너지를 만드는 원리는 중세 시대 풍차와 21세기의 대형 풍력발전기가 거의 같다. 풍력으로 전기를 만든 최초의 인물은 미국 오하이오주의 찰스 브러시로 알려져 있다. 그의 발전기가 백열등 350개의 불을 밝힌 것은 자그마치 1888년이다. 이후 기술이 발달하면서 가볍고 튼튼한 데다 큰 날개와 안정적인 구조를 가진 풍력발전기가 개발되었고, 풍력발전의 효율도 점차 높아지고 있다.

STRENGTH

⬆ 바다는 육지와의 온도 차이로 큰 바람이 만들어진다. 해상 풍속은 육지보다 70% 더 빠르다.

⬆ 삼면이 바다에 평지가 적은 우리나라의 경우는 육상 풍력보다 해상 풍력이 대형 부지를 확보하기 쉽다.

⬆ 소음이나 전파방해 문제로부터 자유롭다.

⬆ 발전 속도가 빠르며 유럽과 미국은 대중화를 눈앞에 두고 있다. 유럽의 경우 시작할 때는 MWh당 110유로이던 해상 풍력발전 판매 가격이 2019년 기준 75유로로 낮아졌다. 2025년에는 50유로 선으로 떨어질 것으로 예상한다. 이 경우 석탄 발전보다 단가가 저렴해지는 그리드 패리티 grid parity에 도달한다. 이때부터는 정부 보조금이 필요 없다.

⬆ 우리나라의 해상 풍력발전소 세 곳은 모두 국내 기술로 제조 및 설치했다. 해상 풍력을 제조하는 데 자체 역량을 보유한 국가는 전 세계에서 7개국에 불과하다.

WEAKNESS

⬇ 해상 풍력은 설치와 유지·보수를 하는 데 육상 풍력보다 난도가 높다. 비용도 더 든다.

⬇ 발전 효율이 다른 재생에너지보다 여전히 낮은 편이다. 우리나라의 풍력발전 단가는 원자력보다는 비싸고 LNG와 석유보다는 저렴한 편이다.

⬇ 미국과 유럽의 선두 업체보다 우리나라는 뒤늦게 해상 풍력발전을 시작했다. 국내 발전량이 적어 여전히 가격 경쟁력이 떨어지고 극복해야 할 기술 격차도 있다.

구조

∘ 날개: 바람의 운동에너지를 회전력으로 바꾸는 일을 한다. 비행기의 날개처럼 유선형이다. 날개 주위를 바람이 통과할 때 중력에 반대되는 양력이 발생한다. 비행기가 뜨는 것과 같은 원리로 발전기의 날개가 돈다.

∘ 나셀: 날개에서 얻은 회전력을 전기에너지로 변환하는 데 필요한 발전장치를 일컫는 말이다. 회전수를 제어하는 구동장치, 회전속도를 줄이는 브레이크, 수평축 에러를 조절하는 시스템을 포함한 기어 박스, 제어장치, 발전기 등으로 구성되어 있다.

∘ 타워: 발전기를 지지한다.

원리

풍력발전기 꼭대기에는 날개와 날개를 연결하는 허브와 나셀이 있다. 나셀은 에너지 저장 역할을 하는 부품으로 무게가 **300톤**에 달한다. 해상 풍력발전기 전체 무게의 **14%**를 차지한다. 이렇게까지 무거운 데는 이유가 있다. 에너지를 저장하는 나셀에 핵심 요소가 모여 있기 때문이다.

나셀에는 톱니바퀴 모양의 기어 박스가 있다. 낮은 회전속도를 발전기 구동에 필요한 만큼의 고속으로 바꿔준다. 발전기는 이 회전 에너지를 전기에너지로 바꾸어 변압기로 유도한다. 어렸을 때 과학관 등에서 체험하는 자전거 발전기와 같은 원리다. 1호에 실렸던 영화 <바람을 길들인 풍차 소년>를 보면 이해하기 쉽다.

하부 구조물은 강철로 만든다. 바람에 의해 발생하는 힘으로부터 발전 시스템을 지켜내기 위해서다. 모든 요소를 제자리에 고정하기 위해 나사 역시 극한 하중을 견딜 수 있도록 설계했다. 정리하자면 이렇다. 바닷바람을 맞아 날개가 돌아간다. 나셀에 있는 증속기는 날개가 돌아가며 만든 운동에너지를 더 크게 증폭시킨다. 커진 운동에너지를 발전기에서 전기에너지로 바꾼다. 타워와 하부구조물은 이 모든 일이 무리 없이 진행되도록 버텨준다.

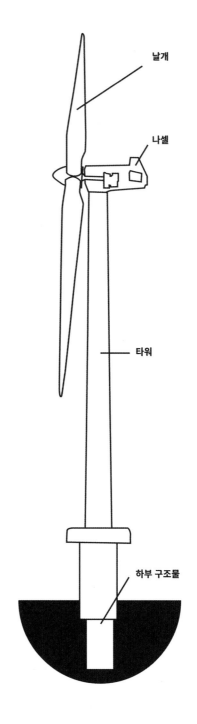

날개

나셀

타워

하부 구조물

해상 풍력발전

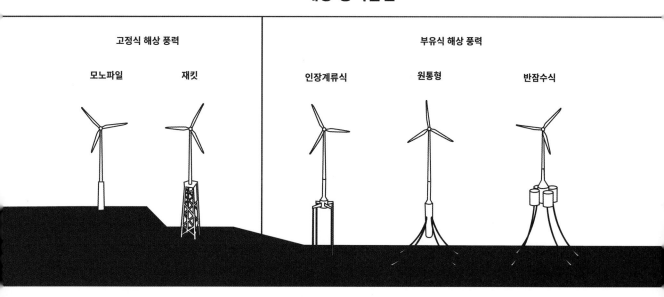

고정식 해상 풍력

| 모노파일 | 재킷 |

부유식 해상 풍력

| 인장계류식 | 원통형 | 반잠수식 |

◦ 고정식 해상 풍력: 수심 60m 이하의 얕은 바다 바닥에 구멍을 내고 발전설비를 고정한다. 고정식은 두 종류로 나뉜다. 육지와 가까운 해상에 설치하는 '모노파일'과 육지와 멀어졌을 때 사용하는 '재킷'이다. 모노파일 형식은 직경 6m 이상의 두꺼운 말뚝을 시공해야 해서 공사비가 많이 들지만 안정성 확보에 유리하다. 재킷 형식은 지반 상태가 양호하지 않아도 무리 없이 설치할 수 있다는 장점이 있다. 용접 부위가 많아 안정성 확보에는 불리한 편이다.

◦ 부유식 해상 풍력: 수심 100~200m의 깊은 바다에 부유체를 띄워서 발전한다. 터빈의 중량이 부력과 작용해 구조물에 안정감을 주는 원리를 이용한다. 세계적으로 부유식의 이용률이 고정식보다 2배 높다. 먼 바다로 갈수록 강한 바람이 지속해서 불기 때문에 그만큼 활용도가 크다는 뜻이다. 부유식 해상 풍력발전의 경우 원전보다 관리 및 운영비가 4~5배 넘게 든다. 설치 이후에는 해체나 이동이 어려워 사전에 다양한 검토가 필요하다. 우리나라에서는 2030년 울산의 부유식 해상 풍력발전단지가 완공될 예정이다.

부유식 해상 풍력 하부 구조물에는 세 종류가 있다. '인장계류식' '원통형' '반잠수식'이 그것이다. 인장계류식은 밧줄의 장력을 이용한다. 원유 시추 설비와 비슷한 원리를 활용한다. 원통형은 무거운 쇳덩이로 채운 원통형 구조물을 사용한다. 터빈이 원통보다 가벼워 떠오르는 방식이다. 반잠수식은 해저에 고정한 부유체가 터빈의 중량과 부력에 작용해 뜨는 원리다. 부유식 구조물에서 터빈은 모두 부유체 위에 설치한다.

날개가 3개인 이유

날개의 회전 반경을 키울수록 많은 에너지를 만들 수 있다. 문제는 무게다. 3MW의 전기를 생산하는 발전기의 날개 길이는 약 60m, 무게는 20톤에 달한다. 탄소섬유나 유리섬유 같은 복합섬유를 활용하는 방안을 개발하고 있지만, 섬유를 접착제로 겹겹이 붙여 만드는 형태라 아직까진 무게에서 자유로울 수 없다. 날개 수가 3개 이상이 되면 무게 때문에 발전 효율이 떨어진다.

날개는 이물질과의 충돌, 낙뢰와 소금 결정으로 인한 부식, 빠른 속력 등 때문에 고장률이 높은 장치다. 날개 끝단에 가해지는 평균 속력은 무려 300km/h 이상이다. 기대 수명은 약 20년이다. 워낙 무겁고 공중에 있기 때문에 보수하기가 매우 어렵다. 날개 수가 늘어날수록 무게와 속도를 견디기 어려워 기둥이 꺾일 위험이 있다. 해상 풍력발전기는 운행 전 모의 하중을 가해 피로도를 측정하는 날개 성능 평가를 거친다. 24시간씩 한 달간 평가한 뒤 문제가 없을 때 설치한다. 모든 상황을 반영했을 때 3개의 날개가 가장 효율적인 발전기 형태인 것으로 알려져 있다.

이 외에 모든 풍력발전기는 흰색으로 칠해 자외선을 반사하도록 만든다. 태양열로 인해 풍력발전기가 팽창할 위험이 있기 때문이다. 바다에서 눈에 띄기 쉬운 색이라 새가 부딪히는 일도 줄일 수 있다.

제주한림해상풍력발전단지

2021년 한림읍 인근 바다에 조성된 국내 최대 규모의 해상 풍력발전 단지다. 2011년에 시작한 사업으로 무려 10년 넘는 세월이 걸렸다. 이해 관계자들에게 해상 풍력이 환경에 미치는 영향을 증명하고 심의위원회를 거치는 과정이 필요했던 것. 100MW 용량의 전기를 만들어낸다. 전량을 국산 기종으로 설치하면서 관련 산업에 대한 기대를 불러일으켰다. 강한 태풍과 제주 바람에도 견딜 수 있는 기자재의 대부분은 두산중공업이 공급했다. 일정하지 못한 출력과 발전 과잉 현상을 인위적으로 조정하는 기술은 한전에서 개발 중이다.

전망

영국과 덴마크 연구 기관은 해상 풍력발전을 시행해본 결과 환경적 문제는 없다고 발표했다. 발전기 하부가 어초 기능을 해서 해양 생물의 개체 수가 증가하는 게 정설이지만 어종이 감소한 경우도 보고됐다. 이 외에 해상 풍력발전 단지가 주변 생태계에 미치는 영향은 육상 풍력보다 적은 것으로 알려졌지만, 이에 대해서는 앞으로도 계속적인 관찰이 필요하다. 우리나라는 유럽보다 풍압이 낮아 효율성이 떨어진다는 얘기가 있다. 그러나 바람의 세기가 전부는 아니다. 기기의 대형화와 효율화를 통해 약한 바람에서도 많은 양의 전기를 얻을 수 있기 때문. 우리나라가 생산하는 해상 풍력발전 용량은 현재 영국의 1%, 중국의 2% 수준에 불과하다. 하지만 기존의 뛰어난 선박 및 터빈 제조 기술 덕분에 빠르게 세계적인 수준을 따라가고 있다. 국내 해상 풍력발전 단지 대부분을 국내 기업이 설계 및 진행을 맡아 하면서 앞으로 더욱 해상 풍력발전의 단가를 낮출 수 있을 것으로 기대한다. 차세대 에너지로 바람을 빌려 쓰려면 지금보다 발전기의 효율을 높이고 지역 어민과 생태계 모두가 공존할 수 있는 방법을 끊임없이 연구해야 할 것이다.

OFFSHORE

WINDPOWER

혼시 Hornsea 풍력발전단지, 영국

2020년 덴마크 국영 에너지 기업 외르스테드 Ørsted와 GIP가 합작해 만들기 시작한 해상 풍력발전 단지. 북해의 지속적이고 강한 바람이 부는 영국 동부 해안에 건설되고 있다. 풍력발전의 성공 여부는 입지 선정에 달려 있는 만큼 상당한 발전량이 기대된다. 준공을 마치고 운영 중인 구역인 혼시 1에서만 174개의 터빈이 돌아가며 1.2GW의 전기를 만들어낸다. 혼시 1, 혼시 2, 혼시 3, 혼시 4로 나뉘어 남은 공사를 진행 중이며 총 6GW의 전기를 생산할 예정이다. 전 세계에서 건설 중인 해상 풍력발전 단지 중 최대 규모다.

혼시 2에는 서울시보다 넓은 780km² 면적의 바다 위에 190m 높이의 터빈 300개를 설치 중이다. 2021년 12월 상업 발전을 시작했으며, 이미 절반 이상의 공사를 마쳐 2022년이면 완전 운용이 가능할 것으로 보인다. 혼시 1과 혼시2만 가동해도 230만 가구의 전력 수요를 감당할 수 있다.

MARINE ENERGY

조석 현상

바닷물은 달의 모양에 따라 해안으로 밀려들거나 더 멀리 밀려나간다. 이렇게 밀물과 썰물이 나타나는 것을 조석 현상이라 부른다. 우리나라에서는 대체로 6시간 간격으로 하루 두 차례 조석 현상이 반복되는데, 이를 이용해 에너지를 만들 수 있다. 조력발전과 조류발전이다. 조석 현상은 지구와 달 사이의 인력이지만 그 물이 어떻게, 얼마나 움직이느냐는 해저와 해협·육지 등의 요소에 따라 달라진다. 조력과 조류 발전소는 설치 조건이 까다로운 편이지만 언제든 재생 가능한 비고갈성 운동에너지라는 점에서 효율성이 매우 크다. 우리나라의 경우는 서해안과 남해안에서 주로 사용한다.

신재생에너지는 자연을 이용하는 특성상 예측할 수 없고 불안정하다는 것이 문제다. 반면 조석 현상은 날씨나 계절의 영향을 받지 않고 규칙적으로 발생한다. 이는 생산 전력을 안정화하는 데 들어가는 노력을 줄일 수 있는 큰 장점으로 작용한다.

조력발전

조석 현상에 따라 해수면의 높낮이 차이가 큰 해변을 찾는다. 여기에 댐을 세운다. 밀물일 때 문을 열어 물을 가뒀다가 다시 해수면이 낮아지면 내보낸다. 이때 물이 바다로 돌아가는 힘이 터빈을 회전시켜 전기에너지를 만든다. 물의 낙차를 이용한다는 점에서 수력발전과 비슷하다. 해안선이 복잡하고 해수면 상승 폭이 클수록 더 많은 에너지를 만들 수 있다.

STRENGTH

⬆ 지구와 달 사이의 천체 운동으로 발생하는 에너지원이기 때문에 고갈될 염려가 없다. 비교적 정확하게 예측할 수 있는 조석 현상을 기반으로 하기 때문에 에너지의 양을 미리 가늠할 수 있다.

⬆ 댐을 한 번 지어놓으면 연료나 유지 비용이 거의 들지 않는다.

⬆ 연안에 설치해 전기를 필요로 하는 수요처와 거리가 멀지 않다.

⬇ 바다에 거대 구조물을 설치하는 대규모 공사가 필요하다. 이 과정에서 수질이 변하고 갯벌이 파괴되는 등 해양생태계에 좋지 않은 변화를 일으킬 수 있다. 충분한 연구를 통해 발전소 설치를 결정해야 한다.

⬇ 입지 조건이 까다롭다. 조석 간만의 차가 평균 3m 이상으로 크고, 폐쇄된 만의 형태를 하고 있으며, 바닷물의 낙차를 견딜 수 있을 만큼 해저 지반이 단단한 곳에만 설치할 수 있다.

WEAKNESS

조력발전

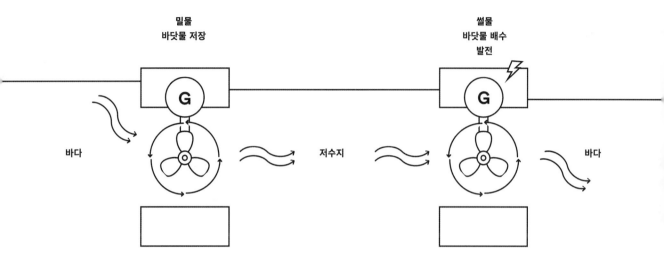

밀물
바닷물 저장

썰물
바닷물 배수
발전

바다

저수지

바다

원리

조력발전은 해수면의 상하 운동을 이용해 전기에너지를 생산한다. '조지'라고 부르는 바닷물 저수지를 만들어 해수의 높낮이 차를 이용하는 게 대표적인 방법이다. 높은 곳에 있는 바닷물을 낮은 곳으로 떨어뜨리면 발전기가 돌아가는데, 이 원리를 활용한다.

이용 횟수에 따라 한 번만 사용하는 단류식과 여러 번 사용하는 복류식으로 나뉜다. 복류식은 밀물과 썰물 때 모두 발전이 가능하고, 단류식은 둘 중 하나의 경우에만 작동한다. 단류식은 다시 낙조식과 창조식으로 구분된다. 낙조식은 해수를 내보낼 때, 창조식은 해수를 채울 때 발전한다. 낙조식의 발전량이 더 많다. 우리나라의 시화호조력발전소는 예외적으로 단류창조식을 적용했다. 호수 내 수위 관리와 큰 낙차를 확보하지 못해 복류식으로 설치하기에는 무리가 있다고 판단했기 때문. 대신 밀물 때 유입된 바닷물로 발전을 하고 썰물 때 수문으로 배수한다. 아울러 시화호의 수위를 유지해 인접 도시의 침수를 막고 상류에 사는 생물의 피해를 최소화했다.

TIDAL POWER

시화호조력발전소

2011년 8월 가동을 시작한 경기도 안산시의 국내 최초 조력발전소. 25만4000kW 규모의 발전 시설을 갖추고 있으며, 이는 세계에서 가장 큰 규모다. 시화호조력발전소에서 만드는 전력은 연간 552.7GWh다. 이는 인구 50만 명 규모의 대도시 전체에 공급할 수 있는 양이며 소양강수력발전소가 생산하는 전기량의 2배, 서울화력발전소가 생산하는 전기량의 3분의 1 수준이다.

1994년 대단위 간척종합개발사업의 일환으로 시화방조제를 건설했다. 바닷물을 빼내고 담수호로 만들어 주변 간척지에 농업용수를 공급할 목적이었으나 오염 문제가 발생했다. 2001년 해수를 순환시키는 해수호로 구조를 바꾸면서 조력발전소 건설이 확정되었다. 서해의 해수가 유통되자 수질이 개선되었다. 아울러 자연적으로 오염 물질을 정화할 수 있도록 습지 공원을 만들었다. 에너지 생산에 더해 골칫거리이던 기존 시설물을 효과적으로 재활용했다.

PLANT

랑스 Rance 조력발전소, 프랑스

프랑스는 1973년 1차 석유 위기를 겪으며 일찍부터 조석 에너지 발전에 힘을 쏟았다. 랑스강 하구의 조석 간만의 차는 최대 13.5m다. 여기에 1km의 비교적 좁은 폭까지 더해져 조력발전에 알맞은 지형이다. 1966년 이 지역에 세계 최초로 상업용 조력발전소가 들어섰다. 1억8400만m³의 물을 저장할 수 있는 댐을 만든 것. 현재는 10MW급 조력발전기 24대를 설치했으며 용량은 240MW에 달한다. 이는 인구 23만 명의 도시에서 소비하는 전력량과 맞먹는다. 시화호조력발전소 이전까지 최대 규모였으며, 40년 넘게 활용하고 있다.

MARINE ENERGY

조류발전

조수 간만의 차에 의해 발생하는 해수의 흐름으로 터빈을 돌려 에너지를 얻는다. 조류가 빠르고 일정한 방향으로 흐르는 해안이 적합하며, 풍력발전 또는 파력발전과 유사한 시스템으로 물살이 빠른 곳의 수면 아래 설치한다. 해상 풍력발전이나 파력발전이 운동에너지가 큰 먼 바다에서 유리한 것과 달리 조류발전은 밀물과 썰물 현상이 확연한 연안이 유리하다. 우리나라의 조류 에너지는 매우 풍부한 편이다. 인천을 비롯한 서해안과 남해안에 빠른 조류가 발생하는 지역이 많다.

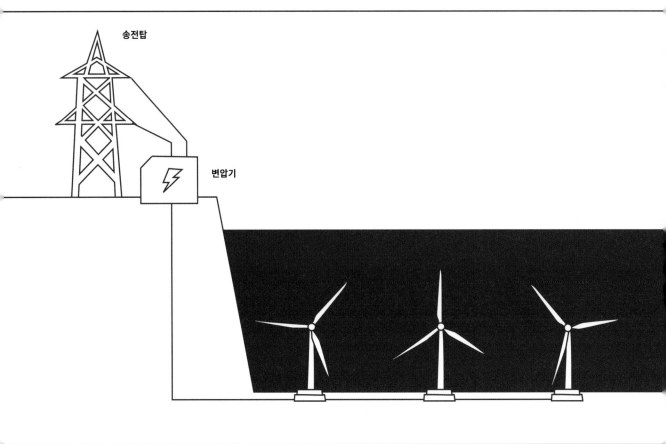

송전탑

변압기

원리

밀물과 썰물이 바뀔 때 생기는 바닷물의 강한 흐름에 의해 만들어지는 에너지를 조류 에너지라고 한다. 조류발전소는 조류가 빠르고 일정한 방향으로 흐르는 해안을 골라 터빈을 설치한다. 물살이 빠르게 흐르며 터빈을 돌리면 터빈 축에 연결한 발전기가 회전한다. 해수의 흐름과 회전축의 방향에 따라 수직축 또는 수평축 터빈을 만든다. 우리나라에서 조석 간만의 차가 가장 큰 곳은 아산만과 경기만이다. 반면 조류의 흐름이 가장 강한 곳은 진도 인근 해역이다. 조류의 흐름에는 지형의 영향이 크다. 섬이 많이 몰려 있는 서남해는 조류를 강력하게 만든다. 섬과 섬의 좁은 해협을 바닷물이 통과하면서 흐름이 강해지기 때문이다.

STRENGTH

⬆ 조력발전과 달리 댐을 건설할 필요가 없다. 초기 비용이 상대적으로 저렴하고 해양 생물의 이동 경로에 영향을 주지 않는다. 갯벌 보존 측면에서 부작용이 비교적 적다.

⬆ 특정 지역의 시간대별 유속을 관찰하면 발전량 예측이 가능하다.

⬆ 수력발전과 달리 가뭄이 든 계절에도 발전에 문제가 없다.

⬆ 발전 효율이 높다. 풍력발전과 비슷한 운영 방식을 차용하지만 공기보다 바닷물의 밀도가 훨씬 높다.

WEAKNESS

⬇ 복잡한 해양 환경에 설비를 구축, 유지, 관리하는 어려움과 그에 따른 높은 비용 문제가 있다.

⬇ 바닷속에 프로펠러를 건설하기 때문에 구조물의 수명이 짧다. 파도에 부딪혀 파손되거나 염분이 장비를 부식시킨다. 또한 해양 폐기물에 의해 발전 시스템이 작동을 멈추기도 한다.

⬇ 조류발전 프로펠러와 선박이 충돌할 우려도 있다. 세부적인 안전 규제가 필수다.

울돌목조류발전소

울돌목은 전남 해남군 화원반도와 진도 사이에 있는 해협이다. 물살이 만들어내는 소리가 마치 바위가 우는 것처럼 크다고 해서 예부터 울돌목이라 불렀다. 수심이 얕고 294m 남짓한 좁은 폭 사이로 많은 양의 바닷물이 이동한다. 이순신 장군은 이러한 지형적 특징과 빠른 조류를 이용해 명량대첩에서 큰 승리를 거두기도 했다. 울돌목은 최고 유속 22.22km/h로 조류발전소 건설에 최적지로 꼽힌다.

해양연구소 주관으로 2009년 조류발전기를 설치했다. 국내 기술만으로 만들었으며 현재까지 조류 에너지 실용화 기술을 연구하는 데 쓰이고 있다. 해역 전체의 조석과 퇴적물이 조류를 따라 이동하는 경로를 비롯해 자연 조건 전반을 면밀하게 연구한다. 다양한 형태의 조류발전용 회전형 원동기를 실험할 수 있는 시설도 갖추고 있다.

조류발전

오크니제도의 부유식 발전소, 스코틀랜드

해양 에너지 회사 오비탈 마린 파워 Orbital Marine Power가 스코틀랜드 북부 오크니제도에 설치한 조류 터빈. 오크니제도의 조류 속도는 최고 14.81km/h로 시간당 약 1000kW의 전기를 생산할 수 있다. 이는 같은 시간 동안 400가구가 쓸 수 있는 전기다. '오비탈 O2'라 불리는 이 발전기는 실험을 거쳐 앞으로 15년간 2000가구에 전기를 공급할 예정이다.

오비탈 O2는 무게 680톤, 길이 74m로 18m의 지지대 끝에 지름 20m의 터빈이 달려 있는 구조다. 터빈의 상부는 수면에 떠 있고 양쪽에 회전하는 부분이 있어 대략 600m²의 면적을 중심으로 에너지를 추출한다. 2개의 역회전 날개가 조류의 운동에너지를 받아 발전기로 전달한다. 발전기에서 만든 전기는 해저케이블을 이용해 육지로 전달한다. 부유식 조류발전은 고정식과 달리 바닷물의 흐름에 따라 발생하는 거센 압력을 견디지 않아도 되며 수리하기도 간편하다. 오비탈 O2 터빈은 스코틀랜드 정부의 에너지 챌린지 기금으로부터 340만 파운드, 한화로 약 54억 원을 지원받았다.

전망

조석 현상을 이용한 발전은 댐의 유무를 떠나 발전소 건설 및 유지 과정에서 갯벌의 환경을 침해할 가능성이 있다. 따라서 건설 전 신중한 조사와 연구는 필수다. 조석 현상을 이용한 신재생에너지 상용 시설은 노르웨이와 영국 등 유럽 몇 나라에서만 시험·발전하고 있는 단계다. 조력과 조류 발전 시설을 국내에서 개발하고 도입하기에 앞서 지형을 적극적으로 파악하는 작업에 신중을 기해야 할 것이다.

파력발전

파도가 출렁일 때 발생하는 상하 운동을 이용해 발전기를 움직인다. 바다에서 파도타기 놀이를 해본 적이 있다면 쉽게 이해할 것이다. 조석 간만의 차가 클수록 조력 에너지가 많이 발생하는 것처럼 파력 에너지 역시 파도의 크기가 클수록 많이 얻을 수 있다. 파도의 크기는 파도가 일 때 마루와 마루 사이의 폭이나 골과 골 사이의 깊이로 결정된다. 여기서 마루란 파도가 일 때 치솟은 물결의 꼭대기로 가장 높은 지점을 말한다. 골은 반대로 가장 낮은 지점을 말한다. 큰 파도는 바람이 만든다. 바람의 속도가 빠르고 먼 거리를 불어와 지속 시간이 길수록 큰 파도가 생긴다. 큰 파도가 많이 치는 동해와 제주도 해역이 입지에 적합하다.

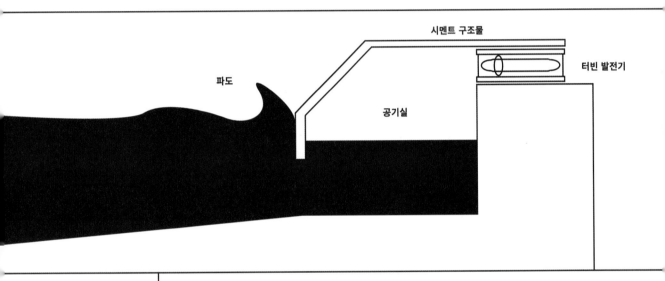

원리

해수면의 움직임에 민감하게 반응하는 기구를 이용한다. 기구의 운동에너지를 전기에너지로 변환한다. 크게 가동물체형과 월파형, 진동수주형 발전으로 나눌 수 있다. 가동물체형은 파력발전 초기부터 사용해온 설비다. 수면의 움직임에 민감하게 반응하도록 고안한 기구로 파랑에너지를 직접 이용한다. 손실되는 에너지가 거의 없다는 장점이 있다. 월파형은 먼저 파도의 진행 방향으로 경사면을 두고 그 경사면을 넘어오는 바닷물을 저장한다. 만들어진 수위 차이로 저수지 하부에 설치한 수차 터빈을 돌린다. 경사를 타고 계속 파도가 넘쳐흘러야 하기 때문에 일정 수위 이상에서만 이용할 수 있다. 하지만 터빈에 파랑 에너지가 직접 가해지는 것은 아니기 때문에 주요 장치가 큰 충격을 입지는 않는다. 진동수주형은 작은 댐이나 방파제처럼 보인다. 파도의 힘을 이용한 개방구 2개를 이용한다. 하나는 물 아래, 다른 하나는 수면에 있다. 파도가 치면 설비 내부에 물이 들어오면서 공기를 밀어낸다. 바닷물이 빠져나갈 때는 외부에서 공기를 끌어온다. 이 과정에서 만들어지는 공기의 흐름을 활용해 터빈을 돌린다.

STRENGTH

⬆ 파도는 바람과 바다가 만나 발생한다. 바다가 얼지 않는 한 계속된다. 환경오염이나 자연 고갈을 걱정할 필요가 없다.

⬆ 조류발전이 수면 아래의 해류를 이용한다면 파력발전은 수면 위의 물결과 거기서 발생하는 공기의 압력을 이용한다. 조류발전과 달리 운동에너지와 위치에너지를 모두 활용한다.

⬆ 파도는 육지에서 먼 바다에도 가득하다. 내륙까지 송전할 필요가 없다면 먼 바다의 거센 파도를 더욱 효율적으로 활용할 수 있다. 섬이나 양식장, 시야 확보를 돕는 부표 등에 자가 전력으로 쓸 수 있다.

⬆ 전력 생산 이외에 방파제 기능도 겸한다.

⬆ 바람의 세기가 관건이므로 해상 풍력발전과 같은 입지를 활용할 수 있다. 두 기술을 엮는 방안도 개발 중이다.

WEAKNESS

⬇ 365일 내내 염분을 품은 파도를 맞아야 하기 때문에 발전기의 수명이 20년 정도에 불과하다.

⬇ 파력이 강하면서 항해에 방해가 되지 않는 곳, 육지에서의 거리가 30km 미만이고 수심 300m 미만의 해상 등 장소적 제약이 있다.

⬇ 아직까지는 경제성이 낮은 편이다.

전망

바다의 파도에는 원자력발전소 2000기에 해당하는 잠재 에너지가 있다. 이는 2TW 규모로 세계 전력 수요의 2배에 해당하는 양이다. 우리나라는 2016년 제주도에 파력발전소를 준공했다. 노르웨이는 4.6MW, 스페인은 300kW 이상의 파력발전 설비를 운행하고 있다. 영국은 스코틀랜드 연안에 4MW 규모의 설비를 갖췄으며 일본은 최근 500kW 규모의 부유식 파력발전 시설을 완성했다. 다른 섬나라들 역시 파력발전 개발에 박차를 가하고 있다. 필리핀은 에너지 관련 주요 정책으로 해양 에너지 개발을 추진하고 있다. 파력발전 잠재량이 80GW에 육박하는 타이완도 해상 풍력발전기에 장착해 복합 발전을 할 수 있는 설비를 시험 중이다. 미국 역시 2050년까지 전체 전력 중 7%를 파력발전으로 충당하겠다고 밝힌 상태다. 파력 에너지를 효과적으로 활용하기 위한 기술은 끊임없이 개발되고 있다. 전력 공급이 어려운 섬 지역에 설치 중인 방파제 연계형 소형 파력발전 장치와 한국건설기술연구원에서 개발한 이중 변환 장치와 자동 위치 조절 장치가 그 예다.

해수 온도차발전

해수면과 심해의 온도 차이는 크다. 태양빛에 데워진 바다 표면은 20°C 이상이지만 수심 1000m 깊이의 바닷속에는 0°C 의 차가운 물이 흐른다. 이 온도 차이를 이용해 전기를 생산할 수 있다. 온도 차이를 이용해 작동 유체로 증기를 만들고, 그 증기로 터빈을 돌리는 방식이다. 작동 유체란 암모니아처럼 기계장치에서 동력을 만들 수 있는 유동성 물질을 말한다. 표층 수와 심층수의 온도 차가 연중 17°C 이상이면서 선박의 항해를 방해하지 않는 곳이 적합하다.

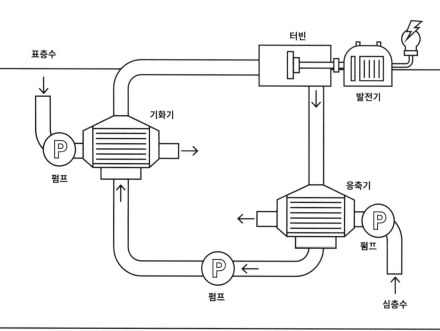

원리

열에너지를 기계 에너지로 변환해 전력을 생산하는 방식으로 수심에 따른 바닷물의 온도 차이를 이용한다. 따뜻한 표층수로 냉매를 데운다. 암모니아나 프레온처럼 끓는점이 낮아 낮은 온도에서 쉽게 증발하는 물질을 냉매로 선택한다. 기체화한 냉매가 터빈을 돌린다. 터 빈을 돌리고 통과해 나온 기체는 파이프라인을 타고 200m 넘는 심해로 내려간다. 이곳의 차가운 온도에 의해 액화된 냉매는 다시 파이프라인을 타고 올라간다. 이 과정을 반복하면 서 에너지가 만들어진다.

해수 온도차발전에는 폐쇄식과 개방식 두 가지 방법이 있다. 폐쇄식은 냉매를 활용해 터빈 을 돌린다. 냉매를 위한 밀폐 기술이 필요하지만 효율은 더 높다. 개방식은 기압이 낮으면 물이 쉽게 끓는 원리를 이용해 냉매 없이 발전기를 가동한다. 진공 체임버에 표층수를 주입 하면 끓어오른 바닷물로 터빈을 돌리는 방식이다. 별도의 냉매나 순환 계통을 만들지 않아 도 되고 끓인 바닷물을 식혀서 담수를 얻을 수도 있지만 효율은 낮다.

STRENGTH

⬆ 구조가 단순하다. 발전소 구축에 드는 비용이 상대적으로 저렴하다.
⬆ 해수는 비열이 높아 온도가 잘 변하지 않는다. 표층 온도가 하루 종일 따뜻하게 유지되는 열대 지역의 경우 24시간 에너지 공급이 가능하다.
⬆ 터빈을 돌리고 남은 물은 담수로 활용하고, 발생한 열에너지는 냉난방 시스템으로 이용할 수 있다. 부산물에서는 식염 마그네슘, 요오드 등을 얻을 수 있다.

WEAKNESS

⬇ 우리나라는 여름철을 제외하고는 연중 심층수와 표층수의 온도 차가 크지 않다. 에너지를 얻을 수 있을 정도의 온도 차가 만들어지는 곳은 위도 35° 선 주변 일부 지역뿐이다.
⬇ 암모니아 같은 물질을 냉매로 사용한다. 이때 누출 사고가 발생하면 심각한 환경오염 문제로 번질 수 있다.

전망
우리나라에는 2014년 해양수산부 산하 선박해양플랜트연구소에서 200kW급 고 高온도 차발전기를 제작했고, 같은 해에 강원도 강릉에 위치한 영동화력발전소에 10kW급 해양 복합 온도차 실증 발전소를 만들었다. 계절적 단점을 극복하기 위해 세계 최초로 표층수 대신 화력발전 과정에서 나오는 열에너지를 활용하는 방식을 고안했다. 2016년에는 1MW급 해수 온도차발전 상세 설계를 개발했다. 이는 프랑스 선급협회 BV(Bureau Veritas)의 실용 인증을 받기도 했다. 2018년에는 표층수 온도가 29°C로 일정하게 유지되는 남태평양의 키리바시공화국과 업무 협약을 맺었다. 해양수산부는 1MW급 해수 온도차발전기를 제작해 동해에서 시험한 후 키리바시공화국 해역에서 운영하기로 했다. 이 작업이 성공적으로 이뤄지면 해수 온도차발전 시장을 선점할 수 있을 것으로 기대한다.

우리가 바람을 바꿀 수는 없지만

1.5℃

돛을 다르게 펼 수는 있다.

고대 그리스 철학자,
아리스토텔레스 Aristoteles

바다에서 답을 찾은 게임 체인저

PEOPLE

EDITOR. Dami Yoo

전 세계 탄소 배출량의 약 75%가 화력발전에서 발생한다. 마스 니페르, 비에른 오토 스베르드루프, 헨리크 스티스달, 대니엘 머펠드는 기후 위기에 대응하고자 해양자원을 공략한 대표적 혁신가들이다. 재생에너지로의 전환을 가속화하기 위해서는 기업의 철학, 기술자의 혁신성, 투자자의 신념, 국가 차원의 책임에 앞서 헌신적 리더십이 요구된다.

©Ørsted

마스 니페르
Mads Nipper

외르스테드 CEO

덴마크에 본사를 둔 외르스테드 Ørsted는 전 세계 해상 풍력발전 분야에서 선두를 차지하는 에너지 기업이다. 세계적 명성의 경제 전문지 <코퍼레이트 나이츠 Corporate Knights>는 2020년 '세계에서 가장 지속 가능한 100대 기업' 지수에서 외르스테드를 1위로 꼽았다. 동시에 국제적 환경 경영 인증 기관 '탄소 정보 공개 프로젝트(CDP)'로부터 매년 최고 등급인 A를 받으며 기후 행동 분야의 글로벌 리더로서 점차 높은 명성을 자랑하고 있다.

외르스테드의 비전은 녹색 에너지로 움직이는 세상을 만드는 것이다. 오랜 시간 동안 석유 자원 기반의 에너지 사업을 전개해온 외르스테드는 2006년을 기점으로 사업 방향성을 재생에너지에 집중했다. 전 세계 에너지 기업 중에서 가장 빠르게 재생에너지 기업으로 전환하는 유의미한 사례를 만들었다. 2008년에는 30년 안에 85%를 차지해온 화력 에너지 생산율을 같은 비율의 재생에너지로 치환할 것이라 선언했고 이러한 목표를 10년도 채 되기 전에 달성했다. 현재는 재생에너지 생산율이 90%를 차지한다.

외르스테드가 가장 먼저 공략한 분야는 해상 풍력 에너지다. 당시 해상 풍력은 재생에너지 중에서도 낯선 분야였기에 이러한 대대적인 투자 및 개발 결정은 내부 반대에 부딪혔다. 하지만 지속 가능한 에너지를 향한 철학과 해상 풍력발전의 가능성에 대한 믿음을 소신껏 밀어붙인 결과 현재 포트폴리오에서 해상 풍력발전이 비중이 85% 이상 늘어났다.

평소 친환경과 지속 가능성을 깊이 이해하며 이를 경영에 접목하기 위해 헌신해온 마스 니페르는 CEO로서 축적한 광범위한 경험과 강력한 리더십을 인정받아 2021년에 외르스테드의 CEO로 임명됐다. 마스는 외르스테드가 이미 세운 목표와 가치에 만족하지 않고 더욱 확장된 지속 가능성을 화두로 기업을 이끈다. 현재 그는 세계경제포럼(WEF)의 CEO기후지도자연합회 일원으로 유럽청정수소연합(European Clean Hydrogen Alliance) 산하 수소생산협의회 공동 의장을 맡고 있으며, 덴마크의 공공 기관 퍼스트무버스연합(First Movers Coalition)에서도 외르스테드를 대표해 목소리를 내고 있다. 마스를 새로운 CEO로 임명한 외르스테드 이사회의 눈은 정확했다. 그는 2025년까지 에너지 생산과 운영에서 탄소 중립을 달성하고 2040년까지 탄소 배출량을 제로로 만들겠다는 외르스테드의 야심찬 기후 목표를 실현하기 위해 매진하고 있다.

그는 1.5℃를 사수하기 위해 에너지 업계가 갖추어야 할 것은 기술이나 자본이 아니라 리더십이라고 주장한다. 기후 목표를 성취하는 첫걸음은 협력에 있다고 강조하며, 공급 업체와 협업해 가장 근본적이고 근원적으로 지속 가능한 발전 방향을 도모해야 한다고 주장하기도 했다. 그 노력의 일환으로 2050년까지 전 세계가 탄소 배출 제로를 달성할 수 있도록 시장 프레임워크를 짜는 '기후그룹(The Climates Group)' 결성에 앞장서기도 했다. 마스는 발전기 부품 제조사를 설득해 그들과 협업하며 발전기의 모든 부품을 재생 가능한 소재로 교체하고 전기 공급 과정의 탈탄소화를 실현하는 걸 다음 목표로 세웠다.

66 지구환경을 고려하는 자세 또한 업계에서 경쟁 우위를 판가름하는 기준이다 99

웅장한 대규모 해상풍력발전단지를 이야기하는 것이 대중에게 더 매력적으로 들릴 수 있다는 걸 잘 알지만, 앞으로는 친환경 공급망 구축의 당위성을 설득하는 데 더 많은 시간을 할애할 생각이다.

한편 마스의 지속 가능 경영은 에너지 업계가 친환경에 대한 기준을 높이는 데에도 기여한다. 특히 지난해에는 2030년부터 착수할 신규 재생에너지 프로젝트를 수립하는 데 있어 생물 다양성 측면까지 검토하겠다고 밝혔다. 예컨대 네덜란드 보르셀러 해상풍력발전단지 일대에 대서양 대구 어종의 개체 보호를 위한 인공어초를 설치하고, 영국 웨스터모스트러프 지역의 갑각류 서식지를 조사했으며, 북대서양 참고래의 개체 보존을 위한 보호 프로그램도 진행했다. 동시에 풍력발전소 주변을 비행하는 새들의 경로를 광범위하게 매핑하기도 했다. 이는 단순히 탄소 중립을 목표로 지속 가능성을 모색하는 수준을 뛰어넘어 지구환경 전반을 두루 살펴 긍정적 영향을 이끌어내겠다는 움직임으로 보인다.

이렇듯 기업이 기후 위기를 대하는 태도, 지구환경을 고려하는 자세 또한 업계에서 경쟁 우위를 판가름하는 기준이라는 것이 마스의 견해다. 이러한 전방위적 리더십을 바탕으로 올 초에는 지속 가능성 전문 매체로 인지도 높은 <그린비즈 GreenBiz>가 발표한 '2022년 세계 지속 가능성 최고경영인 챔피언 12인'에 당당히 이름을 올렸다.

비에른 오토 스베르드루프
Bjørn Otto Sverdrup

석유·천연가스기후이니셔티브(OGCI) 집행위원장,
전 에퀴노르 지속가능성담당 수석부사장

정치학자 비에른 오토 스베르드루프는 노르웨이 국영 에너지 기업 에퀴노르 Aquinor의 지속가능성담당 수석부사장을 거쳐 현재 OGCI 집행위원장을 역임하고 있다. OGCI는 유럽과 신흥국의 석유 회사가 조직한 환경 대책 공동 조직으로 2014년에 출범했다. 비에른은 전 세계 석유와 천연가스 생산량의 30%를 차지하는 OGCI 회원사들이 서로 합의를 이루고 설정한 전략을 실행한다. 무엇보다 탄소 중립을 위해 기존 에너지 시스템을 재편해야 한다고 주장해온 비에른은 2015년부터 2021년까지 에퀴노르의 기후 로드맵과 넷제로 솔루션을 개발하는 역할을 책임져왔다.

실제로 전 세계 에너지 시스템의 3분의 2는 여전히 화석연료가 기반을 이루고 있다. 비에른은 이 고착화한 시스템을 하루빨리 고치지 않는 한 기후변화를 막을 수 없다고 여긴다. 예컨대 석유와 천연가스에 대한 수요만큼 공급에서도 책임감 있는 태도 변화가 필요하다고 생각한다. 그러한 측면에서 막대한 투자와 급진적 정책 및 행동의 변화를 촉구한다. 물론 세상이 하루아침에 변할 리는 없다. 그래서 비록 단기간에 큰 변화를 이끌어낼 수는 없더라도 변화를 향한 열망을 연료 삼아 목표를 향해 나아가야 한다고 목소리를 높인다.

비에른이 에너지 전환에 누구보다 급진적인 이유는 에퀴노르에서 경험한, 실로 드라마틱했던 그린 에너지 전환 과정 덕분이다. 노르웨이 국영 기업 에퀴노르는 1972년 설립된 '스타토일 Statoil'의 후신이다. 에퀴노르는 2021년 전 세계 석유 회사의 시가총액 순위에서 11위를 차지하는 업계 대표주자였다. 그런 에퀴노르가 재생에너지 기업으로 전환을 본격화하기로 결심한 건 부유식 해상풍력발전시범단지를 세계 최초로 자국인 노르웨이에 구축한 2009년부터였다. 2017년에는 스코틀랜드에 세계 최초로 상용 부유식 해상풍력발전단지 '하이윈드 스코틀랜드'를 조성했으며 이를 통해 30MW 규모의 전력을 생산하고 있다.

현재 에퀴노르의 가장 큰 프로젝트가 석유나 천연가스와 관련한 플랫폼이 아닌 북해 해상풍력발전단지 개발이라는 점을 살펴보면 이들이 그리고 있는 미래 에너지의 정체를 알 수 있다. 더 크고, 더 나은 풍력 터빈을 통해 운영을 간소화하고 프로젝트 비용을 지속적으로 낮춰 해상 풍력 에너지 기술을 발전시키며 시장 점유율을 확장해온 에퀴노르는 부유식 해상 풍력발전이야말로 재생에너지의 차세대 솔루션이라고 여긴다. 육지로부터 멀리 떨어진 바다일수록 더 강한 바람이 불기 때문에 훨씬 더 많은 발전량을 확보할 수 있는데, 멀고 깊은 바다에 고정식 해상 풍력발전 설비를 설치하려면 많은 비용과 고도의 기술을 감당해야 하기 때문이다.

66 우리가 진정으로 석유와 가스 생산을 멈추고자 한다면 수요 심리를 바꿔야 한다 **99**

부유식 해상 풍력발전은 이런 단점을 보완해 더 먼 바다로 나아갈 수 있는 가능성을 제시한다는 점에서 확실한 장점이 있다. 에퀴노르가 신재생에너지로 전환하며 구체적 전략과 전술을 세우는 시점에 지속가능성담당 수석부사장 자리에 오른 비에른은 2030년까지 연간 자본 지출액 중 절반 이상을 재생에너지와 저탄소 솔루션, 미래 에너지에 투자하는 것을 주요 의제로 제시했다. 2020년까지만 해도 재생에너지 분야에 투자한 금액이 연간 자본 지출액의 5%였던 에퀴노르에 50% 수준까지 투자금을 상향 조정하도록 설득한 것을 보면 그가 재생에너지의 미래 가치를 얼마나 확신하고 있는지 알 수 있다. 더불어 에퀴노르가 2030년까지 회사 운영 과정에서 배출되는 온실가스를 50%까지 감축하겠다고 발표한 것 역시 비에른의 결단력 있는 리더십에 영향을 받은 결과였다. 현재 에퀴노르는 비에른의 주도로 세운 목표를 실현하기 위해 시멘트, 철강, 석탄, 가스 등 대규모 산업 공정 시설에서 발생하는 탄소를 분리해 해저 1km 지하 암석층에 주입하는 탄소 포집 기술을 적극 개발했다. 2022년 5월 에퀴노르 연례 총회에서 발표한 에너지 전환 계획에 따르면, 2035년까지 연간 1500만~3000만 톤의 탄소를 저장하는 동시에 유럽의 주요 수소 공급사로 거듭날 계획이다. 비에른이 6년 동안 설계한 기후 전략은 탈탄소화를 달성하기 위한 초석이 되어 현재 에퀴노르는 석유와 가스에 이어 신재생에너지와 탄소 포집 및 저장 분야에서 글로벌 리더로 급부상하고 있다.

헨리크 스티스달
Henrik Stiesdal

스티스달 CEO·발명가

발명가 헨리크 스티스달은 현대 풍력발전의 기틀을
마련한 선구자다. 헨리크는 1976년 3개의 날개로 구성된
획기적인 터빈을 최초로 고안하고 2년 후 이를 상업용으로
발전시키는 데 성공했다. 덴마크의 풍력 터빈 생산 기업
'베스타스 Vestas'로부터 라이선스를 획득한 이 디자인은
'대니시 콘셉트 Danish Concept'라 불리며 전 세계
풍력발전기에 적용되고 있다.

헨리크가 없었다면 아마 풍력발전이 지금과 같은 영향력을
갖지 못했을 것이다. '풍력발전의 아버지'라는 수식어처럼
헨리크는 그 후 40년 넘게 베스타스와 보누스 에너지
Bonus Energy, 지멘스 윈드파워 Siemens Wind
Power 등 전 세계 주요 에너지 기업에서 터빈 설계와
제조, 판매, 서비스 품질 관리 등 분야를 망라한 기술적
측면을 살피며 전방위적 풍력 에너지 분야의 발전을
이끌어왔다. 특히 지멘스에서는 풍력발전 분야에 새로운
혁신을 불러온 통합 블레이드 제조 개념을 구축하고
이와 관련해 구동 발전 기술을 개발했다. 1991년 덴마크
롤란드섬 부근에 세계 최초의 해상풍력발전단지 '빈데비
Vindeby'를 만드는 대규모 프로젝트를 책임지기도
했다. 한편, 스코틀랜드에 위치한 세계 최초의 부유식
해상풍력발전단지 개발 프로젝트에 참여한 것도 그의
빛나는 경력 중 하나로 손꼽힌다.

지금까지 1000개 이상의 특허를 보유한 그는 현대
해상 풍력 에너지의 역사를 만든 인물이라고 해도
과언이 아니다. 2014년에는 지멘스에서 27년간
최고기술책임자로 활약하고 은퇴한 후 자신의 성을 딴
에너지 기업 스티스달 Stiesdal을 설립했다. 이미 관련
업계에서 충분한 상징성과 존재감을 과시하고 있는 이
신생 회사의 목표는 기후변화 완화를 이끄는 기술의
개발과 상용화에 성공하는 것이다. 이를테면 풍력 터빈
제조 기술과 에너지 저장 장치, 청정연료 개발 등 기후
위기에 대응할 재생에너지 솔루션을 다방면으로 개발하고
발전시키는 것이 이에 해당한다. 그중 지멘스 가메사
Siemens Gamesa와 셸 Shell 등의 글로벌 기업과
협력해 개발한 '테트라스파 TetraSpar'는 스티스달의
또 하나의 역작으로 꼽힌다. 테트라스파는 부유식 해상
풍력 터빈의 지지대로서 모듈형으로 개발해 저비용으로
빠르게 생산할 수 있는 동시에 현장에서 쉽게 적용할 수
있다는 장점이 있다. 무엇보다도 터빈을 지지하는 기존
부품보다 훨씬 낮은 가격에 제작할 수 있다는 점에서
높은 비용을 요구하는 풍력 에너지 산업의 장벽을 한층
낮췄다는 유의미한 평가를 받는다.

평소 그는 해상 풍력 에너지와 재생에너지 분야를
활성화하기 위해서는 발전 설비 시스템을 산업화해 비용을
줄이는 데 주력해야 한다고 주장해왔다. 아울러 확장
가능한 대량생산 체계를 표준화해야 한다고 강조했다.

66

재생에너지 전환을 가속화하는
가장 빠른 방법은 에너지 발전
설비를 대량생산하고 산업화해
낮은 비용으로 접근성을
높이는 일이다

99

발전과 공급 단계에서 비용을 대폭 낮춰야 재생에너지
사회로 신속하게 탈바꿈할 수 있으며, 기후 위기에 가장
민첩하게 대응할 수 있는 길은 그것뿐이라고 여긴다.
그의 이런 확고한 신념은 곧 획기적인 발명으로 이어졌다.
테트라스파는 터빈 공장에서 널리 활용하는 부품을
중심으로 설계한 동시에 부두에서 모듈을 빠르게 조립할
수 있도록 개발한 제품이다. 특히 내구성이 뛰어난
강철 소재를 사용하면서도 무겁다는 단점을 보완하기
위해 속이 빈 관형으로 개발했다는 점에서 높은 평가를
받는다. 강철 소재를 사용한 관형의 형태가 누구나 생각할
수 있는 것이라 여길 수도 있지만 이런 사소한 차이가
혁신을 불러오는 법이다. 헨리크가 자재의 중량을 줄인
선택은 해상 풍력발전의 설치 비용을 대폭 낮추는 결과로
이어졌으며, 이는 곧 탄소 제로 사회로의 전환을 앞당긴
계기로 평가받을 것이 자명하다. 앞으로 그가 얼마나 더
많은 에너지 혁신을 일으킬지 기대되는 이유다.

대니엘 머펠드
Danielle Merfeld

GE 리뉴어블 에너지 부사장 겸 최고기술책임자

대학원을 졸업하고 GE 엔지니어로 입사한 대니엘 머펠드는 20년 근속 경력이 증명하듯 근면과 성실이 몸에 밴 사람이다. 성실한 자세와 고갈되지 않는 탐구 정신, 개척 정신을 바탕으로 꾸준히 경력을 쌓아 2017년 유리 천장을 뚫고 GE 리뉴어블 에너지 GE Renewable Energy 부사장 겸 최고기술책임자 자리에 올랐다.

대니엘은 그동안 사내에서 다양한 직책을 수행하면서도 늘 풍력 터빈 기술을 향상시키고 개발하는 일에 집중해왔다. 소속된 조직에서 인정받자 자연스럽게 사회적 명성도 따라왔다. 사내의 여성 중심 커뮤니티 GE 글로벌여성네트워크 리더로 선출된 그는 여성들에게 과학과 기술, 엔지니어링, 수학 프로그램 분야의 교육 기회를 제공하기 위해 노력했다. 지난 2021년 2월에는 그동안 축적한 연구 성과를 인정받아 미국 국립공학아카데미(NAE)로부터 '대형 풍력 터빈, 태양광발전 시스템 개발 및 리더십' 분야를 담당하는 회원으로 지명됐다. 이는 과학 분야 전문가에게 주어지는 최고의 영예 중 하나로 미국 정부가 공학과 관련한 결정을 내릴 때 자문하는 역할을 맡는다.

그가 현재 몸 담고 있는 GE 리뉴어블 에너지는 육상과 해상을 아우르는 풍력발전부터 수력발전, 하이브리드 기술에 이르기까지 다양한 재생에너지 분야에서 자체 기술과 제품을 보유한 글로벌 기업이다. 프랑스에 본사를 둔 GE 계열사로 재생에너지를 생산하고 설비를 구축하는 서비스에 주력한다. GE 리뉴어블 에너지를 대표하는 제품 할리에이드엑스(Haliade-X) 터빈은 현재 지구상에 존재하는 가장 강력한 해상 풍력 터빈으로 손꼽힌다. 터빈이 한 바퀴 회전할 때마다 한 가구에서 2일 동안 소비하는 양과 맞먹는 전력을 생산한다. 이렇듯 괴력을 지닌 할리에이드엑스를 개발하기까지 대니엘의 역할이 컸다. 그는 20년간 한자리에서 축적한 연구 결과를 통해 적은 비용으로 해양 풍력 에너지의 발전량을 높일 수 있는 다양한 솔루션을 개발하는 데 기여했다. 3D 프린팅 기법을 적극적으로 활용해 풍력 터빈 블레이드 팁을 제작하고 고성능 콘크리트로 풍력 터빈의 지지대를 제작한 시도 등이 대표적 예다. 이러한 혁신 기술은 해양 풍력 에너지 공급가를 낮춰 사용성을 높이는 결과로 이어지며, 이를 통해 기후 위기의 주범인 화석 에너지 사용을 줄이고 우리 사회를 더 지속 가능하도록 변화시키는 긍정적 효과를 기대할 수 있다.

또한 GE 리뉴어블 에너지는 전력망을 안정화하는 양수식 수력 저장 장치도 개발한다. 이런 안정적인 기술 인프라는 더 많은 지역과 시장에 재생에너지를 공급하는 기틀을 마련함으로써 궁극적인 탈탄소 사회로 한발 더 나아가는 징검다리가 되어줄 것이다. 기업 차원에서는 2030년까지 시설 설비와 운영에 탄소 중립 시스템을 도입해 2050년까지 탄소 배출량 제로에 수렴하는 것이 최종 목표다. 여기엔 GE 리뉴어블 에너지뿐만 아니라 협력사들까지 모두 넷제로를 달성해 기후 대응 서비스를 제대로 가동시키는 것이 포함된다.

66 우리가 추진하는 야심찬
기후 목표의 열쇠는 혁신이다 99

대니엘은 이러한 목표를 달성하기 위해서는 혁신 기술과 변화를 향한 열망이 뒷받침되어야 한다고 여긴다. 이 같은 열망을 가진 사람들이 성별·인종·국적과 상관없이 실력을 발휘하고 의지를 불태울 수 있는 환경을 만드는 것이 중요하다는 사실을 누구보다 잘 알고 있다. 그가 리더로 몸담고 있는 사내의 GE글로벌여성네트워크가 재능 있는 여성을 채용하고 승진하도록 지지하는 것도 이런 이유에서다. 특히 여성 종사자가 20%에 불과한 공학 분야에서 젊은 여성 엔지니어의 도전을 격려하며, 이들이 균형 있고 공정한 환경에서 일할 수 있도록 다양한 매체를 통해 꾸준히 목소리를 내고 있다.

탄소 없는 항해의 가능성

PEOPLE

EDITOR. Seohyung Jo

해양 교통수단 중 탈탄소에 성공한 비율은 1%가 채 되지 않는다. 바다 위 실험실 '에너지 옵서버 Energy Observer'는 화석연료 시대를 그만 끝내자고 말한다. 무해하고 무한한 에너지와 최적화한 기술로 인간은 더 잘 살 수 있다고 스스로 대안이 되어 외친다. 온실가스 배출 없이 에너지 자립 기술만으로 세계 바다를 휘젓는 에너지 옵서버의 모험을 따라가보았다.

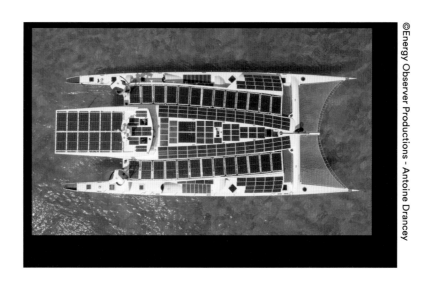

©Energy Observer Productions - Antoine Drancey

에너지 옵서버

와, 반가워요. 물어보고 싶은 게 정말 많았어요.
독자들에게 에너지 옵서버 소개부터 해주세요.
에너지 옵서버는 세계 일주를 하는 배예요. 탄소 배출 없는
수소가스를 동력으로 움직이고 아무 흔적도 남기지 않는
걸 목표로 하고 있죠. 지구에 사는 사람들에게 낙관적
미래를 보여주고 지구를 존중하는 태도를 공유하고
싶어요. 에너지 옵서버는 새로운 에너지 체계를 현실로
만들기 위한 바다 위의 실험실 같은 단체예요.

언제 시작했어요?
프로젝트 시작은 2013년이었어요. 6억 원짜리 배를 사서
프랑스 서부에 있는 '생말로'라는 항구도시에서 60억 원을
들여 개조했어요. 출항은 2017년에 했고요.

경주용 배를 샀잖아요. 챔피언 자리까지 차지한 잘나가던
배를 골랐는데, 특별한 이유가 있나요?
재사용이 목적이었어요. 여정을 위해 배를 새로
만들기보다 그 돈을 아껴서 에너지 시스템 개발에 쓰고
싶어요. 장점을 찾자면 일단 경주용 보트는 내구성이
좋고 가벼워요. 그중에서도 이 배는 '쥘 베른 트로피'까지
거머쥔 경력이 있는 날렵하고 잽싼 친구예요. 항해를 잘
도와줄 거라 믿었죠. 내부 개조 작업을 하다가 알았어요.
선체부터 새로 만드는 게 싸게 먹혔겠다는 것을.(웃음)

내부 시스템이 궁금해지네요.
세계 일주를 시작하기 전에 프랑스, 지중해, 북유럽을
돌며 4년간 최적화 작업을 거쳤어요. 그 결과 지금 배에는
태양광 전지판, 수직축 풍력 터빈, 연료전지가 있어요.
1500개 넘는 센서와 수백 개의 알람이 선박 제어
시스템으로 작동하고요. 태양광 전지판은 2016년

1년 4개월간의 여정을 마친 태양광 비행기 '솔라 임펄스
Solar Impulse'의 것을 본떴어요. 총 30m²의 크기에
헤테로 Hetero 접합법을 사용해 양면으로 만들었어요.
바람과 태양이 없을 땐 전기분해 장비가 만든 수소
에너지로 동력을 내요. 2020년 도요타자동차와 개발한
연료전지 시스템도 실려 있어요. 선내 시스템의 출력을
극대화해주죠. 같은 해에는 해류의 힘을 사용해 전기를
만드는 시스템도 장착했어요.

그런 시스템은 어떻게 고르나요?
기준은 딱 하나예요. '다른 곳에 복제할 수 있는
시스템인가?' 이동성과 호환성을 가장 먼저 고려해요.
배, 비행기, 자동차 할 것 없이 모두가 활용할 수 있었으면
해요. 바다는 인간이 알고 있는 가장 까다롭고 적대적인
환경이에요. 에너지 옵서버는 3만7000km를 항해했어요.
그동안 최적의 조건을 찾아 만든 기술이 저렴하고 소음과
공해가 없으며 지속 가능한 동시에 신뢰할 수 있어 널리
사용되길 바라거든요.

에너지 옵서버는 누구의 머리에서 나온 아이디어인가요?
두 명의 머리에서 시작된 일이에요. 해군 장교이자 보트
경주 선수였던 빅토리앵 에루사르 Victorien Erussard
가 배의 구조를 짜고 스쿠버다이버 겸 다큐멘터리 제작자
제롬 들라포스 Jérôme Delafosse가 콘셉트를
기획했어요.

속도를 다투는 모터보트를 몰다가 재생에너지로만
운행하는 에너지 옵서버를 타는 일이 쉽지 않았을 것
같은데요.

경주용 보트는 55km/h 이상의 속도를 내는데, 에너지 옵서버는 훨씬 느려요. 자율주행 모드일 때 평균 11km/h 정도를 기록하죠. 10년 넘게 선수로 활동하던 빅토리앵이 에너지원을 갈아타게 된 결정적 에피소드가 있어요. 대서양 횡단 경주를 하다가 바다 한가운데서 디젤발전기가 고장 난 거예요. 망망대해에 갇힌 채 손도 못 쓰고 있었어요. 그때 뜨거운 태양과 세찬 바람, 넘실대는 물 같은 자원에 눈을 돌린 거죠. 여정을 계속할 수 있는 에너지를 찾는 게 트로피를 모으는 일보다 중요해졌어요.

프로젝트 시작 전에 어떤 어려움을 예상했나요?
아무도 이런 배를 만든 적이 없었다는 것? 전기를 통하게 하려면 일정하게 건조한 환경이 필요해요. 바다는 정반대예요. 짜고 습하고 공기층은 일렁거리죠. 배에 생소한 장비를 싣는 게 가장 큰 어려움일 거라 생각했어요. 스테인리스스틸 파이프, 바다에서 작동하는 특수 건조기, 배 안의 온갖 기기류를 지지하는 브래킷 bracket 등 새로 설계해야 할 게 많았어요. 엔지니어의 상상력이 많이 필요했죠. 다행히도 4년 만에 제대로 작동하는 배를 가질 수 있었어요.

배를 수리하는 4년간 가장 신경 쓴 부분이 있다면요?
무게요. 선박 프로젝트 대부분이 무게를 줄이는 데 신경을 쏟을 거예요. 무게가 나갈수록 이동을 위해 필요한 에너지가 많아지는 거니까요. 우리 배는 처음에 15톤이었어요. 시스템을 갖춘 지금은 35톤이고요. 배터리 저장소 대신 수소연료를 쓴 덕에 10톤 정도를 덜어낼 수 있었죠.

그렇게 고친 배는 지금 어디에서 무얼 하고 있죠?
크루를 태우고 태국에서 베트남으로 이동하고 있어요. 국제 행사를 치르는 항구를 찾아 지구온난화와 에너지 전환을 홍보하면서 지난 5년을 보냈어요. 수소를 얼마나 다양한 환경에 활용할 수 있는지 보여주면서 수소 사회로의 전환을 설득하죠. 6년 동안 총 101곳의 항구를 방문할 계획이에요. 우리는 이 여정에 '오디세이'라는 이름을 붙였어요.

신화에 나오는 이야기 같네요.
놀라움과 발견을 동반한 항해를 꿈꾸며 거창하게 지어봤어요. 인류의 에너지 시스템 전환을 위한 기술을 바다에서 찾아오겠노라!(웃음)

오, 그런데 해결책을 바다에서만 찾는 이유가 있나요?
우리는 선원이니까요. 바다를 사랑해서 바나에서 일하기로

한 만큼 해답도 바다에서 찾고 싶어요.

프로젝트를 배 위에서 진행하는 만큼 멤버 구성이 중요하겠어요. 바다 한가운데서 중도 하차할 수는 없잖아요.
엄격함과 신뢰성을 갖춘 해군의 성격, 민첩성과 기술을 갖춘 레이싱 선수의 DNA를 가진 사람들을 찾았어요.

그래서 배엔 누가 탔나요?
엔지니어, 저널리스트, 과학자가 각각 둘씩 그리고 선원 넷이 타고 있어요. 의도하진 않았는데, 이 직군을 섞으니 매우 좋은 조합이 탄생하더라고요. 24시간 내내 배에 갇혀 있어도 무리가 없을 만큼요. 배에 문제가 생기면 설계부터 최종 사용자까지 머리를 맞대야 하거든요. 적어도 엔지니어, 과학자, 선원이 필요하죠. 협력하지 않고는 움직일 수 없어요. 바다에선 선택의 여지가 별로 없거든요.

배에 저널리스트가 둘이나 타고 있네요.
대중과의 소통은 저희한테 매우 중요한 일이니까요. 저널리스트는 홈페이지에 올리는 기사를 써요. 인스타그램, 트위터 같은 SNS에도 게시물을 올리고 다큐멘터리도 만들죠. 에너지 옵서버는 민간단체의 후원이 필요한 독립 프로젝트예요. 적극적인 소통으로 각국의 기술자와 협업도 할 수 있고요. 에너지 옵서버는 매년 4000만 유로, 한화로 540억 원가량의 미디어 효과를 창출하고 있어요.

홈페이지 UX도 뛰어나요. 실시간으로 에너지 옵서버의 여정을 따라갈 수 있더라고요.
미디어 효과를 극대화하기 위해 고민했어요. 에너지 옵서버 디벨럽먼츠 Energy Observer Developments는 그 고민 끝에 나온 자체 연구 개발 회사예요. 바다에서 채집한 콘텐츠를 육지의 디렉션 팀, 행사 팀, 커뮤니케이션 팀이 받아서 활용하는 식이에요. 항해 전문 지식과 엔지니어링 자료를 읽기 쉽게 이야기로 편집해서 보여주고 있습니다.

홈페이지에 들어와 기사를 읽었으면 하는 예상 독자가 있나요?
생물학, 물, 폐기물, 음식, 농업 등 모든 분야의 선구자요. 그들에게 우리 에너지를 전달하고 영감을 주고 싶어요. 생태적 전환은 얼마든지 멋진 이야기를 품고 있어요. 절대 모호하고 복잡하기만 한 얘기가 아닐 거예요. 오히려 뭐랄까… 섹시? 섹시하다고 말할 수 있겠네요. 섹시한 이야기를 듣고 싶은 사람이 에너지 옵서버 홈페이지에

와줬으면 좋겠어요.

항해를 하다가 목적지에 도착하면 전시를 열던데, 그 전시에선 무엇을 볼 수 있나요?
아, 마음 같아선 정말 저희 배를 열어 사람들을 초대하고 싶었어요. 하지만 고압 수소나 섬세한 장비가 많아 많은 사람이 구경하기엔 무리라고 판단했죠. 이 배를 우리끼리만 볼 수 있다는 게 아쉬웠어요. 모두에게 에너지 옵서버 프로젝트를 보여주고 싶었거든요. 그래서 전시를 하기로 한 거예요. 2020년에 시작했어요. 목적, 시스템, 멤버, 여정, 다큐멘터리부터 에너지 전환의 역사, 생태 전환 타임라인 등을 무료로 볼 수 있어요. 해당 국가의 재생에너지 발전 현황 자료도 준비해서 보여주고요. 재활용 컨테이너로 만든 63평짜리 전시회에는 아주 어린 아이부터 아주 나이 많은 사람까지 찾아와요. 참여를 유도하는 방식으로 설계했어요. 분위기가 활기차고 몰입하기 좋아요.

파리에서 한 전시를 뉴스로 봤어요.
2021년 5월이었어요. 파리 에펠탑에 수소로 만든 전기로 불을 밝히고 그 앞에서 전시를 했죠. 기후 비상사태 해결을 위한 태양전지, 풍력발전, 배터리, 담수화 시스템, 전해기, 수소연료전지 같은 어려운 얘기를 이해하기 쉽게 만들어 강연도 했고요. 어린 파리지앵들을 위해서요.

기억에 남는 반응이 있나요?
음, 가장 일반적인 반응은 이거예요. "나도 그 배에 타고 싶어!"

목적지에 도착하면 하는 일이 또 있네요. '에너지 균형'이라는 것을 공개하는데, 그게 뭐죠?
연료전지 기업 오션윙즈 Oceanwings에서 기여도를 모니터링하고 싶다고 저희한테 요청했던 거예요. 각 항해가 끝날 때마다 에너지 총합을 제공해달라는 것이었죠. 우린 어느 정도 세기의 바람이 불었고, 거기서 얼마만큼의 에너지를 얻었으며, 그걸로 이동한 거리는 얼마나 되었는지 표로 정리해요. 이렇게 기록해두면 어떤 배합이 효율적인지 한눈에 알 수 있거든요. 2020년에 우리 배는 평균 8km/h의 속도로 2만372km를 움직였어요. 2021년 자료는 정리 중이고요. 속도는 여전히 느리지만 해마다 개선되고 있어요.

긍정적 에너지가 느껴지는 답변들이네요. 그래도 5년간 바다에서 지내는 건 힘들 것 같아요. 몸서리치게 싫었던 경험은 없나요?

2020년에 코로나19가 유행하면서 모든 항구를 폐쇄한 적이 있어요. 두 달 이상을 배에서 내리지 못한 채 바다를 떠돌았죠. 배는 최장거리 항해 기록을 달성했고, 크루는 완전히 지쳐버렸어요. 육지에 내리지 않고도 계속 움직일 수 있는 시스템을 갖추고 있고 물과 식량 역시 충분했지만요. 설명하기 어려운 이상한 기분이었어요. 옆을 지나가는 어선을 멈춰 세워 신선한 채소와 과일을 가까스로 얻었어요. 블랙홀에 빠진 것 같은 기분은 별로 나아지지 않더라고요. 배만 아무 문제 없이 헤엄치던 때였어요.

배에 문제가 생겼으면 어디라도 내렸을 텐데요. 에너지 옵서버는 유지 보수 비용이 얼마나 드나요?
거의 안 들어요. 공기필터나 부식된 부품을 교체하는 정도인데, 자주 있는 일은 아니고요. 배에 탄 엔지니어들이 새 제품을 실험하느라 드는 비용이 커요. 실험실처럼 새로운 부품과 시스템을 업그레이드하고 최적화하는 데 거의 모든 돈을 쓰고 있죠. 서비스, 부품, 소프트웨어를 제공하는 세계의 기술 파트너 여러분, 이 기사를 읽으면 언제든 연락주세요. 에너지 옵서버는 협업을 환영합니다! 우리는 얼마든지 바다 위 실험실을 함께 사용할 의향이 있어요. 더 많은 신기술을 실험해보고 싶어요!

바다 위 교통수단은 탈탄소가 얼마나 되어 있나요?
전혀 안 되어 있어요. 1% 미만입니다. 전 세계 온실가스 배출량의 2.9%는 해양 분야에서 발생해요. 이 중 87%는 화물선에서 나오고요. 만약 국제 해운을 국가로 취급한다면 미국, 중국, 러시아, 인도, 일본에 이어 세계에서 여섯 번째로 많은 이산화탄소를 배출하는 나라일 거예요. 물론 에너지 옵서버의 수소 배터리 외에도 하이브리드, LNG, 바이오 연료 같은 청정에너지 솔루션이 다양하게 등장하고는 있어요. 앞으로 연구가 더 필요한 분야라고 생각합니다.

그러고 보니 에너지원 중 수소를 택한 이유가 궁금해요.
수소는 우주에서 가장 풍부한 화학원소예요. 기존 석탄연료보다 3배 이상 높은 에너지 밀도를 가지고 있어요. 저장해서 사용하기에 유리하죠. 에너지 옵서버에 탑재한 63kg의 수소는 1MWh의 전기를 공급하는데, 이는 4인 가구가 40일간 소비하는 전력량과 맞먹을 정도예요.

수소는 우리 인간을 구할 수 있을까요?
기후 비상사태에 벌어질 재난을 예측하고 경고하고 싶지는 않아요. 사람들을 겁주고 우울하게 만들고 싶은 생각은 없거든요. 에너지 옵서버의 임무는 해결책을

찾고 설계하는 거예요. 우리가 찾은 해결책이 수소인
것이고요. 앞으로도 삶의 질이 더 나아지도록 계속 탐험을
할 생각이에요. 에너지 전환 없이는 해수면 온도도, 지구
기온도 낮출 수 없으니까요.

**도쿄올림픽에 맞춰 한국, 중국, 일본을 방문하려던 계획에
차질이 생겼다고 들었어요.**
맞아요. 동북아시아 여정 전체를 취소했어요. 몇 년 동안
도쿄 경유를 준비했고, 여러 행사를 계획하고 있었는데,
코로나19 유행으로 방문객이 자유롭게 드나들기
어려워지면서 포기했죠. 한국과 중국은 여행객을 받지
않고 있었고요. 대신 더 개방적인 동남아시아로 일정을
짰어요. 거대한 해운 중심지 싱가포르, 그리고 태국엘
들렀죠. 지금은 태국 후아힌을 떠나 베트남으로 가고
있어요. 6월에 호치민에서 중요한 회의 몇 개와 흥미로운
행사를 열 계획입니다. 베트남 다음은 말레이시아,
그다음은 인도양을 건너 남아프리카로 내려갈 거예요.

한국 방문 계획이 사라졌네요. 아, 독자들이 서운하겠어요.
한국 친구들, 미안해요! 다음에 또 계획해볼게요. 그때
부산에서 만나요!

우리나라 갯벌의 조절 서비스 가치는 연간 16조3786억 원

PEOPLE

EDITOR. Dami Yoo / PHOTOGRAPHER. Hoon Shin

서울대학교 지구환경과학부 김종성 교수는 2014년부터 국내 갯벌의 해양 생물 다양성이 세계 최고 수준이라는 연구 결과를 세계 학계에 발표했다. 그리고 지난해 7월 우리나라 갯벌의 탄소 흡수 기능을 세계 최초로 규명했다. 우리 갯벌은 연간 26만 톤의 이산화탄소를 흡수한다. 이는 연간 승용차 11만 대가 내뿜는 이산화탄소의 양과 같다.

김종성

29년째 국내 갯벌을 연구했어요. 이토록 갯벌에 몰두하게 된 특별한 계기가 있나요?

해양학과에 진학해 생물해양학 수업으로 태안 천리포에 실습을 나갔어요. 그때 갯벌에서 생물을 채집하고 관찰한 일이 너무 즐거워 지금까지 하게 됐죠. 1990년대 후반에는 해양오염 물질이 해양생태계에 미치는 영향을 연구했고, 이후 해외에 나가 세포와 분자 수준의 생물 영향 평가 연구를 주로 했어요. 그리고 저서 미세 조류(microphytobenthos)의 탄소 흡수 능력에 대한 연구로 확장됐죠. 저서 미세 조류란 2개의 규조각을 갖고 있는 단세포 미세 조류예요. 갯벌 표층에 사는 저서 미세 조류의 90%가 이런 규조류입니다.

저서 미세 조류가 바로 갯벌의 탄소 흡수 능력을 형성하는 주인공이죠?

네. 먼저 바다의 식물이 탄소를 흡수하고 저장하는 능력을 갖고 있다는 블루 카본 개념이 소개된 것은 2000년대 후반인데요, 당시에는 맹그로브, 염습지, 잘피림과 같이 크기가 큰 염생식물이나 해초류만 주목받다가 최근에서야 갯벌 저서 미세 조류도 탄소를 흡수한다는 사실이 입증되고 있어요. 갯벌의 탄소 격리 효과는 최근 우리 연구를 통해 밝혀졌는데, 저서 미세 조류가 광합성을 통해 탄소를 흡수하고 몸집을 불린 이 녀석들이 죽고 나면 갯벌에 차곡차곡 쌓이면서 탄소가 자연스럽게 침적되는 것이죠. 갯벌도 맹그로브, 염습지, 잘피림같이 탄소 흡수원인인 셈인데, 아직 탄소 감축원으로 인정을 받지는 못한 상황이에요. 지금까지 IPCC가 공식적으로 인정하고 있는 바다의 탄소 흡수원인 블루 카본은 맹그로브, 염습지, 잘피림, 이 세 가지 서식처에 국한됩니다.

염습지도 일종의 갯벌인데, 염습지만 블루 카본으로 인정한 이유가 있나요?

염습지란 갈대 같은 염생식물이 사는 식생 갯벌이라고 보면 돼요. 대부분 해안가 상부에 위치하고 있죠. 이 염생식물이 광합성을 하며 탄소를 흡수하고, 그 사체가 침적되면서 탄소를 격리하기 때문에 블루 카본으로 인정받았죠. 하지만 염생식물이 자라지 않는 비식생 갯벌에도 무수히 많은 저서 미세 조류가 탄소를 흡수한다는 최근 연구 덕분에 갯벌 역시 블루 카본으로 인정해야 한다는 논의가 이뤄지고 있어요. 특히 우리나라에는 염습지가 상대적으로 덜 발달해 있고 비식생 갯벌이 드넓게 펼쳐져 있기 때문에 탄소 감축원 관점에서 보면 비식생 갯벌의 블루 카본 인증이 절실한 상황이에요.

국내 갯벌의 우수성을 알리는 연구를 해왔어요. 우리 갯벌이 해외의 다른 갯벌보다 특별한 점이 있나요?

우리나라는 갯벌이 발달하는 데 필요한 세 가지 조건을 잘 갖추고 있어요. 조석 간만의 차가 크고, 수심이 낮고, 경사가 완만해서 넓은 갯벌이 생겼죠. 또 영토에 비해 아주아주 넓은 갯벌이 형성되어 있다는 게 특징이에요. 해안선이 길고 복잡하거든요. 그리고 한반도의 한강, 영산강, 금강, 압록강, 청천강, 대동강이 서해로, 낙동강과 섬진강이 남해로 흐르잖아요. 이 막대한 양의 강물이 다양한 토사를 바다로 운반하고, 그만큼 다양한 성분의 퇴적물이 쌓여 갖가지 퇴적상 堆積相을 만들어요. 그 덕에 지역마다 서로 다른 생태계가 만들어지고, 생물 다양성 또한 풍부해지죠. 펄 갯벌, 모래 갯벌, 암반 조간대 등 갯벌의 종류도 다양하게 나타나고요. 실제로 2010년에 진행된 해양 생물 다양성 센서스 연구에 따르면, 단위면적당 생물 종의 수가 전 세계에서 가장 많은 갯벌로 손꼽혔어요. 최근의 우리 연구는 종 다양성 측면뿐만 아니라 서식하는 생물의 기능적 측면도 우수하다는 결과를 내놓았습니다.

생물의 기능적 측면이 뭐죠?

서해 갯벌의 저서 미세 조류는 일차 생산력이 상당히 높아요. 일차 생산력이란 생물량 대비 생산하는 탄소의 양을 말하는데요, 북해 연안에 서식하는 저서 미세 조류의 일차 생산력보다 2배나 높아요. 이렇듯 서해 갯벌은 저서 미세 조류의 일차 생산력이 높고 상위 영양 단계의 생물이 먹을거리가 많아 생물 다양성 또한 풍성해졌다고 말할 수 있습니다. 이는 우리나라 갯벌의 탄소 흡수력이 높다는 걸 의미하기도 해요. 그래서 우리나라 갯벌이 생태계 구조와 기능적 측면에서 매우 우수하다는 겁니다. 지난 5년간의 연구를 통해 우리는 현재 국내 갯벌이 연간 26만 톤에서 최대 49만 톤의 이산화탄소를 흡수한다는 사실을 밝혀냈습니다.

작년에야 우리 갯벌이 유네스코 세계자연유산으로 등재됐어요. 갯벌의 가치를 충분히 인정받았다고 보나요?
유네스코 세계자연유산으로 등재된 것은 기쁘지만 한편으로는 아쉬운 면도 있어요. 우리나라 갯벌이 세계자연유산으로 등재된 이유가 경관적 우수성과 철새 이동 경로의 중간 기착지라는 점 때문입니다. 철새가 이곳에서 쉬었다 가는 이유가 중요한데, 새들의 주요 먹이가 바로 갯벌 퇴적물에 사는 저서생물이거든요. 그만큼 양분이 풍부하고 1000종 이상의 다양한 해양 저서 생물이 살고 있죠. 이런 점이 부각되지 않았다는 게 아쉬운 부분으로 남아 있어요. 실제로 유네스코 웹사이트에 들어가면 서해의 경관 사진과 철새 사진이 주를 이루고 저서 생물로는 짱뚱어 사진만 딱 한 장 있을 뿐이에요. 생물 다양성을 바라보는 관점이 잘못 맞춰져 있는 거죠. 그리고 이번에 등재된 한국의 갯벌이 서천, 고창, 신안, 보성-순천 갯벌, 이렇게 다섯 지역에 국한되었다는 점도 안타까워요. 한국을 대표하는 가로림만과 한강 하구, 북한 쪽에 있는 서해의 모든 갯벌이 세계자연유산에 포함되기를 바랐거든요.

2017년부터 국내 갯벌의 경제적 가치를 증명하는 연구를 수행한 결과, 갯벌의 생태계 서비스가 17조8000억 원의 가치를 가진다고 평가했어요. 그 연구 과정이 궁금합니다.
해양생태계 서비스는 공급, 조절, 문화, 자원, 이렇게 네 가지가 있어요. 2013년 해양수산부 조사에서는 사회과학적 접근으로 1km²당 63억 원의 가치가 있다고 계산했는데요, 2017년에 국가 단위로 갯벌의 가치를 정량적으로 다시 평가해보기로 했어요. 우리 연구실은 조절 서비스 가치 평가를 맡았죠. 전국 여러 지역에 있는 갯벌의 흙을 채취해 퇴적물의 성분을 분석하고, 오염 물질의 정화 능력을 과학적인 실험으로 밝혀냈습니다. 그 결과 수질 정화 능력은 대략 연간 16조 원, 탄소 저장 능력은 탄소 거래세로 환원했을 때 약 120억 원 정도의 가치가 있다는 분석이 나왔어요. 이 외에 갯벌은 파도를

막아주는 방파제 역할도 하죠. 갯벌이 없을 경우 방조제 건설 비용이 얼마나 드는지 계산해보면 무려 2조 원이 넘어요. 이 연구는 우리나라 전체에서 갯벌의 생태계 서비스를 자연과학적으로 평가한 최초의 사례라고 보면 돼요. 그렇게 조절 서비스와 문화 서비스의 가치를 합치니 약 17조 원 이상의 가치를 지닌 땅이라는 결론이 나온 겁니다.

예전에는 갯벌이 간척과 개발의 대상이었잖아요. 반면, 이제는 그 가치를 다른 기준으로 평가하는 느낌이 듭니다.
우리나라는 1970년대에 산업 단지나 농경지를 확보하기 위해 대규모 간척 사업을 진행했어요. 당시만 해도 먹을 게 많지 않았으니 그랬겠죠. 수산물을 얻고 오염을 정화하고 재해를 방지하는 갯벌의 진짜 기능을 살펴보지 못했던 거죠. 심지어 당시에 간척과 매립 사업을 주도한 농어촌진흥공사가 《한국의 간척》이라는 책을 출간했어요. 우리나라 서해의 리아스식해안을 단조롭게 만들어놓은 간척 자원도로 볼 수 있는데, 당시 한반도의 갯벌을 우리가 어떻게 생각했는지를 증명하죠. 만약 이 연구대로 간척 사업을 진행했다면 지금쯤 서해안은 동해안처럼 아주 단조로운 해안선으로 변했겠죠. 상상만 해도 끔찍해요. 한편, 갯벌의 보이지 않는 가치를 돈으로 환산하면 땅값보다 훨씬 더 큽니다. 100년 전에는 남한에만 약 5000km²의 갯벌이 있었는데, 지금 남은 게 2500km² 이니 거의 절반 정도가 영원히 사라진 것이죠.

특히 새만금방조제는 33.9km로 당시 기네스북에 오를 정도였죠.
참으로 황당한 사건이죠. 당시엔 그걸 영광스러운 성과라고 여겼다는 사실도 놀랍고요. 그때부터 갯벌 생태계가 무너지는 모습이 적나라하게 드러났는데 말이죠. 이를테면 시화 갯벌의 가리맛조개가 집단 폐사한 일이 있었어요. 시화방조제 때문에 해수가 유통되지 못하고 갯벌이 마르자 가리맛조개가 숨을 쉬지 못해서 땅 밖으로 모두 기어 나와 죽은 거예요. 지금 우리가 먹는 가리맛조개는 대부분 중국산이라고 보면 돼요. 국내산이 더 크고 맛도 좋은데, 그게 정작 역사 속으로 사라진 겁니다.

그래도 다행히 갯벌을 복원하는 움직임이 시작됐어요.
2010년부터 20여 곳 이상 복원 사업을 진행했어요. 그런데 과거 갯벌 복원이 구조물 설치나 조경 개선 중심이었기 때문에 실상 생태계 기능이나 서비스의 증진 부분은 크게 고려하지 않았다는 게 문제점이자 한계점으로 지적되었죠. 갯벌 복원의 기본이자 핵심은 해수 유통을

통한 물질 순환, 그리고 생물 다양성과 함께 서식지 다양성을 늘려 해양생태계를 건강하게 조성하는 것입니다. 생물 종의 개체 수를 늘리는 데 목적을 두기보다는 생물 생태계의 기능적 측면에서의 개선이 중요한거죠. 그런데 조경 개선을 중심으로 구조물을 설치하고 보여주기 식으로 마무리한 많은 사례를 보면 정말 안타깝습니다.

2019년에 갯벌복원법이 통과됐는데, 갯벌이 다시 살아날 희망이 있다고 보나요?

그나마 반가운 소식이죠. 특히 우리 연구진이 갯벌복원법 제정과 정책을 마련하는 데 필요한 과학적인 자료를 제공하고 분석을 통해 참여한 부분이 있어 더욱 뜻깊었습니다. 이를 토대로 5년 간격의 갯벌 복원 계획이 만들어졌고, 해마다 갯벌을 체계적으로 관리하고 복원하는 사업을 진행하기로 했어요. 기후변화 대응 측면에서는 탄소 흡수원을 확보한다는 취지로 갯벌 조림 사업을 시작했고요. 작년부터는 염생식물을 심는 등 바다 생태계를 되살리는 노력도 이뤄지고 있어요. 바다에 해초류, 인공어초 등을 심는 해조 숲 조림 사업도 탄소 흡수원을 늘리는 해법의 일환으로 진행하고 있죠. 전반적으로 기후 위기를 인식하고 이에 대응하기 위한 방향으로 전 세계가 움직이고 있어요.

오랫동안 갯벌을 연구하면서 기후변화를 체감한 부분도 있나요?

2010년대 중반 이후 중국에서 서식하는 염생식물인 '갯끈풀'이 우리나라 연안에서 서식하는 것이 발견되었죠. 갯끈풀은 갈대 같은 염생식물에 비해 성장이 빠르고 분포 범위가 넓어서 습지를 사막화하는 것으로 알려져 있어요. 그래서 본래 살고 있는 저서생물의 서식처를 파괴할 수 있죠. 이러한 이유로 지난 2015년 유해 해양 생물로 지정됐어요. 아마 예전에는 서식하지 못했는데, 기후 온난화로 인해 우리나라에서도 살 수 있게 된 것으로 추정합니다. 갯끈풀은 생태계를 교란하는 외래종이라는 부정적 인식이 있지만, 사실 그 피해가 비교적 크지 않고 탄소 흡수 측면에서는 장점도 있기 때문에 보다 과학적인 연구를 통해 유해 해양 생물로 유지해야 할 지 따져볼 필요가 있다고 생각해요. 어쨌든 진짜 문제는 기후변화가 너무 빠르다는 거예요. 예컨대 지구의 평균온도가 1°C 상승하면 농수산물 재배 한계선이 81km가량 북상합니다. 이제는 우리나라에서도 패션프루트를 재배할 수 있게 됐죠. 바다에서도 생태계가 이동하고 있고요. 지난 50년간 바다의 표층 수온은 1.2°C 이상 상승했고, 우리 밥상에 오르는 국민 생선도 명태에서 고등어로 바뀌었죠. 이렇게 서서히 변하는 기후에

동식물이 새로 적응하면서 분포 지역이 달라지고 있어요. 맹그로브는 적도에서 남·북위 30° 지역에 분포하는 아열대 수종인데, 온난화가 심화되면 곧 국내에서도 맹그로브가 발달할 거예요.

바다와 생태계를 연구하면서 느끼는 가장 큰 매력은 무엇인가요?

바다가 숨 쉬고 있다는 것을 매번 느낄 수 있죠. 제가 주로 공부하는 저서생물은 퇴적물 표층이나 그 속에 사는 생물인데, 그러니까 숨어 사는 녀석들이죠. 이 숨겨진 아이들을 찾아내고 키우는 것이 정말 큰 기쁨이에요. 새로 발견한 종에 이름을 붙이고 어떻게 사는지 공부하는 즐거움이 크죠. 또 요즘은 생태계가 우리에게 직간접적으로 주는 여러 가지 혜택을 최대한 과학적이고 객관적인 자료를 바탕으로 경제적 가치 평가를 하고 있어요. 자료가 쌓이면 쌓일수록 자연, 바다, 갯벌, 생태계의 가치가 얼마나 큰지 새삼 놀랍고 감사한 마음이 들어요. 학생들과 함께 이렇듯 살아 숨 쉬는 바다의 가치를 잘 알리는 것이 큰 보람입니다.

교수님의 요즘 관심사는 무엇인지요?

앞서 말한 것처럼 우리나라 갯벌의 가치를 더 많이 알려야겠다는 생각으로 공부하고 있어요. 저의 은사님이었던 서울대 고철환 명예교수님께서 갯벌이라는 분야를 처음으로 학문의 반열에 올려놓으셨는데요, 저는 이 갯벌의 중요성과 아름다움을 과학적으로 밝혀 대중화하고 싶습니다. 이렇게 아름다운 곳에 숨어 있는 생물들이 얼마나 큰 가치를 갖고 있고, 또 얼마나 고마운 존재인지 많은 사람이 알았으면 좋겠어요. 만약 우리가 이 사실을 오래전부터 알고 있었다면 지난 40년 동안 갯벌을 덮어버리는 간척 사업 같은 것은 안 했겠죠. 그동안 없어진 갯벌과 그 갯벌에서 숨 쉬며 바다를 지켜온 수많은 해양 생물이 사라진 게 너무 안타까워요. 그때 그대로였다면 지금 우리나라의 생태계 가치는 어마어마하게 클 텐데 말이죠. 사실 공부하고 논문 쓰는 일만으로 충분히 바쁘지만 시간을 쪼개 대중 강연을 하고 기고나 인터뷰에 열심히 응하는 이유도 갯벌을 알리고 싶은 마음 때문이에요. 최근에는 갯벌을 배경으로 한 예능이나 드라마도 점점 많아지는 걸 보면 참 기쁘고 뿌듯해요. 사실 갯벌 생태 연구가 언뜻 보면 매력도 없고 정말 힘든 일이지만 묵묵히 공부하는 학생들이 고맙고 자랑스러워요. 앞으로도 우리나라의 아름답고 풍요로운 갯벌과 우리 생물의 가치를 더 많이 찾아내서 알리려고 합니다. 계속 응원해주세요.

우리나라 갯벌의 조절 서비스 가치
연간 16조3786억 원

수질 정화: 연간 약 14조 원
수질 정화 서비스는 유기물 정화, 인 정화, 질소 정화를 포함하며, 이로 인한 오염 물질 정화 가치는 약 14조 원에 이른다. 갯벌 환경을 모사해 갯벌의 질소와 인 제거 능력을 확인한 결과 각각 연간 2조7955억 원, 11조889억 원의 수질 정화 가치를 지닌 것으로 평가되었다.

기후조절: 연간 약 120억 원
탄소 저장 조절 서비스는 지역별 탄소 저장량과 침적량에 온실가스 배출권을 적용해 경제적 가치로 환산했다. 그 결과 우리나라 갯벌은 총 4600만 톤의 이산화탄소를 저장하고, 연간 26만 톤의 이산화탄소를 흡수하는 것으로 밝혀졌다.
이는 연간 승용차 11만 대가 배출하는 이산화탄소의 양과 같으며, 동시에 120억 원 상당의 탄소 배출권에 해당하는 가치다.

재해 저감: 연간 약 2조1414억 원
국내 연안에 갯벌이 없을 경우 태풍과 해일 등의 재해를 막는 방파제 건설 비용으로 연간 2조1414억 원이 드는 것으로 나타났다. 갯벌은 매년 70km의 방파제 건설을 대체하는 효과를 갖고 있다.

기후 위기에 대응하는 푸른 조력자

기후변화의 임계점에 도달한 지금 블루 카본은 탄소 중립을 위한 소중한 대안이다. 탄소 배출을 줄이는 일과 더불어 탄소를 흡수하는 생태계를 조성하는 것이 필수다. 현재 IPCC에서 블루 카본으로 인정하는 바다의 탄소 감축원은 맹그로브, 염습지, 잘피림, 이 세 가지뿐이다. 하지만 전 세계에 드넓게 펼쳐진 비식생 갯벌, 대륙붕 퇴적물, 굴 패각, 해양 저서생물, 해조류, 식물성플랑크톤 또한 기후 위기 대응에 필요한 탄소 흡수 능력을 지닌 귀한 조력자들이다.

맹그로브
동남아시아 같은 아열대성 기후에서 왕성하게 자라는 연안 수림을 말한다. 맹그로브 숲은 뿌리가 깊어 탄소를 땅속 깊은 곳에 반영구적으로 저장하기 때문에 대표적인 탄소 저장고로 손꼽힌다. 우리나라에서는 발달하지 않았지만, 기후변화로 인해 향후 국내에서도 맹그로브가 서식할 가능성이 있어 선제적인 연구가 진행되고 있다.

염습지
갈대, 칠면초 등의 염생식물이 자라는 상부 조간대 갯벌을 말한다. 염습지는 육지의 식물에 비해 탄소 흡수 속도가 최대 50배가량 빠른 것으로 알려져 있다. 국내에도 염습지가 존재했지만 무분별한 매립으로 인해 대부분 사라진 상태다.

잘피림

거머리말, 새우말 등 바닷물에 완전히 잠겨 자라는 현화식물의 군락지다. 침전물과 유기물을 흡수해 수질을 정화하는 역할을 톡톡히 한다. 또한 많은 어류가 잘피림에서 산란하며, 치어나 식물성플랑크톤을 잡아먹는 해양 생물에게도 중요한 서식지다.

비식생 갯벌

염생식물이 살지 않는 갯벌을 일컫는다. 국내 갯벌의 대부분을 차지하며, 탄소 흡수원으로 지정되지는 않았다. 하지만 최근 연구를 통해 총 4600만 톤의 이산화탄소를 저장하고 연간 26만 톤의 이산화탄소를 흡수한다는 사실이 밝혀져 새로운 블루 카본으로 조명받기 시작했다. 국내의 비식생 갯벌은 전 세계적으로 생물 다양성 가치를 인정받고 있으며, 탄소 흡수 능력 또한 월등한 것으로 알려졌다.

굴 패각

조개와 굴처럼 패각이 있는 해양 저서생물 또한 탁월한 탄소 흡수 능력을 지닌 조력자다. 조개나 굴의 껍데기, 즉 패각이 형성될 때 탄산칼슘 형태로 탄소가 흡수 및 고정되기 때문이다. 따라서 이들은 죽은 후에도 해저에 석회석 같은 영구적인 형태로 탄소를 격리할 수 있다. 패류는 이산화탄소를 제거하는 생물학적 펌프로서 블루 카본의 잠재성을 갖고 있다.

해조류

광합성을 통해 탄소를 흡수하고 바이오 에너지를 생산하는 대표적인 블루 카본 자원이다. 열대우림의 5배에 달하는 이산화탄소를 흡수할 정도다. 국내 연안의 해조류가 흡수하는 이산화탄소만 해도 연간 최대 300만 톤에 달하는 것으로 추산한다. 이 외에 생물의 서식지 역할을 하고 오염 물질을 정화하는 기능도 톡톡히 한다.

식물성 미세플랑크톤

바다에서 일차생산을 담당하는 아주 작고 소중한 유기체다. 먹이사슬의 시작이자 세계 탄소 순환의 핵심 요소라고 보면 된다. 일차생산이 없다면 탄소가 생성되지 않고, 이에 의존하는 동물은 에너지를 보충할 수 없기 때문이다. 과학자들은 생분해성 플라스틱 같은 고분자와 바이오디젤을 만드는 원료로도 연구하고 있다.

해양 쓰레기가
돈이 된다면

PEOPLE   EDITOR. Seohyung Jo / PHOTOGRAPHER. Hoon Shin

바다의 소금기를 머금은 쓰레기는 재활용이 어렵다. 포어시스는 집요하게 이 문제를 파고들었다. 해양 쓰레기로 뭔가를 만들 수 있다면 너도나도 달려들어 쓰레기를 건져 올릴 거라 생각했다. 포어시스는 하천에서 바다로 들어가는 쓰레기를 잡아낸다. 바다에 잠겨 있던 폐어망도 끌어낸다. 그걸 깨끗이 씻어 작은 조각으로 뭉친다. 그 조각을 가지고 콘크리트와 플라스틱 제품을 만든다. 바다의 쓰레기는 그렇게 매끈한 화분으로 재탄생했다.

원종화

'바다를 잘 아는 사람들이 만드는 브랜드 포어시스'라고 홈페이지에 쓰여 있어요. 오늘 바다를 잘 아는 사람의 바다 이야기를 기대해봐도 되나요?

하하, 대단한 의미를 담아 쓴 말은 아니지만 바다 얘기는 얼마든지 해줄 수 있어요. 저는 매일 바다를 만나요. 종이에 인쇄된 거로나, 시뮬레이션으로나, 현장에서나. 세상에 바다를 좋아하는 사람은 많아요. 무서워하는 사람도 있고요. 저희 팀은 바다를 좋아하고, 동시에 무서워해요. 해양공학적 지식과 바다의 중요성 그리고 무서움을 모두 알고 있어요.

그 무섭다는 게 어떤 느낌인가요? 가늠할 수 없는 깊이? 커다란 파도?

음, 예를 들어 제가 바다에 대응해 무언가를 설계한다고 쳐요. 어느 정도까지 충격을 견딜 수 있도록, 어느 깊이까지 무리가 가지 않도록. 하지만 계산이 아무리 정확해도 바다는 제대로 가늠할 수가 없어요. 바다든 하천이든 자연을 상대로 일할 때는 겸손해져요. 그럴 수밖에 없죠. 바다가 무서운 걸 처음 알았던 건 지금 생각해보면 고등학교 때 주말 자율 학습을 땡땡이친 날이었어요.

자습 시간에 바다엘 갔나요?

저는 거제, 통영에서 유년시절을 보냈어요. 수업을 몰래 빠지면 선생님께 잡히지 않으려 배를 타고 섬으로 들어가서 놀았어요.

땡땡이 규모가 남다르네요.

한번은 주말 자율 학습을 빼먹고 매물도로 놀러 갔어요. 2박 3일로 갔다가 월요일에 학교로 돌아올 생각이었는데, 풍랑주의보가 내린 거예요. 꼼짝없이 4박 5일을 거기 있었어요. 그런데도 풍랑이 그칠 기미가 없길래 급한 마음에 어선을 빌려 탔어요. 그때 뉴스에서나 듣던 '파도 높이 5m'를 체감했죠. 작은 배가 그 높이를 오르락내리락하는데, 사방이 검은 물뿐이었어요. 언제

나를 집어삼켜도 놀라지 않을 만큼요. 그런 일이 있어도 바다에는 기별조차 안 갔을 테지만요.

아버님이 해양 플랜트 1세대라고 들었어요. 그래서 어렸을 때 항구도시에 살았군요.

아버지가 조선소 협력 업체 일을 했어요. 여섯 살 때 가족이 모두 거제도로 내려갔죠. 그땐 아버지가 무슨 일을 하는지도 몰랐어요. 해양 플랜트가 뭔지 아세요?

음, 바다에 구조물을… 그런 거 아닌가요?

바다에 석유나 가스 채굴 구조물을 설치하는 걸 해양 플랜트라고 해요. 2010년쯤 원유 가격이 배럴당 130달러씩 했어요. 지금보다 기름값이 더 비쌌죠. 지구 어디에서 에너지를 캐도 수지가 맞을 때였어요. 아버지는 1990년 무렵 일찌감치 시추 장비 만드는 일을 시작했죠. 그리고 늘 이런 말씀을 하셨어요. "여긴 내 회사고 너희는 물려받을 생각하지 마라." 대학교를 졸업하고 대우조선해양에 취직했는데, 제가 매니저로 일하는 프로젝트에 아버지 회사가 얽혀 있었어요. 그때야 아버지 일에 대해 자세히 알게 되었어요. 매일 아침 같이 차를 타고 조선소로 들어가던 날들이 있었죠.

조선소에서 첫 직장 생활을 했네요. 대학교 때는 무슨 공부를 했어요?

토목환경공학을 전공했어요.

보통 하고 싶은 일을 생각하면서 전공을 선택하잖아요. 뭘 하고 싶었어요?

중학교 땐 건물을 발파해서 해체하는 일에 관심이 있었어요. 건물을 허무는 거니까 건축인가 싶어서 처음엔 건축학과엘 갔죠. 알고 보니 발파 공사 같은 건 토목학과나 화학공학과에서 하는 거더라고요. 전공을 바꿨어요. 그사이 소음이나 분진 같은 환경적 이유로 건물을 발파하는 일이 없어졌다고 하더라고요.

해양 산업이 아니라 건물 해체 업계에 있을 뻔했네요.
그랬을 거예요. 제가 대학교 3학년 때 우리나라에서
월드컵이 열렸어요. 전공 시험 전날, 이탈리아전을
보느라 100점 만점에 12점을 받고 그랬죠. 그만큼 신나게
대학 생활을 하고 대학원에 가기 직전 다시 장래 희망을
진지하게 고민하기 시작했어요. 보니까 '브레인 코리아'
라고 정부 지원을 받는 연구실이 있더라고요. 해안 구조물
사업을 한대요. 물도 바다도 좋아하니까 거기로 갔죠.
그런데 가자마자 그 일이 어그러져 사라졌어요. 하하, 참.

그럼 대학원에서는 무슨 공부를 했나요?
석사, 박사 전공은 다 파이프라인이에요. 바다 한가운데
있는 오일을 육지까지 운송하는 에너지 파이프라인을
공부했어요. 그때 다시 바다와 연계된 꿈을 꾸게 되었죠.

**바다의 무서움을 일찌감치 알았는데도 바다를 놓지
않았네요.**
전 바다가 재밌어요. 아내한테도 그 얘기를 자주 해요.
"난 걷는 것보다 물속에 있는 게 편해"라고. 그러면 옆에서
아들이 "엄마, 나도 그래" 이래요.

아이들한테 보여주고 싶은 바다의 모습이 있나요?
아들이 올해로 일곱 살이 되었어요. 딸은 네 살이고요.
올여름엔 아이들에게 첫 서핑 경험을 시켜주려고 해요.
코로나19 전에 하와이 출장 때 아들을 데리고 간 적이
있어요. 애가 온종일 물속에 있더라고요. 10시간은
물장구치고 놀았을 거예요. 바다의 모습이라…. 음, 좀
다른 얘긴데, 바다에 가면 아이들이 계속 쓰레기를 주워서
저한테 가져다줘요. 쓰레기가 있더라도 신경 안 썼으면
해요. 바다가 아이들한테 즐겁기만 한 공간이면 좋겠어요.
포어시스는 2017년부터 해양 쓰레기 수거 시설과
시스템을 만들고 있어요. 이왕이면 바다에 쓰레기가
없어져서 모두가 마음 놓고 즐길 수 있길 바라요.

**해양 문제를 일으키는 것에는 여러 가지가 있잖아요.
그중에서도 쓰레기는 작은 문제라고 들었어요. 포어시스가
해양 쓰레기에 집중하는 이유는 뭔가요?**
포어시스를 창업하기 전에 호주의 퍼스에서 일한 적이
있어요. 출근 전과 퇴근 후에 바다엘 자주 나갔죠. 퍼스의
바다에는 아무것도 없어요. 사람들은 아무것도 안 하고요.
우리나라는 바다만 있으면 근처에 조개구이집이나
포장마차가 줄을 서 있는데 말이죠. 아이들은 플라스틱
삽으로 모래 놀이를 하고, 어른들은 술을 마시느라 정신이
없어요. 제가 어렸을 때는 다들 바닷가에서 휴대용 버너로
삼겹살을 구워 먹고 그랬어요. 먹다 남은 건 대충 모래에

파묻어버리고요. 패들 보드에 앉아 물 아래를 가만히
쳐다보고 있는데, 문득 우리 바다만 너무 혹사당하는 게
아닌가 싶었어요. 바다를 위해 뭘 할 수 있을까 생각하다가
제가 가장 잘할 수 있는 걸 떠올린 거예요. 하천과 바다
사이에 쓰레기를 거를 수 있는 장치를 만들어야겠다고요.
전체로 보면 작은 문제지만 제가 할 수 있는 가장 큰
일이었어요. 후배 몇 명이랑 모여서 바로 회사를 차렸죠.
'이거면 되겠다!' 싶었거든요. 그런데 어휴, 어림도
없더라고요. 처음엔 너무 힘들었어요.

바다에서 석유를 캐는 거대 구조물도 만들었잖아요.
저도 그렇게 생각했어요. 복잡한 구조물도 만들었는데,
쓰레기 정도 막는 건 간단할 거라 여겼죠. 설계하려고
자리에 앉았는데 막막하더라고요. 일단 쓰레기가 어떤
특성을 띠는지 몰랐어요. 쓰레기에 대해 알아야 어떤 힘을
가지고 어떻게 움직이고 어떤 소재와 어떻게 반응하는지
알 수 있는데, 그에 대한 연구 결과가 세계적으로
없었어요. 쓰레기에는 정말 온갖 종류의 물질이 섞여 있죠.

오일펜스처럼 만들면 되는 게 아닌가요?
오일펜스는 가벼운 소재로 만들면 돼요. 기름이 물에
뜨니까 오일펜스도 물에 뜰 수 있게요. 기름과 섞인 안쪽
물하고 바깥 물을 펜스로 구분하기만 하면 쉽게 거를 수
있죠. 하지만 쓰레기는 성질을 규정짓기 어려운 만큼
대책도 마련하기 힘들었어요. 아차 싶었죠. 네덜란드에
'오션 클린업 Ocean Cleanup'이라는 해양 플라스틱
제거 단체가 있어요. 2016년쯤에 거기서도 쓰레기 수거
구조물을 실험하기 시작했는데, 내심 그들이 실험 결과를
공유해주길 바랐어요. 그런데 결과물이 시원찮은지 별
얘기가 없더라고요. 그대로 손을 놓고 있을 수는 없어
해양수산부를 설득했죠. 다행히 우리나라에 좋은 수조가
있어 연구비를 보조받아 실험하고 있어요.

좋은 수조라면?
물고기 키우는 수조 말고, 해양공학용 수조가 따로 있어요.
바다와 같은 흐름을 조성할 수 있는 구조로 이뤄져 있어
그 수조에서 바람도 만들고 파도도 만들어요. 거기에
쓰레기를 띄우고 차단 시설을 넣어 실험하는 거죠. 하루에
1000만 원씩 들어요. 지금 40일 정도 진행했는데,
앞으로도 계속해야 해요.

그 수조는 어디에 있나요?
대전의 선박해양플랜트연구소, 즉 크리소 KRISO라고
하는 곳에 있어요. 우리나라엔 거기 딱 한 군데 있었는데,
지금은 부산에도 생겼어요. 부산의 수조는 더 깊은 바다를

모사할 수 있는 구조예요. 수심 3000m까지 모사할 수 있어 해양 플랜트 연구를 하기에 용이해요.

쓰레기가 바다로 흘러들면 안 좋겠지만, 바다는 매우 넓으니 일부를 육지의 쓰레기 매립지처럼 활용해도 되지 않나요? 원래 하천의 역할이 육지의 것을 바다로 내보내는 일이잖아요.

우리나라는 2017년 세계에서 마지막으로 해양 투기를 금지한 나라예요. 그 전까지는 해양 투기를 어느 정도 인정했어요. 분뇨를 포함한 생활 쓰레기를 먼바다에 나가서 버렸죠. 육지의 것을 바다로 보내는 일이 하천의 역할인 건 맞아요. 가을과 겨울 동안 쌓인 낙엽을 봄비가 바다로 쓸어내리면 유기물이 풍부해지고 수중 생물이 먹을 게 많아지죠. 문제는 자연이 생각지도 못한 물질이 나타난 거예요. 플라스틱은 인간에겐 유용하지만 자연에선 잘 분해되지 않아요.

쓰레기를 바다로 못 가게 하면 그걸로 수온 상승 문제를 해결할 수 있을까요?

바다의 수온 상승 문제는 훨씬 더 크고 복잡해요. 그만큼 해결하기 힘들다는 얘기죠. 포어시스가 하는 일은 많은 경우의 수 중 하나를 붙들고 실험해보는 거예요. 저희가 하나의 사례를 밝혀내면 그걸 바탕으로 과학자와 기술자들이 또 다른 경우의 수를 떠올릴 겁니다. 그렇게 한 단계씩 해결해나갈 때 조금이나마 자연의 원리를 이해하게 될 거라고 생각해요.

포어시스가 만드는 차단물은 이전의 다른 시설과 어떻게 다른가요?

크게 다르진 않아요. 다만 쓰레기 수거뿐 아니라 추후 기계 철거까지 안전하게 할 수 있게끔 신경을 써요. 쉽게 망가지지 않도록 내구성을 갖추는 것도 중요하고요.

수거 이후의 작업은 어떤가요?

쓰레기는 폐기물이라 관리 비용을 많이 투입할 수 없어요. 석유나 희귀 광물이라면 천문학적인 돈을 들여서라도 움직이겠지만, 해양 쓰레기는 비용을 최소화하는 게 관건이에요. 육지의 쓰레기는 쓰레기차가 매일 와서 가져가잖아요. 하지만 해양 쓰레기는 비용이 너무 많이 들어 그렇게 하기 어려워요. 그래서 카메라로 쓰레기의 양을 확인해 관리하는 것이 포어시스의 콘셉트예요.

포어시스의 서비스를 '통합 관리 솔루션'이라고 하던데.

마침 갓 만든 펠릿이 도착했네요. 목포 앞바다에 떠다니던 로프로 만든 거예요. 이렇게 쓰레기를 재활용하는

것까지가 저희 솔루션이에요. 요즘은 종종 이런 질문을 받아요. 포어시스가 잘하는 차단 시설 관리만 하지 왜 재활용까지 하느냐고.

그러게요. 왜 굳이 재활용까지 하는 거예요?

자, 폐기물 시장 구조를 설명해볼게요. 폐기물 사업자가 쓰레기를 모아요. 그걸 처리장으로 가져가요. 처리장은 폐기물을 모아온 사람에게 돈을 줘요. 해양 쓰레기는 톤당 30만 원 정도예요. 처리장에서는 쓰레기를 분류하고 물을 뿌려 대충 씻은 다음에 소각 또는 매립해요. 그럼 환경부에서 처리장에 톤당 10만 원을 줘요. 결과적으로 재활용한 쓰레기는 없지만, 환경부에서는 지원을 했기 때문에 재활용한 걸로 자료를 집계해요.

결국 쓰레기 처리장에서도 돈을 들여 쓰레기를 처리해야 하는 것 아닌가요?

그렇죠. 육상에서는 고철이나 유리를 재활용하잖아요. 해양 폐기물은 달라요. 바다에는 염분이 있으니까요. 소금의 원소기호가 NaCl이거든요. 뒤에 붙은 Cl이 염분인데, 태우면 소각로가 망가져요. 몸에 해로운 염산가스나 다이옥신이 소각 과정에서 공기 중에 분출되고요. 플라스틱은 아예 재활용이 안 돼요. 소금기가 있으면 재결합이 불가능하거든요. 바다에서 건져 올린 건 이처럼 재활용하기도 소각하기도 어렵지만, 지금은 정부에서 지원을 해줘서 그나마 돌아가요.

결국 쓰레기를 처리하지 못한 거네요.

코에 빨대가 꽂힌 거북이나 비닐을 먹은 철새 같은 사진 덕분에 해양 쓰레기 문제에 관심이 높아졌어요. 쓰레기 수거량도 전에 비해 늘었고요. 제주도에서 해양 쓰레기 수거 활동을 하는 '디프다'라는 단체가 있어요. 그곳의 변수빈 대표님이 제주도엔 쓰레기가 없다고 하더라고요. 관광을 온 사람들까지 적극적으로 참여해 쓰레기를 주워서요.

그래서 포어시스가 쓰레기 재활용까지 하는 이유를 좀 더 구체적으로 설명해주시겠어요?

아, 수거해서 소비까지 이뤄지는 가치 사슬을 잘 구축해야 원동력이 생긴다고 봐요. 시장에서 쓰레기를 수거하는 플레이어가 그걸 가공해서 재료로 만들면 그걸 활용해 제품을 만드는 기업은 얼마든지 있어요. 이번 주에만 일회용 패키지를 재생 플라스틱 소재로 대체하고 싶어 하는 자동차 회사 두 곳과 미팅을 했어요. 수요는 계속 있어왔어요. 그런데 공급자가 없었죠. 그동안에는 타이완에서 수입을 했어요. 어차피 넘쳐나는 해양

쓰레기를 재료화하면 좋잖아요. 해양 쓰레기를 가공해 수출하는 게 목표 중 하나예요.

재활용 플라스틱의 소재가 되는 해양 쓰레기는 어디서 나오나요?

어망, 로프, 굴 껍데기처럼 바닷가에서 나온 쓰레기를 그때그때 받기도 하고, 1년에 두 번 정도 어망 교체 시즌에 대량으로 수거하기도 해요. 저희는 거점 역할을 하는 처리 공장을 움직일 수 있는 이동형으로 만들었어요. 어민이 쓰레기를 모아오면 그걸 현장에서 콘크리트 같은 재료로 바꿔요. 그걸로 마을에 필요한 조형물이나 벤치를 만들 수 있죠. 내년에 제주도에서부터 본격적으로 실험해볼 예정이에요.

브랜드에서도 폐어구를 재활용하는 활동이 눈에 많이 띄더라고요.

이젠 누가 "이 신발 재생 플라스틱으로 만들었어"라고 해도 놀라지 않잖아요. "그렇군. 잘했네" 하고 말겠죠. 그걸 뛰어넘는 콘텐츠가 필요한 시점이에요. 재활용도 소각도 안 되는 해양 쓰레기 정도가 좋겠죠. 재생 나일론은 기존 나일론보다 180% 정도의 가격에 거래되거든요. 훨씬 비싸요. 쓰레기 수거와 재활용이 연결되면 정부 지원 없이도 자생할 수 있을 거라고 봐요. 그 중간 다리 역할을 잘하는 플레이어가 세계적으로도 전무해요. 그걸 포어시스가 하려는 겁니다.

해보니 어떤가요?

사람들이 안 하는 이유가 있어요.(웃음) 어망 분쇄기 개발하는 데만 2년 정도가 걸렸어요. 첫 번째 분쇄기는 실패해서 3000만 원짜리 고철이 됐고요. 두 번째 가서야 손바닥보다 작은 사이즈로 어망을 자르는 데 성공했어요.

어망 분쇄는 일반 쓰레기 분쇄와 뭐가 다른가요?

분쇄기 만드는 데 무슨 문제가 있냐고 많이들 물어요. 서울환경운동연합에서 운영하는 '플라스틱 방앗간'은 믹서기나 절구에도 플라스틱을 갈잖아요. 하지만 어망 같은 섬유질을 믹서에 넣으면 칼날에 다 감겨요. 의류 폐기물에서도 스타킹 처리가 가장 골치 아프대요. 어망 사이에 낀 불순물을 제거하려면 사이즈가 작아야 해요. 절단 단계가 필수예요.

폐어망으로 화분을 만들었어요. 그것도 나일론 어망인가요?

맞아요. 그땐 가위로 일일이 잘라서 썼어요. 지금은 두 번째로 만든 기계가 잘 돌아가서 그걸 써요. 뿌듯하죠.

포어시스의 시스템을 둘러보고 있는데요, 이제 수거 다음까지 왔어요.

이젠 자른 어망을 세척하는 단계예요. '포어소닉'이란 기계를 만들었는데, 풀어서 말하면 '이동식 해양 폐기물 전처리기'예요. 안경점에 가면 초음파로 안경을 닦아주는 기계 있죠? 그걸 대형 수조 버전으로 만든 거예요. 어망을 기계에 넣고 4분 정도 가동하면 염분이나 불순물이 다 빠져요. 올여름엔 포어소닉을 강원도 양양에 가져갈 생각이에요. 바닷가에 세워놓고 쓰레기를 주워온 서퍼한테 서핑 슈트를 세탁해주는 이벤트를 하려고요. 슈트는 전용 세제도 필요하고 잘 빨아지지 않거든요. 포어소닉에 넣었다 빼면 금방 깨끗해져요. 일정이 맞을지는 모르겠네요.

링거 맞으면서 일한다고 들었어요. 바쁜 중에도 이렇게 인터뷰 시간을 내준 이유가 궁금해요.

마케팅이죠.(웃음) 회사에서 혼나긴 하는데, 인터뷰나 강의 요청 들어오면 거의 해요. 특히 학생 대상이면 꼭 가요. 사람들은 여전히 해양 쓰레기 문제를 막연하게만 생각하거든요. 이 문제를 제대로 인식하고 여론이 형성돼야 저희를 필요로 하는 시장이 커질 테니까요.

복잡한 원리를 가진 사업인데 대중한테 설명하는 게 어렵진 않나요?

어려워도 꼭 필요한 과정이라고 생각해요. 하천과 해양 쓰레기 얘기는 모두가 더 알 필요가 있어요. 커피를 사려는데 텀블러가 없으면 일회용 잔 외에 다른 선택권이 없죠. 지금 단계에선 개인에게 주어지는 선택지가 너무 적어요. 이에 불편함을 호소하는 소비자가 필요해요. 그러면 기업들이 나서서 해결하려 들 거예요. 시장의 수요를 파악하는 게 기업에는 중요하니까요. B2G에서 B2B로 넘어가는 건 저희의 중요한 과제예요.

B2G가 안정적이지 않나요?

반면 영속성이 없어요. 정책이 바뀌어 지원을 그만하겠다고 하면 끝나잖아요. 당장 특허나 우수성을 인정받아 사업을 따와도 시장이 장기화하면 정부는 입찰제로 들어갈 수밖에 없어요. B2B로 그날을 대비하는 거예요. 포어시스가 대중에게 좀 더 다가가 바다를 이야기하고 싶은 마음도 있고요.

포어시스가 그리는 큰 그림과 해양 쓰레기 처리를 위한 사이클이 이제 보이네요.

포어소닉이 양양엘 가게 되면 연락드릴게요. 와서 바다 냄새도 맡고 기계 작동하는 모습도 보고 가세요.

포어시스가 해양 폐기물을
자원화하는 방법

1.

해양 폐기물 확보

하천에서 바다로 쓰레기가 유입되는 걸 막기 위한 포어시스의 차단 시설을 활용한다.
어촌에서 그물을 교체하는 시기가 되면 폐어구를 한번에 수집하기도 한다.

2.

절단

세척기에 들어갔을 때 염분과 이물질을 효과적으로 제거할 수 있도록
자른다. 손바닥보다 작은 크기가 되었을 때 탈염과 세척 과정을
무리없이 거칠 수 있다.

4-1.

펠릿으로 재활용
전처리를 거친 해양 쓰레기를 플라스틱 생산용 알갱이, 즉 펠릿으로 만든다.
펠릿은 가열하면 조직이 연해져 쉽게 변형할 수 있고 식으면 다시 굳는다.
다양한 제품을 재생산하는 재료로 쓰인다.

4-2.

콘크리트로 재활용
폐어망이 철근의 기능을, 조개껍질은 골재의 기능을
대신한다. 포어시스는 버려지는 바다의 쓰레기를 해상
건설 자재로 재활용한다. 또한 소셜 벤처 '트리플래닛',
해양 정화 활동을 펼치는 '디프다제주'와 함께 탄소
저감형 콘크리트로 화분을 만들기도 했다.

3.

전처리 기계로 세척
해양 쓰레기는 염분을 제거해야 재활용이 가능하다. 해양 폐기물 자원화를 위해 포어시스는 초음파
전처리 플랜트 '포어소닉'을 개발했다. 화학 세제나 약품을 사용하지 않고 초음파와 기타 조건만
활용해 염분을 제거한다.

바람 잘 날 없던 마을, 이렇게 잘 돌아갑니다

PEOPLE

EDITOR. Seohyung Jo / PHOTOGRAPHER. Cjin Kim

제주시 한경면 금등리 앞바다에 해상 풍력발전기가 세워졌다. 마을이 고령화하며 수익이 줄어드는 상황을 지켜보던 고춘희 이장은 지역 발전을 위해 해상 풍력 도입이 필요하다고 판단했다. 고춘희 이장은 피해 보상과 가외 수익을 들어가며 주민들을 끈덕지게 설득했다. 그렇게 바다와 바람을 셈하고 마을을 헤아리며 무려 11년의 시간을 쏟았다. 발전기 설치 후 5년이 지난 지금 돌고래가 돌아왔고, 해녀와 어부의 어획량이 늘었다.

고춘희

마을 회관으로 올라오는 계단에 제비 집이 3개나 있네요. 둥그렇고 예뻐서 사람이 설치해둔 건가 싶었어요.
자기들이 흙이랑 나뭇가지 물어다가 부지런히 지었죠. 달리 누가 지어주겠어요. 제비는 사람 손 닿는 곳에도 집을 잘 만들어요. 사람을 피하거나 무서워하지 않거든요. 봄이면 동네에 제비가 참 많아요.

오면서 지도를 보니 마을이 특이하게 길쭉하니 생겼어요.
지네 등처럼 생겨서 금등리라는 이름이 붙었어요.

금등리를 검색하면 사정없이 한쪽으로 휘어 있는 나무 사진이 나와요. 제주에서도 특히 바람이 많이 부는 지역인가요?
아, 팽나무를 봤나보네요. 금등리의 나무는 북쪽에서 부는 겨울 바람을 맞아 기울어 자라요. 차갑고 매서운 바람을 맞고도 자라나는 모습을 볼 때마다 참 기특하고 어여쁘다는 생각을 합니다. 이 마을은 바람이 많이 불어요. 그래서 앞바다에 풍력발전소를 세웠고요.

금등리 앞으로 발전기가 몇 개나 있나요?
3개요. 한 기당 3MW 또는 8MW의 전력을 생산해요.

마을은 풍력발전소에서 나는 전기를 쓰나요?
아니에요. 풍력발전으로 만든 전기는 전부 한전으로 들어가요. 저희도 한전에서 공급하는 전기 써요. 따로 요금 할인도 없어요.

오면서 발전기 소리가 나는지 가만히 들어봤어요. 알아차리기 어렵던데요?
그렇죠. 발전소를 짓기 전엔 소음 문제로 주민들 사이에 마찰이 있었는데, 막상 지어놓으니 아무도 그 얘기는 안 해요. 왜냐하면 발전기가 돌아갈 만큼 바람이 불면 파도도 커지거든요. 파도 소리에 발전기 도는 소리가 묻혀요. 바람이 센 날은 다들 창문을 닫기도 하고요.

발전소 반대 목소리엔 또 어떤 우려하는 마음이 섞여 있었나요?
금등리 앞바다에 돌고래가 굉장히 많아요. 무리를 지어서 헤엄치는데, 그 모습이 정말 대단합니다. 바다에 풍력발전소를 지으면 돌고래도 오지 않고, 기형 물고기가 나타난다는 얘기가 떠돌았어요. 바다 생태계뿐 아니라 육지 짐승들도 전자파 영향으로 새끼를 못 낳게 된다는 말이 있었고요. 그때는 뭐가 사실인지 모르니 섣불리 답할 수 없었죠. 풍력발전기에는 커다란 날개를 지탱할 기둥이 필요해요. 그 기둥을 단단히 고정하느라 바다 아래서 몇 번의 폭파 작업을 했어요. 우리나라에서는 해양 풍력발전소 건설을 처음 하는 거라 다들 우려가 많았죠. 해녀도, 어부도, 양식장 사람도요. 태풍이 불면 날개가 자기 집으로 떨어질 것 같다며 마을 회관을 찾아온 사람도 있었어요. 마을까지 날아오기엔 날개 무게가 엄청나니 그럴 일은 없을 거라고 안심시켰죠. 그만큼 모두가 온갖 걱정을 했어요.

발전기를 짓고 5년이 지난 지금 상황은 어때요?
매년 발전기 업체에서 조사를 하는데, 아직 특별히 눈에 띄는 상황은 없어요. 기둥을 고정하기 위해 쌓아놓은 돌 사이에서 미역이 많이 자랐어요. 거기에 물고기가 모여 들었고요. 공사 중에 잠시 떠났던 돌고래도 다 돌아왔고, 어획량에도 문제가 없어요. 앞으로도 지금처럼 순조로우리라 장담할 순 없겠지만 일단은 괜찮아요.

금등리 마을 사람들은 대체로 어업에 종사하고 있나요?

해녀 일을 배웠거나 배가 있는 사람은 바다에 나가요. 농사를 짓기도 하고, 둘 다 하는 사람도 있죠. 제주 내에서도 금등리가 있는 서쪽은 일조량이 많고 토질이 좋아요. 채소나 밀감의 당도가 굉장히 높죠. 양파, 쪽파, 마늘, 브로콜리, 콜라비 등 밭농사는 다들 조금씩 지어요. 저도 골고루 심어서 가꾸고 있어요.

이장님은 올해로 14년째 금등리 운영을 맡고 있죠?

네, 그렇게 되었네요. 참 오래했지요.

이 마을에서 산 지는 얼마나 됐어요?

22년 됐습니다. 저는 인천에서 태어나 부산에서 살다가 금등리 출신 부모님을 따라 여기로 돌아왔어요. 지금도 어머니는 저와 여기 같이 살고 있습니다. 부모님 고향인데도 저 역시 토박이들이 부리는 텃세에 엄청 당했어요. 말도 못 해.(웃음)

발전소를 짓기까지 오래 걸렸다고 들었어요.

10년이 넘게 걸렸으니 긴 시간이죠. 발전소 건설을 반대해서라기보다 서로 보상금을 많이 가지려 해서 협상이 오래 걸렸어요. 어촌계와 해녀계가 주도권을 쥐고 있어서 쉽지 않았어요. 초반엔 다시 마을로 주도권을 가져오는 데 집중했어요. 마을 구성원으로 어부와 해녀가 목소리를 내야 각자 얘기해선 승산이 없을 거라 생각했거든요. 주민들 의견을 꼼꼼하게 듣고 어떻게 해야 모두 공평하게 보상금을 많이 받을 수 있을지 계산했어요. 여러 번의 총회를 거쳐 결국 반대하는 사람 없이 공사를 시작했어요.

인내심이 필요한 과정이었겠어요.

회사와 마을, 마을과 해녀계, 어촌계에 동시에 다리를 걸쳐놓고 있었어요. 그러니 가랑이가 찢어지죠. 길고 고되었지만 분명 의미 있는 일이었어요. 동네에 뭐가 어떻게 돌아가는지 면밀히 들여다볼 기회였고요. 보니까 뿌리 깊은 문제가 둘이 있더라고요.

어떤 문제였나요?

한 번은 개발위원회 회의에 들어가봤어요. 발언하는 사람은 아무도 없고, 안건이 나오면 그대로 통과되더라고요. 이상하네, 왜 아무도 말을 안 할까, 하고 봤더니 소수의 인원이 대단한 권리를 독차지하고 있었어요. 누가 반대하는 얘기를 하잖아요? 그럼 위원장의 말이 비수처럼 날아가요. 그 공격을 받고 싶지 않으니 사람들이 입을 열지 않더라고요.

또 다른 문제는요?

회의 성립에 필요한 인원이 15명으로 설정되어 있었어요. 마을 규모를 생각해도 아주 작은 인원이죠. 총회 날엔 부녀회에서 국수를 삶고 고기 반찬을 준비해요. 통과된 안건을 나중에서야 전해 듣고 뒤에서 왈가왈부하는 거죠. 이건 아니지 않나 싶었어요. 이장이 되고 첫 회의를 할 때 주민 모두 참석하라고 했어요. 그리고 점심값 1만 원씩 줄 테니 국수 같은 거 아무도 삶지 말라고 했죠. 지금은 물가가 올랐지만 당시 1만 원이면 뭐든 배불리 먹었어요. 짜장면 먹을 사람 시켜 먹고, 더 멀리 가서 식사할 사람 하고, 일단 다 들어와서 회의를 하자고 했죠. 요새는 70명 넘는 인원이 회의를 해요. 사무실이 비좁죠.

혹시 육지에 있을 때 정치를 했나요?

아니요. 정치와는 무관한 삶을 살았어요. 하지만 안건 생기면 여러 사람 의견 듣고 정리해서 찬반 묻고 투표로 결정하는 게 회의라는 건 알죠. 제주에서도 여자 이장은 드물어요. 한림에 둘 있고 모두 합쳐 네 명 정도일 거예요. 남자들이 자리를 잘 안 주려고 하죠. 그럴수록 사람이 대차야 해요. 밀리기 시작하면 끝도 없어요. 앞에 서면 어쨌든 빈틈없이 똑바로 말할 수 있어야 합니다.

어떻게 해야 그럴 수 있나요?

안 틀리고 답하려면 준비를 철저히 해야 하고요, 무엇 하나 얼렁뚱땅 넘기려고 하지 말아야 해요. 발전소를 짓는 과정에서 저는 모든 걸 투명하게 했어요. 보상금을 해녀계, 어촌계, 마을, 부녀회, 청년회, 노인회에 아주 고르게 분배했고요. 발전소 측에서 회의를 하러 오면 꼭 여기 사무실에서 만났어요. 식사나 다과 자리는 절대 가지 않았어요. 대신 마을 행사 때 주민들한테 선물을 해주라고 하죠. 그럼 성의껏 도와줘요. 총회가 끝나고 나면 주민들이 두 손 가득 선물을 안고 갑니다. "야, 총회 좋다. 별 거 다 준다" 얘기해요. 얼마나 좋아요. "하고 싶은 말은 누구든 총회에 와서 해라" "궁금한 게 있으면 언제든 사실 관계를 파악할 수 있도록 답해주겠다" 제가 하도 말해서 이제 모두 알아요. 여자, 남자, 할머니, 할아버지, 외지인, 토박이, 농부, 어부 할 것 없이 단합이 잘되고 다툼도 없어요.

"오랫동안 당연하게 여기던 걸 의심하고 더 나은 방법이 있다면 의논해서 합의점을 찾으려고 한다"고 인터뷰한 내용을 본 적 있어요. 마을에서 쭉 살던 사람들이 가지고 있는 관성을 바꾸는 게 외부인으로서 어렵진 않았나요?

오히려 외부인이라 의심할 수 있었어요. 다들 당연히 여기는 걸 그냥 넘지 않고 한 번 더 봤어요. 예를 들면, 보상금을 가구 수 말고 굴뚝 수대로 받기도 했어요.

한 가구에 굴뚝이 하나 있는 게 아닌가요?

제주도는요, 보통 담 안에 집이 두 채 있어요. 가족이 살다가 자식이 결혼하면 부모는 '밖거리'라고 부르는 작은 집으로 나오고, 큰아들 내외한테 '안거리'라고 부르는 집을 줘요. 살림도 따로, 밥도 따로 해요. 그럼 2개의 굴뚝에서 연기가 나죠. 이전에는 육지처럼 주민등록으로 세대를 따져 보상금을 지급했어요. 그런데 꼭 그럴 필요 없잖아요. 제주는 제주의 기준에 따라 가정을 나눠 지급해도 돼요. 부모님과 사는 가정에선 생각지도 않게 2배의 돈을 받았죠. 그럼 깜짝 놀라고 좋아하는 거예요.

토박이가 아니라서 제주만의 특징을 빨리 알아챌 수 있었던 거네요.

지금 들어서 아시겠지만, 저는 제주 말을 유창하게 못 해요. 육지에서 내려온 사람이 들어보니 제주어가 정말 짧고 효율적이더라고요. 상상도 못 할 제주인의 현명한 생활관이 말에서 드러나요.

제주어는 왜 짧나요?

바람 때문이에요. 말이 길면 뒷얘기가 바람에 날려 안 들려요. 바람이 세기 때문에 말하는 사람도 듣는 사람도 말이 짧은 편이 유리해요.

"밥 먹었습니까?"를 "밥 먹언?" 하는 것처럼요.

대단하죠. 대단한 사람들인데, 이게 알려지지 않았고 알리려고도 하지 않아요. 이대로 묻힌 채 사라질까 봐 여러모로 고민하고 있어요.

아, 그러고 보니 마을 입구에 '제주어 마을'이라고 쓰인 돌이 있더라고요.

외지 아이들한테 제주 말로 물건 사는 걸 가르쳐주고 싶고, 제주 토박이 해녀랑 손잡고 바다에 들어가서 소라 따는 체험도 만들어보고 싶어요. 그동안 마을이 가난해서 자체 땅이 하나도 없었어요. 작년에는 풍력발전으로 들어온 돈을 한 푼도 안 나누고 모아 금등리 끝자락 수장동에 200평 넘는 땅을 샀어요. 제주어 마을 홍보관을 지으려고 해요. '살아보기 집'도 두 채 지었어요.

한 달 살기 같은 건가요?

그렇죠. 한 달이고 두 달이고 1년이고 와서 살아보는 거예요. 15평짜리 하나랑 20평짜리 하나가 있는데, 운영이 참 잘돼요. 거기서 나오는 수익은 다시 마을 복지를 위해 써요.

현재 운영하는 마을 복지에는 뭐가 있나요?

보조금으로 마을 버스를 샀고, 회관에 태양광발전기를 설치했어요. 저온 저장고랑 헬스장을 운영하고 있고요. 마을 사람이면 누구나 무료로 쓸 수 있어요. 이 마을엔 초등학생이 참 많은데, 남은 돈은 학생들 학용품 사라고 줘요. 발전소가 들어오기 전까지 금등리를 지키면서 사신 분들도 챙겨요. 몸이 불편해서 지금은 양로원이나 외지의 자녀 집에 있는 노인들에게도 마을 사람의 70%에 해당하는 지원금을 드리고 있죠. 금등리 출신 부모님을 모시는 자녀들이 통장을 들고 마을 회관으로 돈 받으러 와요.(웃음) 투명하고 세심하게 챙기려 노력하죠. 부녀회원들은 제주도에서 나훈아 콘서트가 열렸을 때 다 같이 다녀왔어요. 콘서트도 구경하고 맛있는 저녁도 사 먹고 기분 좋게 돌아오더라고요. 돈이라는 건 그렇게 써야 한다고 생각해요.

발전소를 반대할 이유가 없을 만도 하겠어요.

마을의 해녀도 어부도 나이가 들어서 일을 많이 할 수 없는데, 보상금이 꼬박꼬박 나오니까 좋죠. 근처 마을에서도 풍력발전기를 좀 세우고 싶다고 얘기할 정도예요. 우리가 합심해서 좋은 선택을 한 만큼 앞으로도 마을 사람들이 더 많이 가질 수 있었으면 좋겠어요. 저도 더 욕심 내고 싶어요. 한경면에서 체육대회를 하면 보통 단체 티셔츠 하나 맞추거든요. 금등리는 티셔츠, 신발, 재킷까지 제일 좋은 걸로 해줄 거예요. 단합이 되면 이렇게 좋다는 걸 보여주고 싶어요.

계획 중인 복지가 또 있을까요?

작년에 한국판 뉴딜 공모전에서 상을 받았어요. 그 상금으로 발전기에 경관 조명을 설치할 생각이에요. 관광객이 올 수 있게요. 발전소 근처에 안 부수고 놔둔 옛 정류장이 하나 있거든요. 그곳에서 주민들이 마을의 농수산물을 팔면 좋을 것 같아요.

얘기를 나누기 전에는 이장님이 마을에 풍력발전기를 세우고 지원금을 받은 게 큰 업적이라고 생각했는데, 마을 문화를 만들어나간 게 더 크네요.

풍력발전기를 세우면서 이뤄낸 작은 변화들이 다음 세대의 금등리 주민들에게도 도움이 되었으면 해요. 회의를 자주 여는 게 정말 중요해요. 주민들에게 진행 사항을 공유하고 의견을 들어야 마을이 잘 굴러가요.

이장님은 바닷가에서 평생을 산 사람이잖아요. 바다가 특별하게 느껴지는 점이 있을 것 같아요.

물을 썩 좋아하지 않아서 바닷가에 산다는 느낌이 별로 없어요. 저는 산을 좋아해요. 이런 사람인데도 한창

발전기를 세울 때는 매일 바다에 나갔어요. 굉장히 예민할 때였죠. 공사하는 것도 보고 해녀들 작업도 단속하고. 아유, 그때는 정말… 말도 못 해요. 다들 따라주고 믿어주니까 여기까지 왔지, 혼자서는 절대 못 했을 거예요.

여전히 해상 풍력에 관한 괴소문과 걱정이 많아요. 설치를 주저하는 마을들에 해주고 싶은 말이 있나요?

실제로 그런 마을 사람들이 얘기를 들으러 와요. 얼마 전엔 경상남도 도청과 인천, 욕지도에서도 왔어요. 보름 뒤에는 덴마크 대사관에서 덴마크 사람들을 데리고 온대요. 제가 하고 싶은 말은 해상 풍력, 해보니 괜찮다는 거예요. 저희도 서류상 증축을 이미 진행하고 있어요. 다만 어장에 세우는 건 반대예요. 신재생에너지도 좋지만 굳이 어장을 죽일 필요가 있나요? 어민들도 살아야죠.

발전소를 어장에 세우는 경우도 있나요?

욕지도가 딱 그 경우였어요. 국가 시책이라 그렇게 결정될 것 같다고 하더라고요. 그럼 협상을 잘해서 보상을 많이 받으라고 말해줬어요. 어업을 못 하게 되는 만큼 보상을 받아 이득을 취하라고. 그 말도 꼭 해줘요. 혼자 생각하지 말고 얘기를 많이 들어보라고요. 찬성하는 사람도 반대하는 사람도 찾아가 의견을 들으면요, 시간이 오래 걸리고 복잡해지는 것 같아도 그만큼 좋은 아이디어가 참 많이 나옵니다. 생계가 걸린 일이니 양보하라고 말 못 하죠. 오히려 반대할 거면 악착같이 반대하라고 합니다. 대화를 통해 모두를 만족시킬 유리한 상황이 아니라면 일단 보상이라도 많이 받아야 한다고 생각합니다. 어쨌든 서로 득이 되어야 해요. 그 방법을 잘 찾는 게 관건이에요. 돕고 베푸는 것도 결국 잘되려고 하는 거니까요.

솔직하고 실용적인 조언이네요.

외국 제품은 쓰지 말라고도 말해줘요. 외국 걸 쓰면 고장이 났을 때 복잡해요. 우리도 지금 발전기 하나가 고장 났거든요. 사다리차처럼 올라갔다 내려갔다 하는 특이한 배가 고치러 와요. 우리나라 물건으로는 한 달이면 충분한데, 외국 걸로 하면 부품을 구하고 배를 찾아 승인 절차까지 거쳐야 해서 1년에서 2년까지도 걸려요. 그럼 그동안 고장 난 기기에서는 전기를 생산하지 못 하죠. 회사도 저희도 손실이에요. 그러니 국내산이 좋아요. 자, 이 정도면 얘기가 충분히 되었을까요?

앗, 오늘 일요일인데 일정이 또 있으세요?

네. 이따 6시에 마을 회의가 있어요.(웃음) 자, 마을 구경 마저 시켜줄게요.

바람이 지은
금등리 편의 시설

1.

건강 단련실

유산소운동과 무산소운동을 골고루 할 수 있는 헬스장과 근육의 긴장을 풀어줄 안마 의자를 마련했다.
야외에는 누구나 쓸 수 있는 게이트볼장도 있다.

2.

저온 저장 창고

마을 사람 누구든 무료로 사용할 수 있도록 개방된 농산물 저장 창고. 출하 전 신선도를 유지하는
역할을 한다. 정해진 날이면 농협에서 픽업하러 나온다.

3.

마을버스

거동이 불편한 어르신을 위해 운영하는 마을 자체 차량. 일주일에 이틀 운영하는데, 하루는 목욕탕에 가는 화요일, 다른 하루는 5일장이 열리는 날이다.

4.

태양광발전기

마을 회관과 노인 회관, 어촌계 사무실 건물 옥상에 태양광발전기를 설치했다. 사무실에서 쓰는 전기의 일부를 보조한다. 일조량이 많은 동네라 큰 도움을 받고 있다.

해녀와 다이버의 수중 진술, 이것은 실화다

PEOPLE

EDITOR. Seohyung Jo / PHOTOGRAPHER. Cjin Kim

김영남은 식당 '가파도 식탁'을 운영하는 35년 차 상군 해녀다. 김병일은 37년 차 다이버이자 수중 사진가다. 둘은 부부다. 제주 바다를 헤엄치며 보고 느끼고 기록해온 그들에게 바다가 변했냐고 물었다. 그 질문이라면 할 얘기가 아주 많다고 했다.

김영남, 김병일

점심 장사 준비로 가게가 분주하네요. 이번 주에는 바다에 안 나가세요?

다이버 김병일(이하 병일) 저는 지난주 금요일, 그러니까 이틀 전에 해양학자들이랑 잠수를 한 번 했어요. 내일모레는 제주도 수중 관련 단체들과 어촌계, 해녀계 합동으로 수중 정화 작업을 할 예정이고요.

해녀 김영남(이하 영남) 저도 지난주에 가파도로 물질 다녀왔어요. 가게 쉬는 수요일 맞춰서 보름에 한 번씩 작업하고 와요.

제가 바다 일 없는 날을 잡아서 왔네요, 하하. 두 분 모두 바다 일을 오래 했죠?

영남 스물다섯 살부터 보말 잡다가 스물여섯에 본격적으로 시작했으니 해녀 일을 35년 정도 했네요.

병일 저는 1986년도에 다이빙을 시작했어요. 37년 차예요.

병일 선생님의 다이빙 로그 얘기를 인터넷에서 봤어요. 1만 회 작성 기념으로 후배들이 축하해주는 사진이었죠. 일주일에 다섯 번은 바다에 들어가야 1만 회를 기록할 수 있겠는걸요.

병일 대충 그 정도 되겠네요. 보통 다이버들은 바다에 들어갔다 나오면 일지, 즉 로그를 써요. 그렇게 장려해왔는데 꾸준히 쓰는 사람이 드물 뿐이죠. 저는 처음 다이빙할 때부터 수중 사진을 찍었어요. 그때는 필름을 써서 열흘 치씩 모아 서울에 맡겼어요. 현상해오면 기록이랑 맞춰보고 검토해야 하니까 로그가 필요했죠. 삼십몇 년 하다 보니 1만 회가 되더라고요. 그게 작은 뉴스거리가 된 거예요. 세계적으로도 드문 사례라고 주변에서 기네스북에 올리자고 했어요. 그런데 등록 비용이 5000만 원이래. 뭐 할라 그래요. 됐다고 했죠.

병일 선생님은 제주 출신이 아닌 것 같아요. 영남 선생님은요?

영남 태생은 서울이에요. 영등포구 당산동.(웃음) 열 살 좀 지나 제주로 와서 야간 중학교에 다녔어요. 가족이 많은 집 셋째 딸이라 먹고살려고 일찍부터 식당 일을 시작했어요. 해녀 일은 가파도로 시집을 가면서 했고요.

주로 일하는 곳은 여기 문섬 근처인가요?

병일 학자들이랑 외국 바다 출장을 다니긴 했어도 주로 제주 서귀포 앞바다서 다이빙을 했죠. 근처에서 다이빙 숍을 하다가 올해 1월 7일부로 후배들한테 넘겼어요. 더 했다가는 제가 오래 못 살 것 같아서….

영남 저는 가파도 바다만 들어가요. 남의 구역에서 해녀 일 하면 큰일나요.

물에서 일하기로 결심한 계기가 궁금해요. 바다의 어떤 점이 두 분을 매료시켰나요?

병일 저는 대구 시골에서 자랐어요. 동네에 큰 저수지가 있었는데, 초등학교도 들어가기 전에 거길 한 바퀴 헤엄치곤 했어요. 어려서부터 워낙 물이랑 친했죠. 국방부 공직에서 사회생활을 시작한 후로는 휴가 때면 낚싯대 들고 바다를 찾았어요. 그러다가 1985년도에 제주로 낚시를 하러 왔어요. 와, 물고기가 엄청 잘 잡히더라고. 그날 잡은 생선으로 민박집 사람들 회 다 떠주고도 남을 정도였어요.

그때도 문섬이었나요?

병일 그때는 비양도. 다음 날 서귀포에 갔다가 무리 지어 바다로 가는 다이버를 봤어요. 일단 휴가가 끝나가니까 직장으로 돌아왔어요. 그리고 다이빙하는 동료를 찾아갔어요. 배우고 싶다고, 가르쳐달라고. 이듬해부터

다이빙을 배우기 시작했어요. 1990년도에 아예 사표를 내고 1991년 2월에 제주도로 내려왔죠.

바닷속에 뭐가 있길래 자꾸 선생님을 잠수하게 하나요?
병일 물고기는 주로 여름에 산란하니까 가을엔 고기가 많아요. 치어 떼가 부산스럽게 돌아다니고, 그걸 잡아먹으려 방어 같은 큰 고기들이 활동하죠. 태풍이 지나간 다음이라 물도 맑고요. 그 생명력 넘치는 장면을 보고 있자면 무아지경에 빠져요. 이런 장면은 카메라에 담지도 못해요. 먹고 먹히고 쫓고 쫓기는 바다를 시간 가는 줄 모르고 바라볼 수밖에 없어요.

물질은 다이빙과 다르게 숨을 참아야 하잖아요. 그런데도 영남 선생님을 다시 바다로 들어가게 하는 순간이 있겠죠?
영남 해녀 중에서도 저는 관찰을 많이 하는 편이에요. 참을 수 있는 숨에는 한계가 있으니 들어갔을 때 빨리 전복이랑 소라를 따야 하는데, 그 와중에도 꼭 바다를 실컷 보고 나와요. 35년 전 바다에 들어갔을 땐 갈라진 틈마다 오분자기가 있었어요. 인간이 절대 만들어낼 수 없는 초대형 스크린을 보는 것 같았죠. 전복이랑 오분자기 껍데기가 만드는 자연의 광택을 바라보는 게 참 아름답고 행복했어요. 학생들한테 강의할 때 저는 '청아하다'는 표현을 써요. 물 밖에서도 30m 아래까지 다 들여다보이는데 파랗고, 푸르고, 청아한 게 그렇게 황홀할 수 없죠. 가을은 해녀에게도 물질하기 좋은 계절이에요. 옛날엔 9월이 가장 좋았는데, 점점 늦어져서 지금은 10월 중순부터 12월 초까지가 좋아요.

30년 전과 비교했을 때 바다가 정말 달라졌는지, 그렇다면 어떻게 달라졌는지 궁금해요.
병일 많이 변했죠. 30년 전에는요, 제주 바다 어디든 물이 맑았습니다. 지금은 수평 최대 가시거리가 3분의 1로 줄었어요. 부유물이 많아서요. 제주 연안에는 남방큰돌고래가 살아요. 5년 전에 바다가 오염되는 속도를 지켜보며 돌고래가 가장 먼저 영향을 받을 거라고 계속 얘기했어요. 하루 세끼를 다 바다에서 먹는데 그렇지 않겠습니까? 지금 봐요. 기형 돌고래가 속출해요. 턱이 빠진 채 태어나서 먹지도 못하고 제대로 움직이지도 못해요. 30년 전은 말할 것도 없고 당장 몇 년 전과 비교해도 그래요.
영남 가파도에서는 5월에 뿔소라가 참 많이 잡혀요. 뿔소라는 암초에 사는데, 조류에 휩쓸리지 않으려고 등껍질에 뿔이 뾰족뾰족 나 있어요. 그게 포식자한테 먹히는 것도 막아주죠. 그런데 근처에서 부두 공사를 하면 소라 뿔이 없어져요. 스트레스를 받아서 껍질이 부서지는

거예요. 소라는 봄에 살이 쪄 산란하고 나면 겨울에 살이 빠지면서 질겨지는데요, 요즘엔 잡아서 보면 애들 살이 제주 말로 몽다실어져요. 그냥 물크러져요. 미역 같은 해조류는 11월에 검지만큼 올라오기 시작해서 2월이면 엄청 커지죠. 그런데 이제는 5월이 되도록 자라지를 못해요. 4월에 겨우 나기 시작해서 한 달이면 늙어버려요. 전처럼 길고 튼튼하지 않아 뚝뚝 끊기거나 바다에서 저절로 흩어져버려요. 뜯어올 게 없어요. 그러니 미역 줄기를 갉아 먹고 자라는 전복도 알이 작아지죠.

바다가 생업이고 근무처이니 변화가 크게 느껴지겠어요.
영남 걱정되죠. 이런 심각한 변화가 진행되고 있다고 누차 주변에 얘기해도 관심 있게 듣는 사람이 없어요. 바다는 육지의 겨울과 다르게 3~4월이 가장 차요. 한라산 눈이 녹을 무렵인 2월 말부터 '아, 곧 추워지겠다' 각오하고 들어가는데, 요새는 그렇게 차갑지가 않아요. 한라산에도 눈이 많이 안 내린다고 하더라고요. 물 온도도 예전처럼 떨어지지 않아요.

문섬은 물이 맑아 다이버들의 성지라고 들었어요. 요즘은 어때요?
병일 제주도 바다 자체가 육지 바다보다 화려해요. 제주도 해역에는 우리나라 산호 70%가 서식하고 있고, 서귀포 바다는 우리나라에서 가장 수온이 높은 곳이에요. 그중에서도 여기 문섬, 그 앞에 범섬과 숲섬 근처는 물이 깨끗해서 수심 3m만 들어가도 산호가 많아요. 외국의 산호학자들이 와서 보고 놀라죠. 이렇게 다양한 개체의 산호가 밀집해 사는 곳은 처음 본다면서요. 요 몇 년간 바다에 산호가 폭발적으로 늘어나고 있어요. 지구온난화로 수온이 상승해서 그렇기도 하고, 부유물이 많아 산호의 먹이 활동이 용이해졌기 때문이기도 하죠.

산호 종류도 바뀌었나요?
병일 그렇다기보다 다양성이 떨어졌어요. 바다맨드라미 종이라고 줄기는 크림색, 머리는 붉은색인 연산호 몇 종이 제주 바다를 다 차지하고 있어요. 산호 개체 수가 많아졌다고 해도 이런 식은 좋은 변화라 할 수 없죠.

바다를 바꾸는 가장 큰 요인이 뭐라고 생각해요?
병일 큰 건 모르겠고 작은 건 알아요. 저라는 한 사람이 생활하면서 만들어내는 걸 보면요. 머리 감을 때 쓰는 샴푸, 먹다 버린 음식, 빨래할 때 쓰는 세제 등이 있어요. 차를 타고 나가면 석유를 연소하면서 나오는 나쁜 물질이 있고, 1급 발암물질인 타이어 분진도 있죠. 이런 게 공기 중이든 하천이든 남아 있다가 비가 오면 바다로

들어가요. 그런데 제주도에 인간만 있는 게 아니잖아요. 동물도 있어요. 돼지 한 마리는 사람 두 명분의 오수를 쏟아내고요, 소는 사람 열한 명분의 오수를 만들어요. 소, 돼지, 사람만 단순 계산해봐도 총 980만 개체가 제주의 하천과 바닷물을 더럽히고 있다는 계산이 나오죠. 특히나 제주는 모두가 바다 근처에 살고 있기 때문에 생활 오수가 바다로 들어갈 수밖에 없어요.

하수 처리 시설은 큰 도움이 되지 못할까요?
병일 제주도에는 8개의 하수 처리장이 있는데, 시설이 10년 넘었어요. 10년 전에는 제주 인구가 50만이었는데, 현재는 70만 가까이 되거든요. 지금 증축하거나 대책을 마련해도 당장 생기는 생활 오·폐수를 다 정화하기 어려워요. 그래도 눈으로 보기에 바다에 문제가 없으니까 뭉기적거리며 뒤로 미루는 거예요.

현장에서는 은퇴했지만 각자 수중 사진 촬영가로, 식당 사장 겸 해녀로 바쁘게 활동하고 있는데요, 짬을 내서 오늘처럼 바다를 위해 목소리를 내는 이유가 궁금해요.
병일 바다 환경이 점점 나빠지고, 그게 보이니까요. 개개인도 노력해야 하고 정책 당국자들도 고민해야 하는데, 해산물만 먹을 줄 알지 바다를 보호하려는 생각이 없어요. 바다가 지금처럼 빠르게 망가진다면 어떻게 되겠어요. 한번 오염된 바다는 되돌리기 힘들어요. 오랜 시간을 버티고 버티다 훼손된 거라 복구하려면 예산도, 기간도 아주 많이 필요할 거예요. 분명한 사실은 자연이 건강해야 사람도 건강할 수 있다는 거예요. 바다에서 일어난 일은 바다에만 머무르지 않아요. 몇 년 전부터 같은 얘기를 하고 있는데, 아직도 사람들은 별 관심이 없어요. 이런 인터뷰 정말 많이 했어요. 방송에도 나오고요. 그런데 제 사생활만 노출될 뿐 제 말이 제대로 전달되는 것 같지 않더라고요. 힘이 쭉 빠지죠.

두 분이서 바다에 대한 걱정을 나누기도 하나요?
병일 바다 얘기 나오면 예전에는 많이 싸웠어요. 바다가 이렇게 망가지는 게 저는 "해녀들이 과하게 바다의 자원을 채취한 탓이다" 얘기하고 저 사람은 "다이버가 고갈시킨 거"라고 반박하는 식으로요. 다이버 100명 중에 전복이나 소라를 욕심내는 사람은 한 명 있을까 말까예요. 극히 일부죠.
영남 다이버는 아예 산소통을 메고 들어가지만, 해녀는 자기 숨만큼만 잠수하잖아요. 애초에 생태계를 파괴할 만큼의 양을 채취할 수 없어요. 7년 전만 해도 해녀가 9000명이 넘었는데 지금은 3000명 남짓이에요. 나이 든 해녀는 은퇴하거나 돌아가셨고, 해녀 학교를 졸업한

젊은 해녀들은 물에 살짝 발만 담갔다가 그 이름을 내세워 사진 전시를 하고 책을 쓰고 식당을 운영해요. 바다가 지금 같은 속도로 열대화하고 오염되면 어차피 해녀가 설 자리는 없어질 거예요. 요즘은 둘이서 10년 뒤 바다를 자주 떠올려요. 바다에 뭐가 남아 있을까, 바다에 남은 게 없을 때 인간은 어떻게 될까 상상하죠.
병일 우리나라 사람이 세계에서 가장 다양한 해산물을 먹는대요. 1인당 해산물 소비량도 가장 많고요. 제주도 서쪽에 낚시꾼만 들어갈 수 있는 차귀도라는 섬이 있어요. 학자들하고 조사를 가면, 그 바닥이 온통 낚시꾼이 버린 쓰레기입니다. 낚싯대 부품인 납 봉돌이 특히 많아요. 매번 주워서 나와도 끝이 없어요. 생태계를 파괴해 나라에서 사용을 금지했는데도 여전히 쓴다는 거죠. 문어는 산란장을 만들 때 돌을 가져다 입구를 은폐해요. 납 봉돌이 있으면 그걸 집어다 쓰죠. 부화한 새끼는 어떻게 될까요? 납 중독이 된 채로 태어나겠죠. 그리고 그게 우리 밥상에 올라오는 거예요.

저처럼 육지에 사는 사람은 바다가 눈에 띄지 않으니 더욱이 문제를 간과하기 쉬운 것 같아요. 요즘 가장 큰 걱정은 뭐예요?
병일 최근 제주도 하천 정비 사업을 한답시고 도랑, 하천, 개천 할 것 없이 모조리 콘크리트를 발라 직선으로 만들어놨어요. 그거 결국엔 원래대로 다 되돌려놓아야 할 거예요. 바다 옆에는 식당이나 위락 시설, 도로 만드는 일을 피해야 해요. 비가 오면 거기서 나온 오염 물질이 바로 바다로 들어가잖아요. 제주도뿐 아니라 울릉도도 연안에서 5m 안에 도로를 다 깔아놨어요. 나랏일인데 한낱 개인이 어떻게 하겠나 싶지만 그렇지 않아요. 작은 움직임이 있어야 큰 움직임을 만들 수 있어요. 삶을 바꾸려는 의지가 문제를 해결할 계획을 만듭니다.

들을수록 마음이 안 좋네요. 분위기를 좀 바꿔서 요즘 가장 기대되는 일도 한번 들어볼까요?
영남 물질 전이 가장 설레고 좋아요. 내일 물질을 간다고 하면 저는 오늘 아무것도 안 해요. 좋은 거 먹고, 영양 주사 맞아가며 몸을 만들어요. 어디 가서 뭐 잡아야지, 전복이 얼마나 자라 있을까, 부지런히 작업해야지 생각하면서요. 식당에서 일하다가 보름에 한 번씩 물질하면 꼭 매 맞은 사람처럼 온몸이 아파요. 이틀 차에 몸이 좀 풀린다 싶으면 다시 식당으로 돌아와야 해요. 그래도 바다에 가면 쉬는 기분이 들어요. 식당은 자질구레한 일이 끝도 없이 나오는데, 바다 일은 명쾌해요. 여전히 바다에 나가 물질할 때 가장 행복해요.

식당 일을 할 때도 즐거워 보여서 여전히 바다를 그리도 그리워하는 줄 몰랐어요.

영남 많이 변했지만 아직은 제주 바다가 봐줄 만하거든요. 저랑 친구가 잡은 걸 식당에 가져와 요리한 것을 손님들이 먹고 "소라 최고네요" "정말 싱싱하네요" 같은 칭찬을 해주면 그렇게 기쁠 수 없어요. 음식 나르면서 신이 나 열심히 설명을 해줘요. "가파도에서 온 뿔소라예요. 가파도는 돌 바다라서 소라 먹다가 모래 씹을 일이 없어요." 도라지무침은 한라봉 청에 무쳤다고, 어디서 언제 따온 톳인데 볶아서 반찬으로 만들었다고 얘기하며 보람을 느끼죠. 제주 바다에 자긍심도 느끼고요.

듣다 보니 배가 고픈데 저희도 밥 먹고 가도 되나요?

영남 능볼대라고 심해에 사는 고기로 맑은탕을 끓였어요. 1년 내내 살쪄 있는 생선인데 육지에선 금태라고 하나? 먹어볼래요?

병일 고수 먹어요? 고수가 향이 좋은 건 그만큼 좋은 성분을 머금고 있어서예요. 그러니 사람한테도 좋아요. 먹는다고? 하! 젊은 아가씨들이 못 먹는 게 없네.

영남 바다는 벗이 있어야 해요. 밭일은 혼자 해도 바다 일은 혼자 못 해. 숨 참아가면서 소라나 전복을 잡는 일이니까 서로가 꼭 필요해요. 같이 들어갔는데 친구가 안 나온다? 그럼 사고가 난 건 아닐까 불안해요. 그러다가 휘이 숨비소리가 나면 그때서야 안심하죠. 그건 '나 여기 살아 있다'는 신호거든요. 고요하고 침착해 보이는 바다지만 별일 없겠지, 생각할 게 아니에요. 지금이 바다가 숨을 참고 버틸 수 있는 마지노선이에요.

만약 이 행성에

그것은 물속에

1.5℃

마법이
존재한다면,

펜실베이니아대학교 인류학 교수,
로런 에이슬리 Loren Eiseley

담겨 있다.
99

SAMSØ

탄소 없는 유토피아 섬

덴마크의 작은 섬 삼쇠는 1997년 정부로부터 재생에너지 시범 지역으로 지정된 이래 10년 만에 섬 전체에서 쓰고도 남는 양의 재생에너지를 생산하는 에너지 자립 섬으로 거듭났다. 지역 커뮤니티의 자발적 참여와 이를 이끌어낸 합리적 운영이 없었다면 불가능했을 일이다.

탄소 제로 섬으로
향하는 여정

덴마크는 크게 반도 하나와 섬 둘로 이뤄져 있다. 반도와 섬 사이에 자연스레 형성된 U자형 해협에 삼쇠섬이 길게 자리한다. 총면적 114km²로 강화도의 3분의 1에 해당하는 작은 섬임에도 불구하고 푸른 언덕에 빙하 협곡까지 덴마크 지형의 특징을 고스란히 간직하고 있다. 인구 4000명이 채 되지 않는 작고 한적한 섬은 언뜻 유럽의 여느 시골과 다를 바 없어 보인다. 하지만 섬 전체에 흐르는 전기가 재생에너지라는 사실을 아는 순간 인상이 확 달라진다. 인류가 직면한 기후 위기에 가장 획기적인 방식으로 대응하는 삼쇠섬은 21세기의 가장 혁신적인 도시로 손꼽는다.

덴마크 정부는 1997년 삼쇠를 '재생에너지 섬'으로 공식 지정했다. 그리고 재생에너지 시범 프로젝트를 본격적으로 시행한 지 10년 만인 2007년 삼쇠는 섬에서 필요로 하는 전력을 100% 풍력발전으로 공급하는 동시에 난방의 70%를 태양열과 바이오매스 연료로 충당하는 쾌거를 이뤘다. 당시 유럽에서조차 꺼린 풍력발전기를 설치하는 데 우호적인 동시에 개별난방을 포기하고 지역난방으로 갈아타는 등 주민들의 전폭적 지지와 참여가 있었기에 가능한 일이었다. 1997년 삼쇠섬 주민이 1인당 연간 배출하는 탄소 양은 평균 15톤에 달했다. 그렇다면 현재는 어떨까. 연간 1인당 탄소 배출량이 0에 수렴하다 못해 -3.7톤을 기록하기에 이르렀다. 물론 여전히 섬 한쪽에서는 화석연료를 일부 사용하고 있지만, 생산하는 재생에너지의 양이 이를 훌쩍 뛰어넘기 때문이다.

삼쇠섬은 덴마크 수도 코펜하겐이 자리한 셸란섬 혹은 제2의 도시 오르후스가 위치한 유틀란트반도에서 페리를 타면 쉬이 당도한다. 셸란섬에서 출발할 경우 북서단에 위치한 칼룬보르에서 삼쇠섬 동쪽 항구까지 페리로 1시간 30분 걸린다. 한편, 유틀란트반도의 오르후스에서 출발할 경우에는 '프린세세 이사벨라'호를 이용해 서쪽 항구에 입도한다. 우리에게도 친근한 덴마크 왕실의 이사벨라 공주 이름을 딴 이 배는 덴마크 최초의 LNG 연료 구동 페리로 지역에서 명물로 통한다. 물론 그만큼 탄소 배출량도 적다. 프린세세 이사벨라호 또한 재생에너지 시범 프로젝트의 일환으로 도입한 배다. 현재는 LNG에 의존하고 있지만 차차 삼쇠섬 농가에서 생산하는 바이오매스 연료로 전환하는 것이 목표다.

주민이 주도하는 재생에너지 전환

99

삼쇠섬 주민들 사이에서 풍력발전 시설이 처음부터 환영받은 것은 아니다. 삼쇠섬의 재생에너지 프로젝트가 지역 커뮤니티의 전폭적 지지를 얻은 이유는 지역민 중심의 운영 정책 덕이었다. 기피 대상이던 풍력발전기를 비롯한 대부분의 재생에너지 설비 소유권을 섬 주민에게 쥐어준 결정이 크게 작용했다. 삼쇠섬의 전체 전력 공급을 책임지는 해상과 육상 풍력발전기 중 90%는 주민이 소유권을 가지고 있다. 풍력발전으로 창출되는 수익 또한 소유주인 주민에게 돌아간다. 섬이 청정해질수록 주민의 경제적 이익도 늘어나니 반대할 이유가 없는 셈이다.

프로젝트를 추진할 즈음 삼쇠섬은 유가 상승과 농업 쇠퇴, 불경기 등의 악재가 겹쳐 고전하고 있었다. 인구 고령화와 실업률 상승도 심각한 지역 문제로 떠올랐다. 첩첩난관을 극복하기 위해 획기적인 변화가 불가피했다. 그때 발 빠르게 도전한 재생에너지 프로젝트는 지역에 관광과 재생에너지 중심의 경제를 활성화하며 새로운 활로를 열어줬다. 21기의 풍력발전기는 섬 전체에 전기를 공급하는 것은 물론, 일부 교통수단이나 특수한 건물에서 여전히 불가피하게 사용하는 화석 에너지 소비량을 상쇄하고도 남는 양의 전력을 생산한다. 섬이 남는 에너지를 덴마크 본토에 공급해 벌어들이는 수익 또한 상당하다. 지역 주민이 주도권을 쥔 재생에너지 기반의 경제가 자연과 사람이 공생하는 결과를 낳은 것이다.

삼쇠섬 주민은 프로젝트에 돌입하면서 발생한 생활의 변화와 그로 인한 불편을 기꺼이 감수했다. 주민 대다수가 기존에 사용하던 석유 개별난방 대신 지역난방을 활용하고 집의 단열을 보강해 탄소 배출 감소에 적극 동참했다. 섬이 본토에서 사들이는 전기가 줄어든 만큼 절약한 비용을 지역사회는 스마트 에너지 시스템과 단열 설비를 구축하는 데 과감히 투자했다. 그 과정에서 주민은 저마다 자신의 집을 재생에너지 중심 공간으로 정비할 줄 아는 전문가로 거듭났다. 이렇게 축적한 노하우와 기술, 변화한 생활상과 그로 인한 효과를 보고 배우려 하는 사람들이 섬을 찾기 시작했다. 과학자, 기업인, 정치가, 언론인은 물론 일반 관광객까지 다양한 직종의 사람들이 섬에 발을 디뎠다. 그 수가 어느덧 연간 5000명에 다다르자 지역사회는 삼쇠에너지아카데미를 설립했다. 섬을 찾는 이들에게 보다 더 체계적인 견학과 교육 기회를 제공하기 위해 생긴 이 교육기관은 국제사회에 재생에너지의 당위성을 알리고 방법론을 제시하는 구심점으로 자리매김했다. 동시에 전기자동차 등의 친환경 교통수단을 도입하고 태양열 설비 규모를 확대하는 등 섬이 향후 전개할 재생에너지 프로젝트를 이끄는 기능도 병행하고 있다.

여행자를 설레게 하는
중세 배경 속 미래 도시의 면모

삼쇠에너지아카데미는 일반인을 대상으로 투어 프로그램을 진행한다.
편안한 분위기 속에서 삼쇠섬이 에너지 전환에 성공할 수 있었던 배경을
듣고 자유롭게 질문하고 답을 들을 수 있다. 점심을 먹은 후에는 아카데미
담당자와 섬을 한 바퀴 돌며 재생에너지가 만들어지거나 쓰이는 명소를
둘러본다. 반나절 일정의 이 투어는 삼쇠섬을 재생에너지 측면에서 한
눈에 조망하게 해준다. 하지만 이대로 떠나기 영 아쉽다. 삼쇠섬은 에너지
전환에 성공하기 전부터 관광지로 이름난 곳이었다. 덴마크의 변화무쌍한
지형을 압축한 듯 다채로운 지형에 북유럽 중세 문화가 켜켜이 쌓여 있다.
또 하룻밤 묵고 가는 관광객을 위해 '나이트 라이프'라는 특별한 프로그램을
운영한다. 나이트 라이프는 하늘을 수놓은 은하수를 온전히 눈에 담을
수 있도록 특정 지역의 인공 조명을 일제히 끄는 행사다. 가로등, 간판,
자동차 전조등, 건물의 형광등이 꺼지는 순간, 자연의 빛이 얼마나 유용하고
아름다운지 새삼 깨닫게 된다. 태양광으로 불을 밝히고 태양열로 물을
데우는 오프그리드 숙소에서 재생에너지를 몸소 체험한 후 다음날 아침
자전거를 빌려 섬을 한 바퀴 돌아보자. 자전거길을 따라 달리다 보면 중세
벽화가 그려진 고풍스러운 교회와 성, 헛간 등을 발견할 수 있다. 마치 중세
북유럽을 배경으로 한 시대극 속에 들어온 듯 기분 좋은 착각이 들 것이다.
삼쇠섬은 그렇게 여행자로 하여금 공간은 물론 과거와 미래라는 시간을
넘나드는 특별한 경험을 선사한다.

쇠렌 헤르만센
Søren Hermansen
삼쇠에너지아카데미 CEO

재생에너지 섬으로 지정된 후 섬에서 가장 두드러진 변화는 무엇이었나요?

1997년 교토에서 열린 유엔기후변화협약 3차 당사국총회 COP3에서 당시 덴마크 환경부 장관은 덴마크의 탄소 배출량을 21% 줄이겠다고 선언했습니다. 그때만 해도 지나치게 낙관적이고 현실성 없는 목표라고 일부에서 쓴소리를 했죠. 정부는 10년 안에 100% 재생에너지로의 전환이 가능하다는 것을 증명할 지역 커뮤니티를 선발하는 공고를 냈고, 삼쇠섬에서 낸 계획안이 뽑혔어요. 1980년대 후반에서 1990년대 초, 농촌을 휩쓴 불경기에 고전하던 삼쇠섬에 재생에너지로의 전환은 고용 창출과 경제 활성화를 가져올 기회로 비쳤습니다. 본토에서 구매하는 석유와 전력 비용이 줄어든 동시에 대부분의 가정이 석유 개별난방에서 바이오매스 지역난방으로 교체하고 풍력발전기를 이용해 직접 전력을 생산하며 순환의 경제가 만들어졌습니다. 그 결과, 관광산업이 확대됐고 재생에너지 산업은 계속 성장하고 있습니다.

지역민의 전적인 협조가 100% 재생에너지로의 전환을 일궈낸 핵심 요인이었습니다. 꽤나 큰 생활의 변화를 감수해야 했을 텐데, 주민에게 동기 부여를 한 것은 무엇인가요?

유가의 가파른 상승이 가장 큰 동기였습니다. 지역 주도로 생산하는 재생에너지는 통제 가능하고 가격도 안정적으로 유지할 수 있죠. 어떤 계획이든 "내게 돌아오는 것은 무엇인가"라는 질문에 대답할 수 있을 때 가장 설득력을 지닌다고 우리는 늘 말합니다. 변화가 낳는 긍정적 결과를 사람들이 확인할 수 있다면 더욱 빠르게 지지와 참여를 이끌어낼 수 있습니다. 또한 주민에게 설비 자금을 일부 부담하도록 권유하고 협동조합 형태로 소유권을 부여했습니다. 그 덕에 섬의 경관에 대형 풍력발전기가 들어선다는데도 그걸 받아들였죠. 탁 트인 수평선과 지평선을 기대하고 오는 관광객이 실망해 관광산업에 타격을 줄까 우려하는 목소리도 있었어요. 그런데 재생에너지의 영향력을 탐구하고자 하는 전문가와 일반 관광객이 늘어나면서 오히려 관광 시즌이 확대됐어요.

커뮤니티는 구체적으로 어떤 혜택을 얻었나요?

변화가 개인의 번영과 지역 경제 활성화를 가져온다는 사실을 깨달으면 사람들은 계속해서 새로운 아이디어를 내놓습니다. 평범한 주민일지라도 풍력발전기와 재생에너지 설비를 스스로 소유한다는 의식은 커뮤니티를 향한 책임감을 강화합니다. 이러한 선순환이 저희가 늘 중시해온 부분입니다.

삼쇠에너지아카데미를 설립한 배경은 무엇인가요?

재생에너지 섬으로 지정되고 8년쯤 지나자 이 과정과 기술, 효과를 직접 보고 배우려는 방문객이 두드러지게 증가했습니다. 동시에 주민이 주도적으로 프로그램을 개발하고 참여하게끔 유도할 중심 기관이 필요하던 시점이었죠. 지난 15년 동안 아카데미는 국제 네트워크의 거점으로서 삼쇠섬 마케팅을 전개하며 새로운 프로젝트를 계획하고 그에 필요한 재정을 유치해왔습니다. 새로운 프로젝트를 전개할수록 새로운 경제외 전환이 이뤄지고 있음을 매번 목격하고 있습니다. 마치 1980~1990년대에 농업에서 재생에너지 산업으로 전환을 이뤄냈듯 말입니다. 또 여러 대학과 산학 연계를 맺으며 이 섬에 부족한 젊은 세대와의 접점을 만들어가고 있습니다. 물론 시연과 워크숍, 교육, 연수, 팀 빌딩, 프레젠테이션 등 다양한 활동도 펼치고 있고요. 지역 주민을 위한 무료 컨설팅도 제공합니다. 예를 들면 누군가 난방 시스템을 바꾸거나 집을 개조하고 싶을 때 도와주는 식이죠.

재생에너지 섬을 유지하고 발전시키기 위해 현재 지역사회가 가장 신경 쓰는 부분은 무엇인가요?

섬에서 소비하는 에너지를 생산하는 기존 프로젝트 외에는 모빌리티에 집중하고 있습니다. 전기차는 물론, 새로운 연료로 구동하는 페리선의 도입, 전기자동차 충전소의 확대 등 여러 가지 안건이 있죠. 더욱 큰 규모의 태양열 설비와 스마트 에너지 시스템의 도입도 계획 중에 있습니다. 계속해서 자원을 축내는 방식으로 에너지를 소비할 수는 없기에 폐기물을 관리하고 재활용하는 데에도 공을 들이고 있습니다.

미카엘 크리스텐센
Michael Kristensen

삼쇠에너지아카데미 프로젝트 매니저

삼쇠섬의 재생에너지 프로젝트는 구체적으로 어떤 과정과 단계를 거쳐 진행됐나요?

삼쇠섬의 재생에너지 프로젝트는 크게 버전 1.0, 2.0, 3.0으로 구분해 진행해오고 있습니다. 간단히 말하면 1.0은 과거, 2.0은 현재, 3.0은 미래를 바라보는 단계죠. 현재 추진 중인 버전 2.0은 2030년까지 화석연료 없는 섬을 만드는 것입니다. 삼쇠에너지아카데미, 지자체, 주민이 모두 협동해 추진 중이죠. 이러한 협력 관계는 1997년 재생에너지 섬을 만들면서 형성됐습니다.

프로젝트의 다음 단계는 무엇을 담고 있나요?

현재 우리는 2.0 계획에 집중하고 있습니다. 정확히는 2.0에서 3.0으로의 전환이라고 할 수 있겠네요. 2.0 계획안을 완료하면 추진할 3.0 계획안의 수립 역시 지금부터 진행해야 할 과제입니다. 그다음 단계는 2050년까지 파리기후변화협약의 기준에 따라 탄소 중립을 이루는 것입니다. 일명 '삼쇠 3.0-지속 가능한 에너지 액션 플랜'이라 부르는 새로운 비전을 달성하기 위해서는 다시 한번 주민의 협동과 노력이 필요합니다. 3.0의 마스터플랜은 지속 가능한 에너지 개발, 상수도 및 환경 시스템, 폐기물 관리, 유기 농법, 생물 다양성, 광공해 光公害 등을 다룹니다.

각 단계별로 핵심적인 내용은 무엇인가요?

현재 삼쇠섬이 추진 중인 버전 2.0과 3.0은 각각 화석연료 사용량을 0으로 만드는 것과 지속 가능한 에너지 시스템에 주안점을 둡니다. 앞서 완료한 버전 1.0은 전력, 난방, 교통수단 등 오로지 에너지만을 다루는 단계였죠. 기술적으로는 육상 풍력발전기 11기와 해상 풍력발전기 10기, 목재와 짚을 이용한 지역난방 시설 4개소, 전기자동차 및 천연가스 페리선 도입이 핵심 내용이었습니다. 가장 중요한 일은 이 모든 영역에서 에너지 절약을 실천하는 것이었습니다. 삼쇠섬의 지형은 풍력발전에 유리해서 풍력발전기를 주요 동력원으로 채택했습니다. 사면이 바다에 둘러싸이고 반대편 연안까지 약 20km 떨어져 있어 풍력발전에 적합한 풍속을 형성합니다. 그렇게 생산한 전력 중 30%만 우리가 쓰고 나머지 70%는 본토에 판매하고 있죠.

섬의 전력을 책임지는 풍력발전 외에 어떤 재생에너지 기술과 솔루션을 운영하고 있나요?

배터리로 작동하는 스마트 그리드 시스템과 알고리즘으로 조절하는 에너지 소비 시스템입니다. 알고리즘을 통해 에너지 생산 시 전기를 동력으로 하는 시설과 기구를 구동할 수 있는 체계를 구축해 에너지 효율을 한층 높였습니다. 전기자동차와 천연가스 페리선도 중시하는 솔루션이고요. 모든 기술과 솔루션의 목표는 에너지 절약이며, 궁극적으로 모든 주민이 화석연료를 사용하지 않는 날을 만들고자 합니다.

삼쇠에너지아카데미는 지역민과 어떤 방식으로 협업하고 있나요?

아카데미는 영리 활동을 하지 않는 중립적인 기관입니다. 주민이 아카데미의 조언을 신뢰하는 이유죠. 지자체에 소속된 기관도 아니에요. 에너지, 교육, 지속 가능성, 순환의 경제를 추구하는 비영리단체입니다.

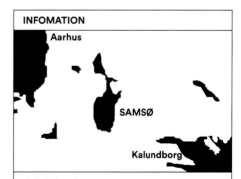

INFOMATION

Aarhus

SAMSØ

Kalundborg

삼쇠섬 가는 법

덴마크 수도 코펜하겐이 속한 셸란섬에서 출발할 경우 북서단에 위치한 칼룬보르에서 페리를 이용해 1시간 30분 만에 삼쇠섬 동쪽 항구에 닿을 수 있다. 유틀란트 반도의 오르후스에서 출발할 경우에는 지역의 명물인 프린세세 이사벨라호를 이용해 삼쇠섬 서쪽 항구에 닿는다. 소요 시간은 1시간이다.

PROFES-SIONAL'S NET ZERO AMBITION

워라밸 잇는 뉴 라이프스타일
프로페셔널의 넷제로 도전기

업계 전문가들은 지금 각자의 전투 속에 있다. 때로는 집단 지성의 힘으로,
때로는 체제를 뜯어고치며 당면한 문제의 해답을 찾는 중.
그들의 선구적 대응과 선한 영향 아래 다음 라이프스타일 트렌드는
'워크 앤드 넷제로'가 될 것이다.

LIFESTYLE   WRITER. Minjeong Park

COLDPLAY'S MUSIC OF SPHERES 2022

콜드플레이 넷제로 콘서트

TROUBLE

콜드플레이의 프런트맨 크리스 마틴은 2019년 정규 8집 <Everyday Life>를 발매한 후 이렇게 선언했다. "이번 앨범과 관련한 투어는 없을 것입니다. 앞으로 1~2년에 걸쳐 투어의 지속 가능성을 고민할 생각입니다." 콜드플레이가 지난 2년간 콘서트를 갖지 않은 이유는 팬데믹 때문이 아니었던 셈이다.

SOLUTION APPROACH

팬데믹 시대에 콜드플레이는 환경 전문가들을 두루 만났다. 콘서트 투어 기간 동안 전 지구를 돌며 세계 곳곳에 탄소 발자국을 남기고 싶지 않아서였다. 우선은 비행을 최소화할 수 있는 동선을 짰다. 항공기는 전세기 대신 지속 가능한 연료를 활용하는 비행기를 이용하기로 했다. 참고로 후자를 선택했을 때 요금은 더 비싸게 친다. 멤버와 스태프들이 이동하며 배출하는 탄소는 이런 방법으로 줄인다 해도 콘서트 현장에서 수많은 사람이 내뿜는 탄소는 줄일 방도가 없다. 콜드플레이의 마지막 콘서트 투어에 540만여 명의 관객이 동참했다고 하니 그들이 배출한 탄소 양도 만만치 않았을 터. 아니나 다를까 영국에서 음악 산업은 매해 400만 톤의 탄소를 배출하는 불효 산업으로 여겨진다. 이에 콜드플레이는 콘서트에 필요한 전기를 태양열 에너지와 베지 오일, 키네틱 플로어 kinetic floor 기술로 충전하는 동시에 BMW의 친환경 배터리를 이용하기로 했다. 여기서 이름도 낯선 키네틱 플로어는 콘서트장 바닥에 특수 장비를 깔아 관객들이 자리에서 뛸 때마다 에너지를 자가 생산하는 흥미로운 기술이다. 관객이 열광할수록 더 많은 에너지를 생산할 수 있으니 콜드플레이로서는 양심의 가책 없이 공연에 집중할 수 있다. 콜드플레이는 이런 방식을 통해 탄소 배출량을 50% 줄이고, 나머지 불가피하게 배출한 탄소는 스위스의 공기 포집 및 저장 솔루션 기업 클라임워크스 Climeworks의 기술을 활용해 비료 등을 만드는 데 활용하기로 했다. 여기서 한발 더 나아가 콜드플레이는 자신들의 투어가 환경에 어떤 악영향을 미치는지 전문 기관에 의뢰해놓은 상태다. 지난 3월에 시작해 현재진행형인 이 혁신적 콘서트는 과연 지속 가능한 공연이 존재할 수 있는지 실험하고 있다.

RESULT

콜드플레이의 노력에도 불구하고 이들의 공연은 여전히 상당한 양의 탄소 발자국을 남기고 있다. 하지만 실망하거나 낙담하지 말 것. 콜드플레이는 탄소 발자국을 상쇄하기 위해 티켓 한 장당 나무 한 그루를 심을 예정이다. 심는 데 그치지 않고 그 나무가 잘 자라는지 보호·관찰하겠다고 하니 콜드플레이가 기후 위기에 대응하는 일에 얼마나 진심인지 알 수 있다.

LONDON ENERGY TRANSFORMATION INITIATIVE

런던 도시 개조 프로젝트

TROUBLE

런던은 골목마다 오래된 벽돌 건물이 빼곡하다. 런던 특유의 아기자기하고 고풍스러운 분위기를 자아내는 이 고옥들은 여행객에겐 아름다운 추억으로 통할지 모른다. 하지만 넷제로를 목표로 하는 환경 운동가들의 관점에서는 골칫덩어리다. 도시를 잠시 소비하고 떠나는 여행객에겐 아름다워 보일 수 있으나, 사실 이 집들은 환기와 난방 등에 필요한 펌프가 노후했으며 단열이 잘 안 돼 평균치보다 60~80% 높은 에너지를 소비한다. 전 세계에 지속 가능성이라는 화두를 처음 던진 도시 런던을 기반으로 활동하는 건축가, 학자, 엔지니어, 도시 개발자 등은 기후 위기에 대응하고 넷제로를 달성하기 위해서는 오래된 주택을 개조할 필요가 있다고 여겼다. 그리하여 뜻이 맞는 사람들을 모아 환경 사회단체 '런던에너지전환계획(LETI)'을 조직했다. 하지만 넘어야 할 난관이 많다. 특히 한 번에 뜯어고치기에는 노후한 집이 너무 많고 안고 있는 문제 또한 다양하다. 어떤 집은 레노베이션을 시도했다가는 자칫 천장이 무너질 수 있고, 또 다른 집은 기존 해법으로는 손보기 어려운 환기와 난방 시스템을 갖추고 있다. 이처럼 각기 다른 문제를 안고 있는 주택 100만 채를 최대한 빠른 시일 내에 레노베이션하는 게 그들이 당면한 과제였다. 물론 그 집의 소유주나 거주자에게 문제의식을 심어주고 설득하는 일을 우선해야 했다.

SOLUTION APPROACH

LETI는 일종의 집단 지성으로 기능하며 타개책을 찾았다. 고택을 레노베이션해야 하는 당위성과 방법론을 담은 가이드라인을 만들어 토지 개발자와 소유주, 건축가, 정책 입안자에게 배포했다. 여기엔 영국의 전형적인 주택 형태를 반분리형, 분리형, 중간형, 플랫형으로 구분하고 이러한 유형에 따라 집을 관리하는 데 드는 에너지와 탄소 배출량, 낭비하거나 과도하게 배출하는 열에너지의 양 등을 분석한 자료도 포함되었다.

RESULT

LETI가 제시한 가이드라인은 생각보다 큰 반향을 불러일으켰다. 가이드라인을 접한 사람들은 정부와 기업, 개인 할 것 없이 각각 자신의 주거 환경이 얼마나 비효율적이고 자연친화적이지 못한지 확인하고, 이를 개선하기 위한 방법을 조정해나가기 시작했다. LETI는 2050년까지 런던 소재 건물 중 75%가 탄소 중립을 달성할 수 있을 것으로 전망한다.

GOODWINGS

넷제로 여행 계산기

TROUBLE

여행을 싫어하는 사람은 좀처럼 찾아보기 어렵다. 우리는 대부분 여행을 사랑한다. 그런데 문제는 여행의 모든 순간에 탄소가 배출된다는 사실이다. 탈것, 머물 곳, 먹을 것까지 어김없이 탄소를 배출한다. 일례로 암스테르담에서 뉴욕을 여행하려면 꼼짝없이 탄소 2톤을 생성한다. 기후 위기에 문제의식을 가진 여행사는 자신들이 고객으로 하여금 탄소를 배출하게끔 부추기는 셈이니 마음이 더욱 편치 않다. 덴마크의 신생 여행사 굿윙즈는 여행을 사랑하는 이들 혹은 업무상 여행이 불가피한 이들을 위해 죄책감 없이 길을 떠날 수 있는 방법을 궁리하기 시작했다. 동시에 자신들이 경제활동을 하는 데도 떳떳한 방법을 말이다.

SOLUTION APPROACH

'이번 여행을 통해 탄소가 얼마나 배출될지, 그리고 탄소 배출을 줄일 방법은 없는지 여행자가 미리 알 수 있다면?' 굿윙즈는 여행자들이 탄소 배출 예상치를 미리 확인할 수 있는 시스템을 갖추는 동시에 불가피하게 배출하는 탄소를 상쇄하는 방안을 마련하기로 했다. 굿윙즈의 웹사이트를 통해 호텔을 예약하면 이동 수단과 방법에 따라 배출하는 탄소의 양을 계산해준다. 무엇보다 굿윙즈는 광고비를 쓰지 않는 대신 그 비용을 무분별한 개발로 파괴된 우루과이의 숲을 복구하는 데 투자한다. 굿윙즈가 동참하는 우루과이 숲 복구 사업은 국제적 온실가스 감축 인증 기준인 VCS와 열대우림보호연맹(Rainforest Alliance)이 탄소 제거에 효과가 있다고 인증한 나무만 취급한다. 그러므로 굿윙즈를 통해 호텔만 예약해도 기후 행동에 동참하는 셈이다. 나아가 굿윙즈는 탄소 배출량을 줄일 수 있는 여행법을 제안한다. 이때 탄소 배출량이 가장 적은 여행법만 일방적으로 제시하지 않고 여러 옵션을 제안하되 그 경우마다 얼마만큼의 탄소를 배출하는지 일목요연하게 보여준다.

RESULT

구글, 페이스북, TV 등에 광고 비용으로 쓰던 400억 달러를 이제는 숲을 복구하고 탄소 발자국을 지우는 데 사용한다. 기업 가치는 이 프로젝트를 진행하기 전보다 훨씬 더 높아졌다. 한편, 일반 소비자 입장에서는 굿윙즈가 무료로 제공하는 탄소 계산기로 자신의 여행 계획이 얼마만큼의 탄소를 배출할지 가늠할 수 있다. 이는 재미있으면서 한편으로는 사회적 책임감을 갖게 한다. 그 수치를 보고 마음이 무거워질 때, 계산기 밑에 "굿윙즈를 이용하면 예상되는 탄소 배출량을 0으로 줄일 수 있다"는 메시지가 뜬다. 더 많은 사람이 그 메시지를 클릭하는 순간, 탄소 중립에 앞장서는 여행사가 경쟁력 있다는 사실이 증명될 테고, 그로 인해 인간 활동으로 인한 탄소 배출량의 8%를 차지하는 여행 업계가 변화할지도 모른다.

GALLERY CLIMATE COALITION
예술적 기후 행동

TROUBLE

미술 업계는 기후 위기나 지속 가능성을 소재로 왕성한 작품 활동과 전시를 전개하면서도 정작 자신들이 기후에 미치는 영향에 대해서는 무관심했다. 그러한 태도 때문에 미술계는 환경문제와 관련해 오랫동안 '젠체한다'는 비판의 목소리로부터 자유롭지 못했다. 기후변화가 위기로 바뀌며 전 지구가 이 문제를 해결하기 위해 애쓰는 동안 순수 창작이라는 미명하에 실질적으로 한 일이 없다는 게 비판의 골자다. 미술계 인사들은 바야흐로 목소리를 높이고 행동을 촉구해야 할 때라고 각성한 듯하다.

SOLUTION APPROACH

런던을 중심으로 '갤러리기후연합'이라는 단체가 생겨났다. 그들이 지속 가능성을 논하기 위해 개최한 콘퍼런스에 예술가와 대중, 각 분야 전문가들이 참석했다. 테이트미술관과 왕실 소속 빅토리아앤드앨버트박물관의 책임자가 앞장서자 수많은 예술가와 아트 딜러, 갤러리스트가 콘퍼런스장에 모여들었다. 실질적으로 탄소 감축 방도를 강구할 컨설턴트도 함께 자리했다. 이들이 모인 자리에서 유의미한 논의가 핑퐁처럼 오갔다. 항공 화물로 작품을 운반하는 동안 배출되는 탄소 문제부터 예술품을 포장할 때 쓰는 무수히 많은 포장재와 쓰레기의 재사용 문제까지 미술계가 지닌 근원적 환경 이슈들을 수면 위로 끌어올려 해결책을 모색했다. 그 과정에서 미술 시장의 새로운 형식이자 기술로 떠오른 NFT가 저장·유지·거래 과정에서 발생시키는 탄소가 암호화폐만큼이나 환경에 악영향을 끼칠 수 있다는 점을 지적하기도 했다. 미술계에서 이 문제를 공식적으로 논의한 것은 이때가 처음이다.

RESULT

콘퍼런스에 참여한 예술가와 갤러리스트는 작품을 항공과 해상으로 운송했을 때 발생하는 탄소 양의 차이를 보며 큰 깨달음을 얻었다. 그들은 각자 자신의 작품을 비행기 대신 배 혹은 기차와 자동차로 옮기기로 했다. 또 그 자리에 모인 갤러리스트들이 합심해 해상운송을 전제로 한 아트페어를 열자는 아이디어도 냈다. 갤러리기후연합은 이런 노력을 통해 2030년까지 탄소 배출량을 50%까지 줄이겠다고 선언했다. 아울러 탈탄소를 위한 이러한 움직임에 전 세계 갤러리가 동참할 것을 촉구했다.

GREEN PRODUCTION GUIDE
PGA의 착한 촬영장 만들기

TROUBLE

현존하지 않는 시공간을 만들기 위해 미디어 업계는 너무나 많은 탄소를 배출한다. 때로는 거의 도시 하나를 새로 짓는 수준이지만, 문제는 그 도시를 이룬 건축물의 수명이 한시적이라는 사실이다. 촬영이 끝나면 그대로 철거해 거대한 산업 쓰레기로 변한다. 어찌 보면 규모가 커서 촬영 기간 내내 지속되는 현장은 그나마 환경에 덜 나쁠지도 모른다. 왜냐하면 드라마나 예능 등 단기간에 제작하는 미디어 콘텐츠는 촬영이 끝나면 세트를 부수거나 철거했다가 다음 촬영 때 새로 짓기를 무수히 반복하기 때문이다. 미디어 콘텐츠를 제작할 때도 '그리닝'이 필요하다는 목소리가 점점 커진다. 하지만 맹점은 스태프들이 기후 위기까지 고려하기에는 너무 바쁘고 제작 환경이 여의치 않다는 데 있다.

SOLUTION
APPROACH

미국프로듀서조합, 즉 PGA는 탄소 배출에 무관심한 제작 환경은 오랜 관습의 문제라고 지적한다. 그리고 그리닝을 표준적인 제작 관행으로 만들면 뿌리깊은 고정관념을 깨고 이 문제를 해결할 수 있을 거라고 주장한다. 그들은 영화, 드라마, 예능을 촬영하기에 앞서 제작사, 배급사, 방송국이 함께 친환경 계약 조건을 수립하는 것을 1단계로 시작해 제작 완료 후 랩 데이터와 탄소 피드백을 얻는 10단계까지 10개의 체크리스트를 만들었다. "세트를 제작할 때 어떤 재료를 사용하는가" "공원이나 해변에서 촬영하며 환경에 피해를 주지는 않는가" 등의 질문으로 채운 체크리스트는 생산 환경 조치 점검표(PEACH)와 환경 회계 보고서(PEAR) 등을 기준으로 작성한 만큼 객관성을 띠며 유의미한 약속을 이끌어내는 장치로 기능할 것이다.

RESULT

최근 촬영을 마친 세라 제시카 파커 주연의 HBO 신작 드라마 <Divorce>가 PGA의 그린 프로덕션 가이드를 잘 따른 콘텐츠로 평가받고 있다. 촬영 현장에서 매일 4500개씩 버려지던 플라스틱 물병이 반의 반으로 줄었고, 촬영이 끝날 때마다 분리수거를 시행했으며, 세트용 벽면을 모두 재활용 가능한 소재로 교체했다. 이 같은 가이드라인이 스태프들의 업무를 가중시킬 것이라는 우려와 달리 현장에서 스태프들의 반응은 오히려 뜨거웠다. 환경을 위해 실제로 행동하고 있다는 일종의 희열과 연대 의식이 촬영 팀을 더 끈끈하게 만들어줬다. <Divorce> 제작진은 이처럼 높아진 연대감으로 더 효율적이고 완성도 높은 작품을 만들 수 있었다. 아울러 그리닝이 작품을 홍보하는 하나의 수단이 될 수 있음을 증명하는 순간, 전 세계 미디어 산업은 많은 변화를 목도하게 될 것이다.

GEN MZ'S RACE TO ZERO LIFESTYLE

MZ세대가 돈쭐 낼 착한 기업
쇼핑의 새로운 개념, 넷제로

소비재를 고르는 MZ세대의 기준이 점점 스마트해진다. 제품력과 디자인에 환경을 대하는 브랜드의 윤리 의식까지 고려한다. 제품을 생산하고 유통하는 과정에서 배출하는 탄소의 양과 환경 관련 정책 등은 브랜드가 지닌 환경 의식을 고스란히 보여준다. 우리가 일상에서 만나는 브랜드들은 어떨까. 세기의 라이벌 브랜드를 넷제로 성적표를 지표 삼아 비교·분석해봤다.

LIFESTYLE   WRITER. Minjeong Park

AMOREPACIFIC

LG생활건강

WINNING STRATEGY
목표 설정 '대자연과의 공존', 전방위적 지속 가능 경영
감축 노력 RSPO 인증 팜유 사용, 생산 사업장 재생에너지 100% 전환, 친환경 포장재 100% 사용, 친환경 물류 차량 100% 도입
성과 CSRHub '한국 ESG 랭킹 120' 5위

뷰티업계에는 환경 책임론이 일찌감치 적용됐다. 제품 개발 단계에서 화학 원료를 대량 사용하며 대규모로 운송하고 재활용 불가능한 패키지를 활용하는 등 제품이 소비자의 손에 닿기까지 어마어마한 양의 탄소를 배출하기 때문이다. 아모레퍼시픽과 LG생활건강은 각각 뷰티 브랜드를 29개와 26개 거느린 공룡 기업이다. 주식시장에서 '화장품 대장주'라 부를 정도. 이 두 브랜드는 인지도와 판매량 등 거의 모든 면에서 비등하지만 환경 측면에서만큼은 이야기가 자못 다르다. 돈쭐 낼 만한 쪽은 아모레퍼시픽이다. ESG 경영을 고도화하기 위해 2021년 4월 ESG위원회를 조직한 아모레퍼시픽은 환경 정책을 공격적으로 전개하고 있다. 한때 아모레퍼시픽 일부 브랜드의 그린워싱 논란이 일었지만, 최근에는 '대자연과의 공존'이라는 심오한 슬로건 아래 지속 가능한 경영을 기업의 핵심 가치로 내세우며 진짜 친환경 기업으로 거듭나려 한다. 우선 화장품에 널리 쓰이는 팜유 사용량 중 90% 이상을 2023년까지 '지속 가능한 팜유 생산을 위한 협의회(RSPO)'가 인증한 제품으로 대체하는 등 원재료 수급 단계부터 차근차근 탄소 배출을 줄여나갈 계획이다. 참고로 제조업계에서 팜유를 광범위하게 활용하다 보니 팜 농장을 무분별하게 개간하고, 그 과정에서 삼림 파괴와 멸종 위기종이 발생하는 등 심각한 환경문제가 나타나고 있다. 한편 '100%'를 내건 정책들도 흥미롭다. 모든 생산 사업장에서 재생에너지 전환, 플라스틱 포장재의 재활용과 재사용, 원료의 퇴비화에 이어 친환경 물류 차량 도입까지 100% 지속 가능 경영을 실현하기로 했다. 반면, LG생활건강은 올해 '클린 뷰티 인사이드' 시스템을 발표하며 ESG와 지속 가능한 경영을 선언했지만, 현재로서는 에너지 저감을 위한 공정 연구에 막 돌입한 수준이다. 실제로 미국의 ESG 전문 조사 기관이자 솔루션 기업 CSRHub가 올해 발표한 '한국 ESG 랭킹 120'에서 아모레퍼시픽이 5위를 차지한 반면, LG생활건강은 9위에 머물렀다.

WIN

VISA

WINNING STRATEGY
목표 설정 2040년 넷제로 달성
감축 노력 전 세계 본사 건물 100% 재생에너지 전환, '에코 베네피트 패키지' 출시
성과 에티스피어 인스티튜트, '세계에서 가장 윤리적인 기업' 10년 연속 선정

글로벌 카드 회사 비자와 마스터카드는 탄소 중립 측면에서도 서로 경쟁하듯 선진적 정책과 성과를 내놓고 있다. 마스터카드는 지난해 넷제로 달성 시기를 2040년으로 앞당겼다. 이는 파리협정보다 10년이 앞서는 목표다. 전 세계에 소재한 회사 건물의 화력 에너지 사용량을 50%까지 절감하도록 태양전지판을 확대·도입했다. 그 결과 마스터카드가 소유한 전 세계의 건축물은 모두 미국의 저명한 친환경건축물인증제(LEED)로부터 친환경 건물로 인증받았다. 이러한 마스터카드의 정책은 충분히 훌륭하지만, 비자의 경우가 선한 영향력에 한 걸음 더 가깝다고 할 수 있다. 비자는 2020년부터 전 세계에 소재한 모든 사무 공간을 100% 재생에너지로 전환해 탄소 배출량을 6년 전과 비교했을 때 90%까지 감축했다. 지난해에는 지속 가능성에 초점을 맞춰 카드 이용자에게 혜택을 제공하는 신개념 패키지를 출시하는 등 전 세계인의 소비 패턴을 바꾸는 실험을 시작했다. '에코 베네피트'라 부르는 이 패키지는 해당 소비가 배출하는 탄소의 양을 추적해 그 정보를 소비자에게 제공한다. 이 제도를 통해 사람들은 자신이 소비한 제품이 환경에 미치는 영향을 추적할 수 있다. 동시에 지속 가능한 소비 형태를 실천하는 카드 이용자를 대상으로 보상을 실시한다. 영수증 업체와 협력해 종이 영수증 발행량을 줄이는 한편, 재식림 운동에 앞장서는 비영리 기구 '원 트리 플랜티드'와 협력해 비자카드를 사용하는 환경 단체에 기부하는 활동을 전개한다. 비자는 세계적 기업 윤리 연구소 '에티스피어 인스티튜트'로부터 10년째 세계에서 가장 윤리적인 기업으로 선정됐으며, '다우존스 북미지속가능성경영지수' '미국의 가장 책임 있는 기업' 등 각종 윤리 기업 선정 프로그램에 당당히 이름을 올리고 있다.

WIN

H&M

ZARA

WINNING STRATEGY
목표 설정 2030년 탄소 56% 감축, 2040년 넷제로 달성
감축 노력 유기농 면 사용, 세계 최대 규모의 의류 수집 및 재활용 프로그램 운영
성과 탄소 배출 약 1000톤 감소

환경을 키워드로 성장하는 메가 트렌드 속에서 패스트 패션은 사실상 퇴출 위기에 놓였다. 이를 오명이라고 볼 수는 없다. SPA 브랜드가 전광석화 같은 패션 트렌드에 맞춰 제품을 단기간에 대량생산하기 위해 인건비가 낮고 환경 정책이 느슨한 국가에서 공장을 운영하며 전 세계로 제품을 실어 나르는 동시에 쓰레기를 양산하는 것은 자명한 사실이다. 섬유 패션 산업은 이미 세계 온실가스 배출량의 6~10%, 해양 미세 플라스틱 배출량의 20~35%를 차지하는 환경 불효 산업이다. 최근 유럽연합집행위원회는 2030년까지 패스트 패션을 종식하라고 촉구하기도 했다. 이에 따라 미세 플라스틱 배출 섬유의 사용을 규제하고, 재고 상품 폐기 금지 및 재활용 섬유 사용 의무화 등의 규제안을 곧 강화할 예정이다. MZ세대 입장에서는 저렴한 값에 사 입기 좋은 SPA 브랜드가 사라진다고 상상하면 다소 허망할 터. 그렇다고 환경에 무지한 브랜드를 소비하자니 마음이 편치 않다. 다행히 H&M은 다소나마 마음 편히 사 입어도 괜찮겠다. 스웨덴 브랜드답게 적극적으로 CSR, 즉 사회적 책임에 무게를 싣고 있기 때문. H&M은 제품 소재로 유기농 면의 사용을 주요 지표로 관리하는 동시에 주거래 면화 재배 농장에 농약과 물의 사용량을 줄이는 방법을 교육한다. 또 소비자가 더 이상 입지 않는 옷을 브랜드에 상관없이 수거해 상태가 좋은 의류는 중고로 판매한다. 그 밖의 의류나 직물은 리사이클 제품을 만드는 데 재사용하며, 나머지는 섬유를 잘게 쪼개 단열재 등으로 재활용한다. H&M이 2013년 시작한 의류 수집 및 재활용 프로그램은 세계 최대 규모. CEO 헬레나 헬메르손은 이러한 일련의 행보가 "환경보호에 적극적인 의식을 가진 고객에게 패션을 제공한다"는 메시지에 바탕을 둔 것이라고 말한 바 있다. 한편, 스페인 SPA 브랜드 자라는 올 들어 ESG 경영을 의식한 정책을 수립하기 시작했다. 새로 경영권을 이어받은 창업주의 딸 마르타 오르테가가 취임 직후 리사이클링, 친환경 섬유 활용과 관련한 정책을 발표한 것. 런던대학교 07학번으로 MZ세대의 전형인 그에게 자라의 존폐 여부가 달려 있다고 하겠다.

WIN

WINNING STRATEGY
목표 설정 국내 에너지 산업 생태계 조성, 2050년 넷제로 달성
감축 노력 마이크로 그리드 시스템 구축, AI 냉난방 에너지 조절 기술 적용
성과 회사 건물 에너지 절감 10% 달성

통신사를 이동할까 말까 고민 중이라면 이 수치를 보고 결정해도 좋겠다. 올해 발표한 '한국 ESG 랭킹 120'에 따르면 KT는 2위, SK텔레콤은 7위에 올랐으며, LG유플러스는 30위권 밖으로 밀려났다. 일단 세 기업 모두 ESG 경영에 진심인 것은 확실해 보인다. 사회적 지원(Social)과 지배 구조 개편(Governance)을 위해서는 너 나 할 것 없이 힘쓰고 있다. 누가 더 책임 있는 기업인지는 환경(Environment)과 관련한 정책 및 성과에서 갈린다. 순위가 보여주듯 가장 오랫동안 구체적 환경 정책을 수립하고 수행해온 기업은 KT다. 2013년 환경경영위원회를 조직한 이래 기후변화와 관련해 기업의 책임을 꾸준히 언급해왔다. 그 결과, 친환경 에너지 신사업인 '마이크로 에너지 그리드(MEG)'를 자체 개발했다. MEG는 AI를 이용해 에너지 빅데이터를 분석함으로써 에너지의 진단·생산·제어·거래 등 전 분야를 통합 관리하는 거대한 에너지 플랫폼이다. 전문가들은 잉여 에너지를 필요한 곳으로 돌리는 이 에너지 관리 플랫폼이 국내 에너지 산업의 친환경 생태계를 구축하는 데 꽤 많은 기여를 하고 있다고 평가한다. 또 사내 탄소 배출을 감축하기 위해 건물의 에너지 현황 정보를 수집하고 딥러닝해 에너지 설비를 최적으로 통합 제어하는 'AI 오퍼레이터'를 개발하고 시범 운영해 10% 이상의 에너지 절감 성과를 얻었다. SK텔레콤도 뒤를 바짝 쫓고 있다. SK텔레콤은 올해 메타버스 플랫폼 '이프랜드'를 활성화해 탄소 배출을 줄이겠다는 야심 찬 계획을 발표했다. SK텔레콤은 오프라인 행사나 모임을 이프랜드를 통해 온라인 활동으로 전환함으로써 자동차 운행 등을 줄여 2025년이면 연간 탄소 배출량을 38만 톤 감축할 수 있을 것으로 전망한다. 다소 지나치게 낙관적인 것처럼 들리지만, 모빌리티 활동의 70~80%가 모임을 위한 이동에서 비롯되므로 실현 가능하다는 것이 SK텔레콤의 주장이다. LG유플러스도 ESG 경영에 박차를 가하고 있지만 앞선 두 브랜드에는 못 미치는 수준이다. 일단은 초기 초고속 인터넷 보급 시기에 구축한 광동축혼합망(HFC)을 에너지 소모량이 보다 적은 광가입자망(FTTH)으로 전환하는 프로젝트를 전국 단위로 진행 중이다. LG유플러스는 이 프로젝트를 통해 연간 1만3436톤의 탄소 배출을 줄일 수 있을 것으로 예상한다.

LX Hausys

HANSSEM

WINNING STRATEGY

목표 설정 탄소 발자국 감축
감축 노력 친환경 제품 기획, 생산 공정의 에너지 절약, 환경 투자 지출 61% 확대
성과 2021년 기준 탄소 배출 1만3000톤 감소

우리는 팬데믹 시대를 관통하며 삶의 중심이 집으로 돌아가는 경험을 했다. 전 세계적 불황 속에서 홈 인테리어를 전문으로 하는 기업들이 뜻밖의 호재를 누렸다. '일하고, 놀고, 주거하는' 삼박자를 갖춘 집을 꿈꾸며 인테리어에 투자하는 이들이 늘면서 관련 자재와 패키지가 날개 돋친 듯 팔려나갔다. 인테리어 산업은 기본적으로 시공, 폐기, 물류 단계에서 탄소 발생이 불가피한 영역이다. 이왕 집을 고치기로 했다면 어느 브랜드를 선택하는 것이 지속 가능한 소비일지 생각해볼 필요가 있다. 한국환경산업기술원의 환경성적표지에서 우위를 점한 브랜드는 LX하우시스다. 지난해 기준으로 44개 제품 및 소재가 환경성적표지 인증을 받았으며, 저탄소 제품 인증을 획득하는 데도 열심이다. 특히 재활용 페트로 만든 리사이클 가구용 필름, 패시브 하우스를 지향하는 디자이너와 건축가들이 가장 선호한다고 알려진 수퍼세이브 창호 등이 LX하우시스의 혁신성을 보여주는 친환경 제품이다. LX하우시스는 또한 탄소 감축을 위해 전국의 생산 공장에서 다양한 혁신을 감행하고 있다. 청주 공장에서는 겨울철 한기를 활용해 여름철 에어컨 가동을 최소화하는 한편, 모니터링 자동화로 불량품을 대폭 줄였다. 청주와 울산 공장에 대대적으로 태양광발전 설비를 도입하기도 했다. 또 의왕물류센터의 지게차를 전기 지게차로 전량 교체했다. 한샘 역시 LX하우시스와 격차가 크지 않은 수준에서 친환경 정책을 펼치고 있다. 제품의 친환경성을 검증하고 품질을 확보하기 위해 원자재에 들어간 포름알데하이드와 중금속의 허용치를 법으로 정한 것보다 3배 낮은 수준으로 적용한다. 시공 후 공기 속 유해 물질의 함량을 검사하기도 한다. 이러한 과정을 통해 한샘은 이전보다 탄소 배출량과 유해 물질의 함량을 30%가량 줄였다고 발표했다.

체리부로

WINNING STRATEGY

목표 설정 2022년 ESG 경영 본격화
감축 노력 바이오매스 보일러 가동, 포장재 재활용, 친환경 아이스 팩 사용
성과 2020년 대비 탄소 배출 7% 감소, 대기 중 오염 물질 배출 11% 감소

우리나라 성인은 1인당 연간 닭 17.5마리를 먹는다고 한다. 국내에서 우리가 소비하는 닭고기는 보통 두 회사의 제품이다. 종합 식품 기업 하림과 충북 진천에 거점을 둔 축산업체 체리부로가 바로 그곳. 두 브랜드는 신선한 국내산 닭고기를 소비자에게 공급한다는 공통점을 갖고 있지만, 환경 정책 면에서는 분명한 차이를 보인다. 하림은 최근 ESG 경영으로 본격적 전환을 선언했다. 가장 노력하는 분야는 탄소와 폐기물을 절감하는 일이다. 하림은 2014년부터 닭의 부산물을 사료 원료로 자원화하고, 화석연료 대신 부산물과 폐목재 바이오매스로 보일러를 가동하는 '친환경 바이오매스 기포유동층 보일러'를 국내 최초로 도입했다. 자체적으로 재활용 시설을 갖춰 포장재를 재활용하고 친환경 아이스 팩을 사용하는 것 또한 주목할 만한 정책 변화다. 수자원 절약에도 열심이다. 폐수 정화 시설을 통해 용수를 재활용한다. 한편, 체리부로의 경우는 ESG 경영과 관련한 목표를 수립했다는 소식이 여전히 들리지 않는다. 바이오매스를 활용한 에너지 전환을 먼저 시작했고, 아직 구체적이지는 않지만 ESG 경영으로 전환하겠다는 의지를 공표한 만큼 하림을 더 착한 브랜드로 볼 수 있겠다.

(WIN) **NETFLIX**

WINNING STRATEGY
목표 설정 2022년 말 넷제로 달성
감축 노력 제작 환경 개선, 탄소의 대기 진입 억제 및 제거 프로젝트에 투자
성과 2020년 대비 2021년 탄소 배출 약 21만 톤 감소

콘텐츠 산업이 만들어내는 탄소 발자국은 의외로 크다. 영화와 시리즈물 제작에 필요한 물류와 스태프의 이동이나 촬영장에서 발생하는 어마어마한 양의 쓰레기, 기업 운영과 마케팅 그리고 콘텐츠 전송 네트워크 같은 광범위한 클라우드의 사용까지 모든 과정에서 탄소를 대량 배출한다. 넷플릭스와 HBO맥스는 전 세계 스트리밍 OTT 시장을 선도하는 브랜드다. 참고로 워너브라더스 영화를 보유한 HBO의 OTT 플랫폼 HBO맥스는 국내에 단독 론칭하지 않고 국내 토종 기업 웨이브를 통해 콘텐츠를 선보인다. 넷플릭스가 지난해 배출한 탄소의 양은 113만 톤으로 추정한다. 넷플릭스는 문제의 심각성을 인지하고 '넷제로 플러스 네이처' 플랜을 수립·공표했다. 지속 가능 경영 책임자를 선임하고 획기적으로 2022년 말까지 넷제로를 달성하겠다고 선언한 것. 이를 위해 우선 배출량 자체를 줄이고, 배출한 탄소가 대기에 진입하지 않도록 막는 프로젝트와 탄소 제거 프로젝트에 공동 투자한다. 구체적인 예로 넷플릭스가 투자하는 영화나 시리즈물 제작에 참여하는 스태프는 전용기 대신 일반 비행기를 이용하고, 세트 내 디젤 발전기를 줄이는 등 탄소 발자국을 없애는 데 동참해야 한다. 아울러 스트리밍과 인터넷 사용에서 비롯한 탄소 발자국 측정 방법을 연구해 스트리밍을 1시간 시청할 경우 탄소가 100g가량 생성된다는 연구 결과를 내놓기도 했다. 올해 말까지 탄소 중립을 달성하기 위해 초원과 맹그로브 숲, 토양 복원 등 생태계 재건 사업에 투자한 것도 주목할 만하다. 한편, HBO는 여전히 ESG 관련 정책을 발표하지 않고 있다. 구독자 수는 다소 줄었을지 모르나 환경적 측면에서는 넷플릭스가 확실히 앞선다고 볼 수 있다.

(WIN)

OB 오비맥주

WINNING STRATEGY
목표 설정 2025년 탄소 및 환경오염 물질 25% 감축
감축 노력 폐수 처리 설비 친환경화, 바이오가스 연료 재사용
성과 2년간 탄소 4020톤 감소

ESG 경영에 박차를 가하는 것은 주류업계도 마찬가지다. 오비맥주는 태양광 에너지로 맥주를 생산하기 위해 태양광발전 설치 작업에 착수했다. 이천에서 시작해 광주, 충북, 청주 등 전국의 모든 자체 공장에 태양광발전을 도입할 예정이다. 생산에 필요한 동력을 모두 태양광 에너지로 대체할 경우 연간 탄소 발생량을 약 5621톤 감축할 것으로 추정한다. 이는 소나무 112만 그루를 심는 것과 같은 효과로 태양광발전 설비의 수명이 30년이라는 사실을 감안할 때 향후 16만 톤 이상의 탄소 배출을 줄이는 셈이다. 2023년까지 모든 물류 센터의 지게차를 전기 지게차로 바꿀 예정이니 물류 역시 탄소 배출을 줄이는 데 한몫할 예정이다. '카스 희망의 숲' 사업도 12년째 이어오고 있으며, 병맥주 포장 상자를 재생 가능한 재질로 바꾼 것도 칭찬할 만하다. 그럼에도 불구하고 국내 맥주 시장에서 세기의 라이벌로 통하는 하이트진로가 한발 앞섰다. 하이트진로는 최근 2025년까지 탄소와 환경오염 물질을 각각 25%씩 줄이고 환경성적표지 인증 제품을 25개로 확대하겠다는 목표를 담은 '25! CHALLEN' 프로젝트를 발표했다. 공장 내 폐수처리 설비를 환경친화적인 혐기성 소화조로 교체해 지난 2년간 약 4000톤의 탄소를 절감하는 데 성공하기도 했다. 한편, 지난해 한국기업지배구조원이 실시한 ESG 평가에서 하이트진로가 B+를 받은 반면, 오비맥주는 여전히 등급을 부여받지 못했다.

TRAVELLER IN THE CLIMATE CRISIS

부산에서 제주까지
기후 위기 시대의 여행법

기후 위기 시대에 여행이라니 무슨 팔자 좋은 소리인가 싶을지 모른다.
인간 활동으로 인해 배출하는 탄소 중 18%가 수송에서 비롯된다. 여름휴가도 집에 가만히
앉아 있으면 그만큼 탄소를 덜 배출할 수 있다는 이야기다. 그런데 이때 여행을 떠나지 못하는
답답함을 쇼핑과 폭식, 음주가무로 푼다면 오히려 더 많은 탄소를 배출하게 될지 모른다.
차라리 떠나자. 이왕이면 탄소 발자국을 적게 남기는 국내, 그중에서도 지구의 온도 조절 장치인
바다의 가치를 발견할 수 있는 해안 도시로 향해보자. 여러분의 무해한 여행을 위해 위기 행동에
진심인 지역 전문가들에게 탄소 발자국을 줄이는 여행법을 물어봤다.

LIFESTYLE

WRITER. Tanglama, Nayoung Lee, Yonghwa Park, Yeseul Ji

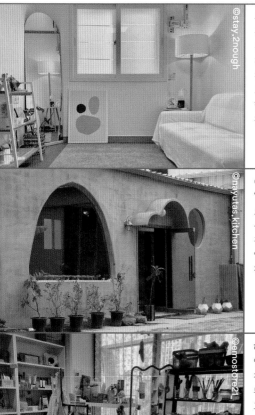

무해한 1박, 북스테이 이너프

광안리의 한적한 주택가에 위치한 에어비앤비 '이너프'는 비건과 제로 웨이스트를 지향한다. 북스테이 경험을 제공하는 이너프의 책장에는 《세상에 무해한 사람이 되고 싶어》《아무튼, 비건》 등 환경, 비건 전문 서적이 잘 갖춰져 있다. 어메니티도 대나무 칫솔, 고체 치약, 샴푸 바, 설거지 바, 천연 수세미, 소 창 수건 등 제로 웨이스트와 비건 및 친환경이라는 삼박자가 맞아떨어지는 제품들로 구비했다. 걸어 서 갈 수 있는 위치의 비건 식당과 빵집을 소개해주고, 숙소에 비치한 스테인리스 용기를 이용하면 여 행 중에도 '용기내' 챌린지를 이어서 할 수 있다. 이너프는 마치 환경에 관심 많은 친구 집에 머무는 듯 편안하고 무해하다. @stay.2nough

이토록 쉬운 비건, 나유타의 부엌

'부산의 토토로 숲'이라 일컫는 금정구 오륜동에 애니메이션에서나 볼 법한 친환경 비건 쿠킹 스튜디 오가 있다. 산스크리트어로 '모든 것을 품는다'는 의미를 지닌 이름에 따라 지구에 사는 모든 존재를 생각하며 국산과 유기농·무농약·제철·지역 농산물 등의 조건에 부합하는 식재료만 활용한다. 11년 경력의 비건 요리사는 비건 요리가 얼마나 쉽고 맛있는지 증명하며, 매달 다른 주제의 쿠킹 클래스를 열어 자연과 깊게 연결된 진귀한 식문화 경험을 선사한다. 탄소 배출을 줄이기 위해 대중교통 이용을 장려하며, 대중교통을 이용했다는 인증 사진을 제시하면 소정의 선물을 준다. @nayutas.kitchen

하천 지킴이 제로 웨이스트 숍, 네모상점

연제구를 관통하는 온천천 인근에 위치한 제로 웨이스트 숍 '네모상점'은 '둥근 지구를 위한 네모의 실 천'이라는 위트 있는 슬로건 아래 지구환경에 무해한 지속 가능한 삶을 고민하는 곳이다. 샴푸 바, 대나 무 칫솔, 다회용 빨대, 소창 수건 등 제로 웨이스트 물품은 물론 용기를 가져오면 세제류나 파스타 면, 그래놀라 등도 포장재 없이 구매 가능하다. 네모상점은 매월 셀프 워크숍을 통해 친환경 제품 만들기, 업사이클링 체험 기회를 제공한다. 예를 들면 올인원 샴푸 바 만들기, 커피 찌꺼기인 커피박을 활용한 설거지 바 만들기, 폐목재로 안내판 만들기 등이 있다. 동시에 '같이 줍깅'이라는 온천천 플로깅 커뮤니 티를 운영하면서 플로깅에 필요한 장비를 대여하기도 한다. @nemostore21

전국구 환경 커뮤니티의 원형, 쓰줍인

전국구 환경 커뮤니티로 성장한 '쓰줍인'의 뿌리는 부산과 경남이다. '쓰레기 줍는 사람들'이라는 직관 적인 이름처럼 쓰레기 줍기를 통해 더 많은 사람이 친환경적 삶을 살도록 이끈다. 매달 진행하는 쓰줍 모임은 해운대와 서면, 금정산 등 매번 다른 장소에서 진행한다. 이는 참가자들이 부산의 다양한 자연 환경을 느끼도록 하기 위함이다. 만약 부산에서 장기 혹은 정기적으로 머무를 생각이라면, 매달 쓰줍 모임에 참여해 토박이들과 도시의 다채로운 면을 보고 경험하는 것도 괜찮겠다. 쓰줍 활동이 끝난 후 에는 부산의 비건 식당을 탐방한다. 식사 후 비건 도서를 읽고 토론하는 모임도 있다. @sseujubin_official

탄소 발자국 없는 영도 자전거 투어, 부바커

자전거를 타고 여행하며 탄소 발자국을 지우는데, 심지어 그 자전거가 업사이클링 제품이다. 기후 행 동에 진심인 여행자에게 이보다 더 환영받을 교통수단은 없을 듯. 부산에서도 최근 가장 인기 높은 관 광지인 영도 깡깡이마을 중심으로 자전거 투어를 운영하는 '부바커'는 마을 어르신들에게 새 자전거 를 선물하고 낡은 철 자전거를 받는다. 금정구의 협조를 얻어 방치된 자전거를 수거한 다음, 이것들을 멋지게 업사이클링해 수명을 연장시키기도 한다. 한때 마을 어르신들이 탔던 유서 깊은 자전거를 직 접 몰며 현지 가이드와 함께 깡깡이마을 곳곳을 돌아보는 이 투어는 여행의 진정한 가치와 목적을 일 깨운다. @bikebusan

비운 만큼 채우는 제로 웨이스트 숍, 채움소

'채움소'는 우리 일상을 잠식하고 있는 플라스틱과 일회용품을 대체할 다양한 친환경용품을 제시하고 판매한다. 제로 웨이스트 숍의 꽃인 리필 스테이션을 제대로 갖추고 있어 용기를 챙겨 가면 화장품, 세제, 식품 등 대부분의 생활필수품을 알맹이만 구입할 수 있다. 나아가 가정에서 배출했을 때는 재활용 가능성이 낮은 우유팩과 병뚜껑, 아이스 팩 등을 수거해 재활용업체에 보내는 자원회수센터를 운영하는 수고로움을 자처한다. 한번 배우면 평생 활용할 수 있는 샴푸 바, 고체 치약, 로션 바 만들기 원데이 클래스도 수시로 진행하니 여행 간 김에 참여해 삶에 새로운 변화를 주는 것도 괜찮겠다. @chaeum_refillshop

자연과의 교감, 스티라요가

너른 자연을 벗 삼아 요가와 명상을 즐긴다면 미처 떨치지 못한 일상의 긴장감에서 벗어나 진정으로 편안한 몸과 마음으로 여행에 임할 수 있을 것이다. 영종도에 위치한 '스티라요가'는 인근에 있는 무의도 해변과 '세계 평화의 숲' 같은 천혜의 야외 공간에서 비정기적으로 요가 수련 프로그램을 연다. 무엇보다 요가는 무동력 액티비티로, 불필요한 탄소를 배출하지 않으며 호흡을 가다듬는 과정을 통해 자연과 교감하는 특별한 경험을 선사한다. 그 독특한 경험이 기후 행동의 당위성을 다시 한번 깨닫게 할지도 모른다. 프로그램 일정은 인스타그램을 통해 확인 가능하다. @sthirayoga

환경을 생각하는 피맥, 슬로스브루잉

영종도에 있는 레스토랑 겸 펍 '슬로스브루잉'은 탄소 발자국을 줄이기 위해 국내에서 생산하는 수제 맥주를 주로 취급한다. 물론 비건을 지향하는 사람들을 위한 채식 메뉴도 갖추고 있다. 매장 내에서는 일회용품을 일체 사용하지 않으며, 테이크아웃을 할 때에는 재생지를 활용해 포장해준다. 또 수익금 중 일부를 매월 인천녹색연합 등 뜻 맞는 환경 단체에 기부한다. 기후 위기 시대에 나 자신만 너무 즐거운 것은 아닌지 하는 의구심을 슬로스브루잉에서는 조금 내려놓아도 되겠다. 무엇보다 직접 반죽하고 숙성한 도에 신선한 재료를 아낌없이 올려주는 피자가 맛있다. @slothbrewing

서해안 플로깅, 인천녹색연합

인천을 중심으로 왕성하게 활동하는 환경 단체 '인천녹색연합'은 주말을 중심으로 플로깅 크루를 불러 모아 영종도의 마시안 해변 등지에서 쓰레기를 줍는다. 바다로 흘러 들어갈 경우 해양생태계를 위협하는 플라스틱 쓰레기 중에서도 담배꽁초, 물티슈, 비닐 등은 부피가 작아 사람이 손으로 직접 줍는 수밖에 없다. 드넓은 모래사장이나 갯벌에서 작은 쓰레기를 솎아내느라 집중하다 보면 어느새 작정하고 운동했을 때처럼 몸이 가뿐해짐을 느낀다. 동시에 쓰레기봉투가 제법 묵직해졌다는 사실을 인지하는 순간 기후 행동에 동참했다는 연대 의식이 들면서 기분이 한껏 좋아진다. 탁 트인 서해 바다를 보는 재미도 쏠쏠하다. @greenincheon_haja

시글라스의 보고, 선녀바위해수욕장

영종도 해안을 따라 어깨를 맞댄 해변 중 선녀바위해수욕장은 비교적 한산한 곳이다. 선녀 형상을 한 커다란 바위를 비롯해 해안을 감싼 기암들이 독특한 분위기를 자아내는 이 해수욕장에는 기암괴석 외 숨은 보석이 또 하나 있다. 드넓은 모래사장과 썰물 때 방대하게 모습을 드러내는 갯벌에 청록색 시글라스가 촘촘히 박혀 있다. 시글라스는 버려진 유리 조각이 파도에 마모된 것으로 우리의 무책임이 만들어낸 일종의 해양 쓰레기지만, 영롱한 색감과 둥근 형태가 보석처럼 아름답다. 실제로 선녀바위해수욕장에서 주운 시글라스로 만든 공예품을 인근에 자리한 제로 웨이스트 숍 '채움소'와 '게으른날'에서 만날 수 있다.

비건 베이커리의 진화, 할사

여행에서 먹는 즐거움이 빠질 수 없다. 강릉에 위치한 비건 베이커리 '할사'는 단순히 동물성 재료를 사용하지 않는 데에 머무르지 않고 환경을 생각해 채식을 지향하며 매장에서는 친환경 제품만 사용한다. 현대인의 건강을 고려해 글루텐프리 밀가루, 비정제 설탕 등을 사용해 빵과 음료를 만든다. 무엇보다 중요한 것은 역시나 맛. 비건 빵을 먹으면 종종 퍽퍽하다는 느낌이 드는데 할사의 빵은 전혀 그렇지 않다. 동물성 재료를 사용한 일반 빵 못지않게 식감이 좋고 맛이 풍부하다. 할사는 인스타그램 계정을 통해 그날 만든 빵 메뉴와 운영 일정 등을 공유하니 여행길에 방문할 계획이라면 참고하자.
@halsa_vegan.bakery

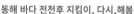

동해 바다 전천후 지킴이, 다시,해봄

스쿠버다이빙을 취미로 하던 이들이 동해안 해변은 물론, 수중에서 환경오염을 직접 목도한 후 뜻을 모아 해양생태를 정화하는 일에 발 벗고 나섰다. 스쿠버다이버로 이뤄진 단체 '다시,해봄'은 정기적으로 한 달에 한 번, 강원도 삼척을 중심으로 동해안의 해양 쓰레기를 수거하는 비치코밍 beachcombing을 진행한다. 더불어 스쿠버다이빙으로 바닷속을 어지럽히는 폐어구와 폐기물을 수거하는 수중 정화 활동도 겸하고 있다. 바다를 즐기고 바다에서 위안을 받는 만큼 바다에 감사한 마음을 행동으로 실천하는 것. 이들과 함께 바다 지킴이가 되길 희망한다면 누구든 인스타그램 DM을 통해 문을 두드려보자. @ocean.again

내일을 위한 우리의 선택, 내일상회

강릉에 여행 왔는데 당장 필요한 물건을 깜빡했다면 '내일상회'에 들러보자. 강릉역에서 도보로 15분 거리에 위치한 제로 웨이스트 숍 내일상회는 소비자에게 더 넓은 제품 선택권을 주고자 다양한 자원 순환 제품을 소개, 판매한다. 규모는 작지만 고체 치약, 대나무 칫솔 등 일상에 꼭 필요한 물건이 빼곡하다. 또 브리타 필터나 멸균 팩 등 개인이 배출했을 때 재활용될 확률이 낮은 자원을 수거하며, 개인이 실천하기 힘든 플로깅 등을 함께 할 수 있는 커뮤니티를 운영한다. 내일상회의 슬로건 '내일을 위한 모두의 선택'처럼 강원도 여행길에 한 번쯤 우리가 행동하기 전 내일을 위한 올바른 선택이 무엇인지 고민해보면 좋겠다. @tomorrow.market

유리알이 주는 유희, 유리알유희

강릉에서 사랑받는 해변 중 하나인 강문해수욕장을 거닐다 보면 골목 깊은 곳에 단층짜리 노란 건물 하나가 눈에 띈다. '유리알유희'라는 공방이다. 공방 안에 들어서면 유리로 만든 다양한 장식품이 저마다 영롱하게 빛을 발산하며 눈을 즐겁게 한다. 그중에는 우리가 버린 날카로운 유리 조각을 파도가 오랜 시간 연마한 시글라스로 만든 공예품도 있다. 작가가 직접 동해안에서 주운 시글라스로 만든 공예품은 동해의 푸른른 바다색을 고스란히 담았다. 언젠가 한 조각의 추억으로 남을 여행의 기념품으로 이만한 아이템이 있을까. 바다 생물을 모티브로 한 스테인드글라스도 그냥 지나치기 어렵다.
@the_glass_bead

현대판 해적을 만나는 시간, 시셰퍼드 코리아

이른 새벽 서울을 떠나 공기 맑은 강원도로 나서는 사람들이 있다. 바다에 도착해 스쿠버다이빙 슈트로 갈아입고 차갑고 어두운 바다로 뛰어든다. 이들은 바닷속에 버려진 폐어구와 닻을 연결하던 두꺼운 밧줄을 수면에 띄워 수거한다. 이 외에도 버려진 어구에 갇힌 물살이(물에 사는 작은 생물)들을 구출한다. 이들은 모두 평범한 직장인이다. 기후 위기 시대에 환경과 사회에 도움이 되고자 자신들의 시간과 능력을 쪼개 바닷속을 청소하고 정화한다. '현대판 해적'이라 부르는 이들의 활동에 동참하려면 일정 자격이 필요하다. 수중 청소보다 개인의 안전이 더 중요하기 때문이다. @seashepherd_korea

제주

모든 것이 친환경, 그린블리스 쇼룸&카페

제주 동쪽 표선에 자리한 작은 바닷가 마을에 들어서는 순간, 제주 전통 가옥과 태양광 패널이라는 낯선 조합이 눈에 띈다. 가게를 운영하는 데 필요한 전기를 자가 생산하는 이곳은 전국적으로 이름난 친환경 브랜드 '그린블리스'의 쇼룸 겸 카페이자 서점 공간이다. 주로 양말·의류·타월 등 패브릭 제품을 식물성 오가닉 소재로 만들고, 그 속에 환경과 동물의 소중함을 일깨우는 메시지를 담아온 그린블리스가 단독 매장을 낸 것은 처음이다. 쇼룸에서는 지구에 피해를 덜 주고 만든 지속 가능한 의류와 양말을 판매하며, 책방에서는 환경과 동물 관련 책을 판매하며, 카페는 오가닉·비건·로컬·제로 웨이스트를 지향한다. 물론 일회용기는 절대 금물이다. @greenbliss7, @greenbliss_jeju

나를 위한 여행용 텀블러, 푸른컵

제주에서는 텀블러 챙기는 것을 깜빡했다고 당황할 필요가 없다. 텀블러를 빌려주는 '푸른컵' 대여 서비스가 있기 때문이다. 카드를 등록한 후 7일간 무료로 이용 가능하며, 7일 후 반납하지 않을 경우 1만 5000원이 청구되는 시스템이다. 제주공항 1층 '돌랑돌랑' 상점을 비롯해 푸른컵에 참여하는 제주 전역의 카페에서 이용 가능하다. 푸른컵 서비스는 무료인 데다 푸른컵을 내밀면 특정 카페에서는 음료 가격을 할인해주니 마다할 이유가 없다. 푸른컵은 참여 카페 어디서든 자유롭게 대여하고 반납할 수 있다. 여행은 필연적으로 탄소 배출을 가중시키기 마련이다. 완벽하지는 못해도 제로 웨이스트에 가까워지려는 노력이 여행을 더욱 값지게 만들 것이다. @pruncup, @with_pruncup

놀이처럼 즐거운 플로깅, 디프다 제주

'디프다 제주'는 해양 쓰레기를 줍는 제주 청년들의 모임이다. 젊고 재치 있는 디프다 제주가 매월 인스타그램으로 신청받는 '다함께 봉그깅'은 제주 여행자에게 이미 인기 있는 액티비티로 자리매김했다. 또 사전 신청 없이 언제든 참여 가능한 '봉그깅 마시깅'은 연계된 상점에서 수거용품을 배부받고 인근 해변을 청소한 후 인증하면 1인당 5000원 상당의 상품 할인이나 음료를 제공하는 캠페인이다. 연계된 상점은 총 아홉 곳으로 인스타그램을 통해 확인할 수 있다. '봉그깅'이란 줍다의 제주어 '봉그다'와 쓰레기를 줍는 활동을 뜻하는 신조어 '플로깅'을 합성한 단어다. @diphda_jeju

자유롭고 마음껏 플로깅, 세이브제주바다

사단법인 '세이브제주바다'는 제주의 천혜 자연을 지키기 위해 바다 정화 활동을 오랫동안 펼쳐왔다. 현재는 코로나19로 많은 인원이 모이는 정화 활동 대신 '#나혼자한다_비치클린'을 진행한다. 신청 문자를 미리 보내면 원하는 날짜와 시간에 자유롭게 참여할 수 있다. 김녕에 위치한 센터에서 비대면으로 청소하는 데 필요한 물품을 제공한다. 혼자여도 'Save Jeju Bada'라고 쓰인 노란색 조끼를 입는 순간 용기가 난다. 폐부표 등 해양 플라스틱을 대량 수거해 업사이클링한 수납 상자 '바다살림박스'를 출시하고, 청소년 클럽을 만들어 미래 세대와 환경 관련 문제점을 나누고 다양한 해결책을 모색한다. @savejejubada

해양 쓰레기가 빛나는 시간, 반짝반짝 지구상회

감귤 창고를 개조한 '반짝반짝 지구상회'는 바다에서 주운 쓰레기로 만든 각종 예술품을 전시·판매하는 오픈 스튜디오다. 이곳을 운영하는 '재주도좋아'는 비치코밍을 통해 바다를 사랑하는 사람을 만나고 해양 쓰레기 문제를 문화 예술로 함께 해결해보고자 실험을 하는 중이다. 바다를 소비 대상에서 아끼고 지켜야 할 대상으로 사고의 전환을 제안한다. 비치코밍으로 얻은 시글라스를 활용해 바다 유리 액자 만들기, 바다 유리 얼굴 브로치 만들기 등의 프로그램을 운영한다. 바다 유리 워크숍을 통해 환경문제 해결에 직접 참여함으로써 제주 바다와 한층 가까워지고 연결되는 경험을 할 수 있다. @jaejudojoa

뭐든지 만들어 쓰는 삶, 핸드메이드 라이프

제주 서귀포시 대정읍에는 구옥을 리모델링해 포근한 기운이 감도는 제로 웨이스트 숍 '핸드메이드 라이프'가 있다. 마당과 집 안 곳곳에서 고양이가 반겨주는 핸드메이드 라이프는 오래 사용할 수 있는 좋은 물건을 만들어 더 적게 소비하는 삶의 방식을 연구하고 제안한다. 다양한 제로 웨이스트 제품을 선보이며, 용기를 가져오면 세제 등 다양한 생필품을 알맹이만 구입할 수 있는 리필 스테이션을 운영한다. 또 필요한 물건을 직접 만들어 쓰는 클래스도 매일같이 진행한다. 손재주가 좋고 제로 웨이스트 라이프가 몸에 밴 주인장이 운영하는 클래스는 천연 세제, 씻을 거리, 바를 거리 만들기 등 프로그램도 다채롭다. @handmadelife79

풀코스 채식이 가능한 곳, 앤드유카페

제주 서쪽 한림과 협재 중간 즈음에 해당하는 옹포리에 위치한 '앤드유카페'는 2018년 4월 5일 식목일에 문을 열었다. 채식을 지향하는 카페로 식사와 음료, 디저트까지 다양한 비건 먹을거리를 판매한다. 식재료 또한 가능한 한 공정 무역 제품과 유기농 제품을 고집한다. 포장을 원할 경우 본인이 용기를 가져오기를 권장하며, 부득이하게 빈손으로 왔을 땐 스테인리스로 된 다회용기를 유료로 대여해준다. 또 비건 문화와 환경, 동물권 문제와 관련한 다채로운 정보를 열람할 수 있다. 낡거나 버려진 물건을 직접 고쳐 만든 가구와 오브제가 만들어내는 이색적 분위기 또한 매력적이다. @andyucafe

자연을 존중하는 법을 배우는 시간, 곶자왈 동백동산

생명이 시작되는 습지를 품은 마을 선흘1리에는 화산섬 제주가 빚어놓은 생태계의 보고 '곶자왈 동백동산'이 자리한다. 곶자왈이란 크고 작은 용암 덩어리와 나무, 덩굴식물이 뒤섞인 숲을 일컫는 제주어다. 곶자왈 중에서도 동백나무가 많아 동백동산이라 부르는 이곳은 2011년 람사르 습지로, 2014년 세계지질공원 대표 명소로 지정되기도 했다. 무엇보다 2019년 동백동산 생태 관광 프로그램은 국내에서 최초로 저탄소 관광 상품으로 인증받았다. 태양광발전기를 사용하며 지역 농산물을 활용하고 자전거를 이용해 탄소 배출량을 대폭 감축한 결과다. 또 탄소 배출량을 실시간으로 수치화해 공개함으로써 관광객이 환경문제를 인식하도록 유도한다. 동백동산에서 운영하는 생태 체험 프로그램은 환경 피해를 최소화한 자연 관찰 프로그램으로 추천할 만하다.

나눠 쓰고 돌려 쓰는 컵, 해피해빗컵

스타벅스 제주 전 매장에서는 일회용 컵을 사용하지 않는다. 대신 보증금 1000원을 받고 다회용 컵에 음료를 담아준다. 이때 다 쓴 컵은 스타벅스 매장과 제주공항에 설치된 무인 다회용 컵 반납기에 넣으면 된다. 여행하다 보면 주문한 음료를 이동하며 마실 때가 있다. 제주 여행의 종착점인 제주공항에 무인 다회용 컵 반납기가 설치되어 있어 최종적으로 여행을 마무리하며 반납할 수 있다. 보증금은 반납하는 즉시 현금 또는 포인트로 돌려주며, 반납한 컵은 꼼꼼한 세척 작업을 거쳐 다시 매장에 공급한다. '해피해빗'은 SK텔레콤이 다회용 컵 사용을 통해 일회용 컵의 폐기량을 줄이고, 온실가스 감축에 기여하고자 기획 운영하는 프로젝트다. 다회용 컵 해빗컵은 폴리프로필렌(PP) 소재의 친환경 제품으로 수명이 다한 후에도 100% 재활용 가능하다. 해피해빗 앱에서 제주뿐 아니라 이용 가능한 전국 매장을 확인할 수 있다. 개인 텀블러를 이용하더라도 제휴된 매장에서 해피해빗 앱을 보여주면 포인트를 적립받을 수 있다. 제주를 여행할 때 한 번쯤 꼭 이용해볼 법한 서비스다. @happyconnect_official

우리 바다 타임라인

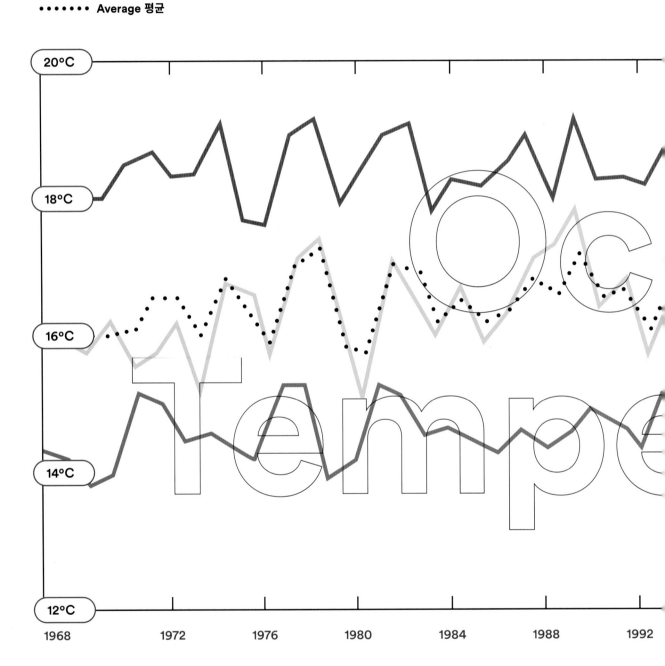

East Sea 동해
West Sea 서해
South Sea 남해
• • • • • • Average 평균

20°C
18°C
16°C
14°C
12°C

1968   1972   1976   1980   1984   1988   1992

NUMBERS   EDITOR. Seohyung Jo

우리나라는 빠른 걸 좋아한다. 세계 평균에 뒤처지는 건 못 참는다. 수온 상승도 빠르게 이뤄지고
있다. 2000년대에 15.9°C였던 평균 수온은 20년 만에 17.4°C를 기록했다. 지구 평균보다 2배 이상
빠른 속도다. 성미 급한 민족의 앞바다는 어떻게 변해왔는지 공식적으로 수온을 기록한 1968년부터의
자료를 뉴스와 함께 훑어보았다.

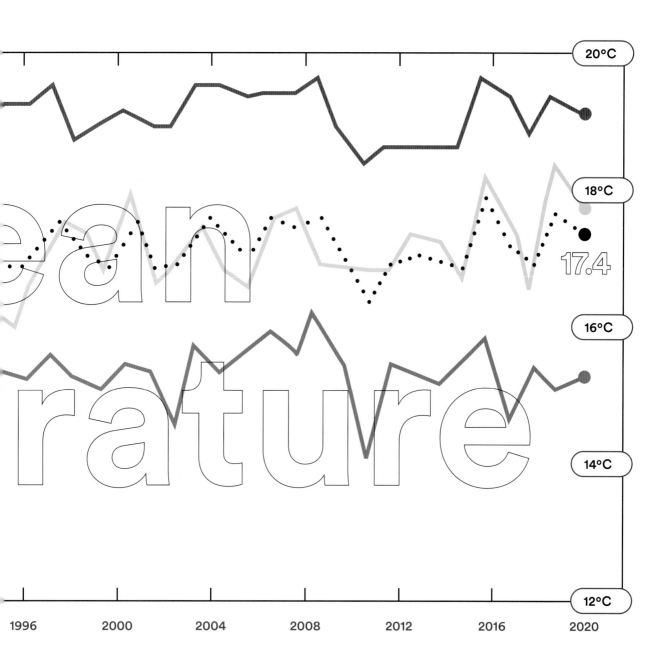

국내 해역별 연평균 해수면 온도. 출처: 국립수산과학원

해양 생물의 분포를 보면 바다의 수온 변화 추이를 알 수 있다. 체온을 스스로 조절할 수 없는 해양 생물은 물의 온도가 변하면 자신이 견딜 수 있는 수온을 찾아 서식지를 옮긴다. 우리나라 바다의 해양 생물 분포를 통해 수온이 어떻게 변해왔는지 그 흐름을 살펴보자.

West Sea

서해

서해는 평균 수심이 40m에 불과한 얕은 바다다. 중국과 우리나라 사이에 삼면이 육지로 둘러싸여 있으며 물 색이 누렇다고 하여 황해라고도 한다. 한강, 금강, 영산강, 압록강과 중국의 황허강, 양쯔강이 흘러들어 우리나라 바다 중 염도가 가장 낮다. 이렇게 민물과 바닷물이 섞이는 곳에는 영양분이 풍부해 물고기가 많다. 쥐노래미처럼 쭉 눌러사는 물고기도 있고, 홍어처럼 겨울에만 알을 낳으러 오는 물고기도 있다. 참조기, 황복, 흰베도라치, 황해볼락은 서해안에서만 볼 수 있다.

서해는 밀물과 썰물이 하루에 두 번씩 오르락내리락한다. 물이 물러난 자리엔 갯벌이 펼쳐진다. 여기엔 게, 조개, 낙지, 갯지렁이와 작은 물고기 등 650종에 이르는 생명이 산다. 이는 유네스코 세계자연유산인 유럽의 바덴해 Waddenzee 갯벌보다 1.6배 높은 수치다. 이처럼 생물 다양성이 높은 서해는 근 50년 사이 평균 수온이 14.4°C에서 15.3°C로 1°C가량 높아졌다. 8월에 동해에서나 볼 수 있던 난류성 어종도 많아졌다. 오징어, 멸치, 꽃게, 굴 등의 어획량이 증가했고, 원래 서해에 살던 강달이, 갑오징어, 뱅어류는 찬물을 찾아 다른 바다로 떠났다.

2020년 인천항에서 남서쪽으로 50km쯤 떨어진 선갑도 주변이 노랗게 물들었다. 아열대 해역에 서식하는 국제 보호종 무쓰뿌리돌산호, 부채뿔산호의 군락지가 된 것. 아열대 희귀 생물의 느닷없는 등장과 그 엄청난 규모에 세계적 이슈로 떠올랐다.

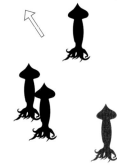

Jeju

제주

우리나라에 사는 산호의 절반 이상이 제주도에서 자란다. 꽃동산처럼 화려한 산호밭은 먹을거리가 풍부하고 몸을 숨기기도 좋아 많은 물고기가 모인다. 나비고기, 흰동가리, 깃대돔, 곰치, 보라문어가 대표적이다. 제주 바다에는 태평양의 따뜻한 물과 함께 고등어, 갈치가 떼를 지어 올라오고 그들을 따라 덩치 큰 청새치나 고래상어가 나타나기도 한다.

2010년 제주도 남부 해역에서 처음 발견된 그물코돌산호는 이제 제주도 전 연안으로 퍼졌다. 석회질의 단단한 껍질을 가지고 빠른 속도로 자라 암초를 만드는 이 산호는 아열대 지표종으로 수온이 높을수록 세력을 확산한다. 이전에 없던 종의 등장은 바다의 모습도 바꾼다. 그물코돌산호가 감태와 미역 같은 해조류의 서식지를 침범하면서 해조류를 먹이로 삼던 생물이 제주 바다를 떠나고 있다.

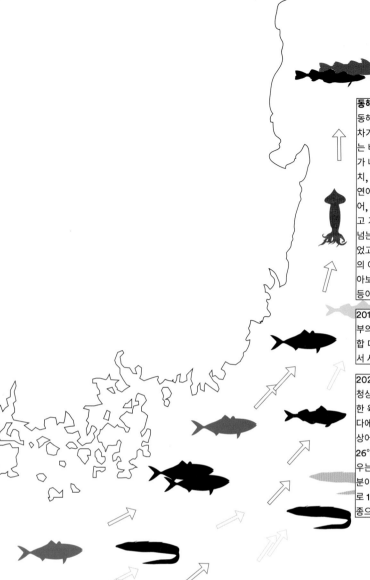

동해

동해는 여름이면 남쪽에서 따뜻한 물이 올라오고, 겨울이면 북쪽에서 차가운 물이 내려온다. 철마다 찬물과 더운물이 오르락내리락 뒤섞이는 바다. 계절별로 사는 물고기도 다르다. 겨울에는 명태, 대구, 청어가 내려와 알을 낳고 가고, 여름에는 따뜻한 물을 따라 고등어, 삼치, 꽁치, 정어리가 올라온다. 동해로 흐르는 강을 거슬러 올라와 알을 낳는 연어, 송어, 황어, 큰가시고기 같은 물고기도 있다. 참가자미나 임연수어, 도루묵은 계절과 관계없이 늘 동해에 산다. 동해의 해안선은 밋밋하고 가지런하다. 바다에는 갯벌이 거의 없고 가장 깊은 곳은 3000m가 넘는다. 평균 수온이 1°C 넘게 상승하면서 문어, 청어, 가자미 등이 늘었고 멸치, 쥐치, 꽁치, 양미리가 사라졌다. 1980년대에 연간 30만 톤의 어획량을 기록하던 명태는 1990년대 이후 꾸준히 감소해 지금은 찾아보기 어렵다. 그 자리를 아열대성 어종인 꺼끌복, 고래상어, 흑새치 등이 차지하고 있다.

2012년 노래 '독도는 우리 땅'의 가사가 30년 만에 바뀌었다. 3절 도입부의 "오징어 꼴뚜기 대구 명태 거북이" 부분을 "오징어 꼴뚜기 대구 홍합 따개비"로 개사한 것. 어종 변화의 현실을 반영해 독도 근처 바다에서 사라진 명태와 거북이를 홍합과 따개비로 대체한 것이다.

2022년 4월 강원도 고성 앞바다에서 3.2m짜리 청상아리가 잡혔다. 청상아리는 '바다의 치타'라 불릴 정도로 빠르게 헤엄치고 성질이 포악한 육식성 어류다. 2019년 6월 강릉을 시작으로 2021년 6월 속초 앞바다에서도 청상아리가 발견된 바 있다. 아직 봄 날씨인 4월에 3m 넘는 상어가 발견된 것은 지구온난화의 영향이라고 볼 수 있다. 청상아리는 26°C 정도의 열대 지역 수온을 선호하기 때문에 우리나라에 나타난 경우는 주로 한여름이었고, 몸의 크기도 2.5m 이내의 작은 개체가 대부분이었다. 2020년 17.6°C였던 동해안 연평균 수온이 1년 만에 18.9°C로 1.3°C 상승하면서 우리나라의 상어 종류는 30년 만에 36종에서 50종으로 늘고 개체 수 또한 많아졌다.

남해

남해 같은 해안선은 세상 어디서도 보기 드물다. 부산에서 전남 진도까지 삐뚤빼뚤하고 움푹진푹하며 2000개의 섬이 촘촘히 분포하고 있다. 태평양의 바닷물이 제주를 거쳐 남해로 올라와 맑고 따뜻하다. 겨울에도 수온이 10°C 아래로 내려가지 않아 멸치, 고등어, 갈치, 삼치, 전갱이, 방어가 산다. 갯바위 사이엔 돌돔과 참돔이 헤엄치고 덩치 큰 다랑어 떼가 몰려오기도 한다. 겨울이 되면 찬물을 따라 도루묵, 대구, 청어, 연어, 명태가 남해까지 내려온다. 평균 해수면 온도는 1968년 17.9°C에서 2020년 19.2°C로 1.3°C 높아졌다. 이에 따라 1990년대 남해에서 많이 살던 쥐치와 정어리가 적정 온도를 찾아 북상했고, 그 자리에 난류성 어종인 참치가 이사를 왔다.

2020년 8월 남해 다도해해상국립공원 거문도 근처에서 흑범고래 200마리가 발견됐다. 열대 바다에 사는 흑범고래가 남해에서 포착된 것은 이때가 처음이다. 당시 거문도 일대의 수온은 24°C였다.

 오징어

 갈치

 방어

 고등어

 참다랑어

명태

바다 그대로의 예술

ART

EDITOR. Dami Yoo

인간의 예술혼과 창의로
도저히 흉내 낼 수 없는
바다의 초월적 아름다움을
접한 이들이 있다. 그들은
바닷속 자연을 카메라에
그대로 옮겨 담는 일을
숙명으로 받아들였다.
그들이 생을 바쳐 완성한
바다의 초상은 우리에게
바다를 지켜야 하는 이유를
말없이 마음으로 전한다.

2 Melon Headed Whales ©Christopher Swann

해군 잠수부 출신 영국 사진가 크리스토퍼 스완 Christopher Swann은 25년간 집요하게 고래의 생을 카메라에 담아왔다. 그가 고래에 집착하는 이유는 단순하다. 고래가 얼마나 우아하고 아름다운 생명체인지 깨달았기 때문이다. 그 과정에서 범고래가 큰돌고래를 쫓는 2시간의 추격전을 현장감 있게 담았으며, 고래의 눈을 근접 촬영하는 데 성공하기도 했다. 그는 영국 자연사박물관에서 주최하는 권위 있는 공모전 '올해의 야생동물 사진작가(Wildlife Photographer of the Year)'에 두 차례 선정되었다.

Leathery Tail ©Christopher Swann

여덟 살 때 처음 다이빙을 접한 후 그 매력에 빠져 줄곧 바닷속에서 삶의
길을 찾아온 알렉시 로젠펠드 Alexis Rosenfeld는 "수면 아래 세상이
자신에게는 우주"라고 말한다. 그는 줄곧 바다에 몸을 담그며 수온 상승으로
생태계가 무너지는 것을 체감했다. 특히 색을 잃은 산호는 그 심각성을
여실히 보여줬다. 이미 멸종 위기에 처한 종도 많았다. 알렉시가 카메라에
담은 희귀 산호를 본 유네스코는 그와 함께 해저를 탐험하고 촬영해 해저
생태계와 지형을 지도화하기로 결정했다.

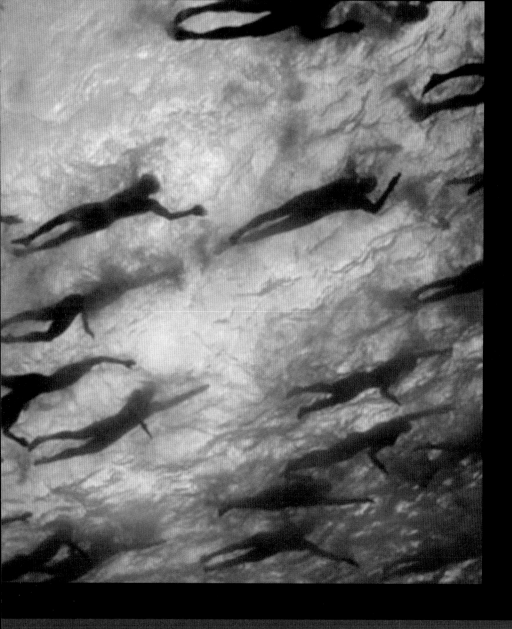

Swimmers Ironman Triathlon B-57 Detail ©Wayne Levin

웨인 레빈 Wayne Levin의 흑백사진은 보는 이로 하여금 많은 예술적
상상을 이끌어낸다. 색채 정보를 숨기고 대상을 추상화한 흑백사진은
바다가 얼마나 압도적이고 신비한 공간인지를 여실히 보여준다. 그가
수중 사진가의 길에 들어선 이유는, 바닷속에서는 3차원으로 움직일 수
있으며 사물이 전혀 다른 모습으로 보인다는 점 때문이었다. 세상이 달리
보이는 전혀 새로운 경험을 한 그는 더 이상 지상 세계에 매력을 느끼지
못했다. 그의 숨결이 담긴 바다의 초상은 우리의 숨을 멎게 한다. 마치 잠시
바닷속에 있는 것처럼 숨을 참고 동물적 감각에 집중하게끔 만든다.

Sea Lion in Kelp Forest ©Wayne Levin

1.5°C

N° 3

MAKE THE FUTURE FOR ALL

<1.5°C>는 환경문제로 인한 기후변화의 심각성을 알리고 하나뿐인 지구를 살리기 위한 방안을 모색하며 실천에 동참하는 기후 위기 대응 매거진입니다.

ISBN 979-11-982962-3-8
ISSN 2799-3795
2022년 6월 17일 초판 1쇄 발행

Website
105orless.com

Instagram
@1.5_magazine

Soul Energy

CEO
안지영 Jiyoung Ahn

CMO
박상도 Justin Park

COO
안지원 Jiwon Ahn

Administration
서희라 Heerah Seo
김별아 Byeola Kim

Bold.

CEO
김치호 Chiho Ghim

Editor in Chief
이주연 Jooyeon Lee

Editors
유다미 Dami Yoo
조서형 Seohyung Jo

CX Designer
김근화 Geunhwa Kim

Editorial Design Dept
Studiogomin
안서영 Seoyoung Ahn
이영하 Youngha Lee

BX Designer
민설혜 Seolhye Min
안민규 Minkyu Ahn
김남명 Nammyung Kim

Marketer
정혜리 Hyeri Jeong

협업 및 제휴 문의는
소울에너지 <1.5°C> 사업팀
02-6251-8000
seohr@soulenergy.co.kr
으로 보내주세요.

콘텐츠 관련 문의는
볼드피리어드 <1.5°C> 편집팀
02-3446-0691
ask@boldjournal.com
으로 보내주세요.

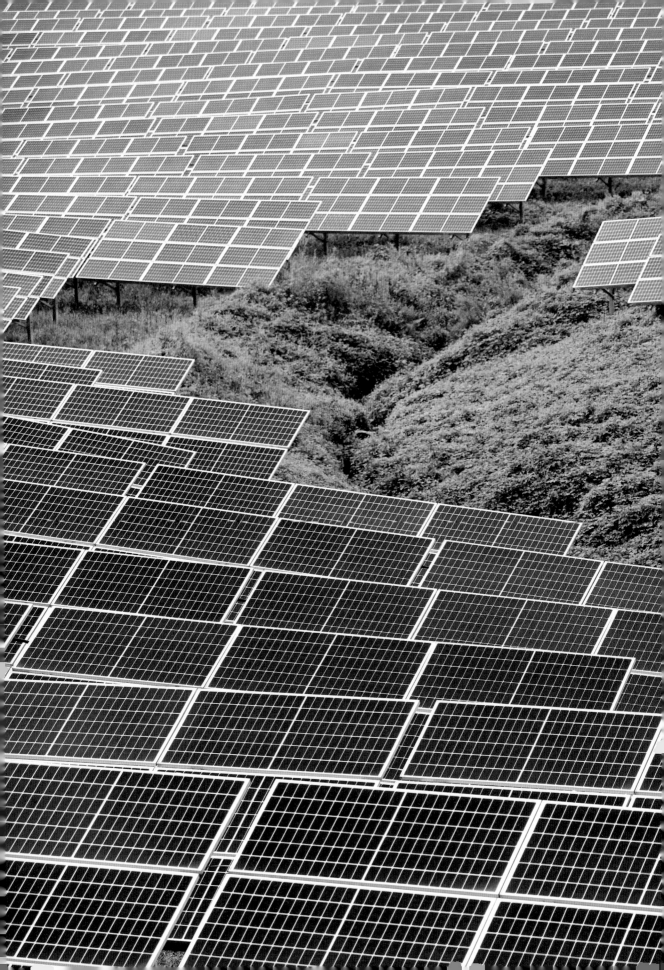

Soul Energy

모두의 일상이 보다 행복해지는 세상을 꿈꾸며,
미래 환경을 위한 신재생에너지를 통해
사람과 환경이 공존하는 지속 가능한 삶을
현실로 만들고자 합니다.

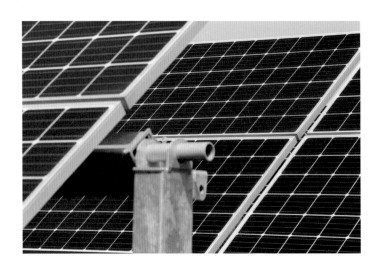